法治阳光伴我成长

初中阶段的法治教育锦囊

宋纪连　金富平　吴翠玲 ◎ 著

上海人民出版社

目 录

序　言

新时代全面依法治国不断开创新局面,《法治社会建设实施纲要（2020—2025 年）》《法治中国建设规划（2020—2025 年）》《法治政府建设实施纲要（2021—2025 年）》等一系列重要文件相继印发,为法治中国规划了新的蓝图。面向未来,以习近平法治思想为指引,努力提升青少年法治教育水平,以适应更高水平的法治中国人才培养的需要。

党的十九届六中全会"明确全面推进依法治国总目标是建设中国特色社会主义法治体系,建设社会主义法治国家"。这就要求"加大全民普法工作力度,增强全民法治观念。"教育部、司法部等联合印发的《青少年法治教育大纲》指出,当前和今后一段时间,要高度重视青少年法治教育工作,加快完成法治教育从一般的普法活动到学校教育的重要内容,加大工作力度,将法治教育全面纳入国民教育体系,创新青少年法治教育的形式与内容,着力提高系统化、科学化水平,切实增强教育的针对性与实效性。但从总体上看,青少年法治教育仍存在法治教育方式方法有待创新,教育针对性和实效性不强等问题。

2021 年 6 月 10 日通过的《全国人民代表大会常务委员会关于开展第八个五年法治宣传教育的决议》指出:"大力加强青少年法治教育,全面落实《青少年法治教育大纲》,推动法治教育进课堂,教育引导青少年从小养成尊法守法习惯。"青少年法治教育事业对教师的法治教育能力提出了更高的要求。《全国教育系统开展法治宣传教育的第八个五年规划（2021—2025年）》明确提出持续实施"中小学法治教育名师培育工程"，推进教师网络法治教育培训，5年内对所有道德与法治课教师进行一次轮训。紧密联系《道德与法治课程标准（2022年版）》《青少年法治教育大纲》，创新法治教育方式方法，不断提高法治教育针对性和实效性，一个重要的方面在于充分发挥思想政治课对于法治教育的引领和推动作用。

中小学道德与法治课、思想政治课能否充分发挥法治教育的引领和推动作用，还要看是否有一支承担这项重要任务的合格教师队伍。而从调查了解的实际状况看，道德与法治课教师的法治教育实践能力尚显不足。目前的任课教师大多数都没接受过法学专业知识和应用能力的系统培训，处于"不敢讲"的状态。从实践需求看，这些多层面多方式的培训和实践探索都是十分有益的，但是要突破性解决"教师瓶颈"问题，还是要组织更加系统和专业的教师法治教育基础知识和实践能力培训。[1] 为了满足这方面培训和学习的需要，江苏省中小学生法治教育中心推出系列著作《法治阳光，伴我成长——小学阶段的法治教育锦囊》《法治阳光，伴我成长——初中阶段的法治教育锦囊》《法治阳光，伴我成长——高中阶段的法治教育锦囊》。

该丛书以习近平法治思想为指导，凸显深入持久开展宪法法治教育的要求，努力阐释好"中国之治"的制度基础；紧紧围绕广泛开展民法典普法工作的要求，要把民法典纳入国民教育体系，加强对青少年民法典教育；[2] 重点围绕深入宣传与推动高质量发展密切相关的法律法规的普法要求，强化"十四五"期间制定和修改的法律法规宣传教育；重点围绕深入宣传与社会治理现代化密切相关的法律法规的普法要求；大力宣传总体国家安全观和国家安全法、反分裂国家法、国防法、反恐怖主义法、环境保

---

[1] 李强：《教师专业素养："道德与法治"教育的瓶颈与破解》，载《天津市教科院学报》2019年第4期。

[2] 《习近平谈治国理政》（第四卷），外文出版社2022年版，第284页。

护法，继续加强刑法、治安管理处罚法等宣传教育。

全书由南京晓庄学院宋纪连、金富平、吴翠玲三位作者共同撰写，具体写作分工如下：宋纪连，第1—4章；金富平，第5—7章；吴翠玲，第8章。

在著书过程中，本书得到了南京晓庄学院马克思主义学院、江苏省中小学法治教育中心领导和同事们的大力支持与帮助，在此表示衷心的感谢！本书是立项课题"中小学道德与法治课教师法治教育能力培训课程开发研究"（2022JSJY006）、南京晓庄学院通识选修课程"民法典人生导图""婚姻家庭继承与生活"的共同成果。本书编写过程中引用和参考了许多专家学者的相关著作和研究成果，在此真诚致谢！但限于作者的学识水平和学术能力，本书中的不当与缺漏恐在所难免。我们衷心地希望广大读者对本书的疏漏提出批评，以使本书能够不断完善。

第一章　学习习近平法治思想，理解中国特色社会主义法治道路

第一节　习近平法治思想概述

一、习近平法治思想的形成和重大意义

党的十八大以来，习近平总书记围绕"全面依法治国，建设法治中国"的主题，提出了一系列新理念、新思想，形成了科学系统的法治思想体系。2020年11月在中央全面依法治国工作会议上，这一内涵丰富的法治思想体系被确定为习近平法治思想。

1978年以来，党中央始终高度重视法治建设，建设的主题从党的十五大明确提出"依法治国"基本方略，到党的十六大提出把依法治国作为"党领导人民治理国家的基本方略"，再到党的十八大对"全面推进依法治国"作出重大部署，党的十九大报告把"全面推进依法治国"总目标写入习近平新时代中国特色社会主义思想的"八个明确"，把"坚持全面依法治国"写入"十四个坚持"，法治建设的认知和定位不断得到升华。①

党的十八大以来，习近平总书记高度重视法治建设，亲自谋划、推动

---

① 习近平：《论坚持全面深化改革》，中央文献出版社2018年版，第416—419页。

全面依法治国的伟大实践。党的十八届四中全会，专门研究全面依法治国，出台了关于全面推进依法治国若干重大问题的决定。党的十九大提出到 2035 年基本建成法治国家、法治政府、法治社会的目标。党的十九届二中全会专题研究宪法修改，推动宪法与时俱进、完善发展。党的十九届三中全会决定成立中央全面依法治国委员会，目的是进一步加强党对全面依法治国的集中统一领导。党的十九届四中全会，从推进国家治理体系和治理能力现代化的角度，不断提高党依法治国、依法执政能力，对坚持和完善中国特色社会主义法治体系作出部署。党的十九届五中全会提出推进法治中国建设。党的十九届六中全会总结党的百年奋斗重大成就和历史经验，再次强调"法治兴则国家兴，法治衰则国家乱"。①

习近平法治思想凝聚着中国共产党人在法治建设长期探索中形成的经验积累和智慧结晶，是马克思主义中国化的最新成果，是 21 世纪马克思主义法治思想，是全面依法治国的根本遵循和行动指南，标志着马克思主义法治思想的新飞跃。②

为什么要全面推进依法治国？如何全面推进依法治国？习近平善于运用马克思主义的法治原理回答时代之问、实践之问、人类之问，不断开创马克思主义法治理论新境界。③习近平法治思想的重大意义，在于揭示了社会主义法治的生命力和优越性，必将增强广大干部群众走中国特色社会主义法治道路的信心；开辟了马克思主义法治理论新境界，必将引领中国特色社会主义法治理论创新发展；擘画了新时代全面依法治国的宏伟蓝图，必将引领法治中国建设迈向良法善治新境界；凝聚了法治建设的中国经验和中国智慧，必将有力提升中国法治的国际话语权和影响力。④

---

① 《中共中央关于党的百年奋斗重大成就和历史经验的决议》，人民出版社 2021 年版，第 42 页。

② 陈一新：《习近平法治思想是马克思主义中国化最新成果》，载《人民日报》2020 年 12 月 30 日第 10 版。

③ 张文显：《习近平法治思想的实践逻辑、理论逻辑和历史逻辑》，载《中国社会科学》2021 年第 3 期。

④ 《思想道德与法治》编写组：《思想道德与法治》，高等教育出版社 2021 年版，第 191—192 页。

二、习近平法治思想的特征

习近平法治思想开辟了马克思主义法治思想新境界，具有时代性、原创性、系统性、人民性、实践性、政治性、建构性。①

习近平法治思想具有鲜明的时代性和重大的原创性。习近平立足中国特色社会主义进入新时代的历史方位，科学回答了新时代我国法治建设向哪里走、走什么路、实现什么目标等根本性问题，开启了法治中国新篇章。

习近平法治思想具有完备的系统性和突出的人民性。习近平法治思想是系统性来源于全面依法治国这个系统工程的伟大实践，其精髓可以概括为"加强前瞻性思考、全局性谋划、战略性布局、整体性推进"。②全面依法治国最广泛、最深厚的基础是人民，要始终坚持以人民为中心，坚持法治为了人民、依靠人民、造福人民、保护人民，把体现人民利益、反映人民愿望、维护人民权益、增进人民福祉落实到法治体系建设全过程。③

习近平法治思想具有严肃的政治性和顶层的设计性。习近平总书记深入分析了错综复杂的法治现象背后的政治根源、政治逻辑，有力论证了社会主义法治的政治立场、政治优势，清晰指明了全面依法治国的政治方向、政治要求。④习近平注重法治的顶层设计，强调政府对法治的推动作用，主张必须自上而下、自下而上双向互动地推进我国法治建设。⑤

---

① 陈一新：《习近平法治思想是马克思主义中国化最新成果》，载《人民日报》2020年12月30日第10版。江必新、黄明慧：《习近平法治思想基本特征刍论》，载《中南大学学报（社会科学版）》2021年第1期。

② 习近平：《把握新发展阶段，贯彻新发展理念，构建新发展格局》，载《求是》2021年第9期。

③ 《习近平谈治国理政》（第四卷），外文出版社2022年版，第289页。

④ 《习近平法治思想概论》编写组：《习近平法治思想概论》，高等教育出版社2021年版，第21页。

⑤ 习近平：《论坚持全面依法治国》，中央文献出版社2020年版，第136页。

习近平法治思想具有鲜活的实践性。习近平法治思想体现了实践第一的理论品格，在理论形态上更多地表现为对法治实践活动的政策要求和政策指导，具有很强的针对性和实效性。[①] 党中央相继推出了 200 多项重大法治改革举措，取得了历史性突破，有力推动了国家治理体系和治理能力现代化。

三、习近平法治思想的科学内涵

习近平法治思想是当代中国马克思主义法治理论、21 世纪马克思主义法治理论，集中体现了我们党在法治领域的理论创新成果。[②] 习近平法治思想的主题可表述为"通过全面依法治国建设法治中国"。[③] 2020 年 10 月，《中共中央关于制定国民经济和社会发展第十四个五年规划和二〇三五年远景目标的建议》提出"有效发挥法治固根本、稳预期、利长远的保障作用，推进法治中国建设"。2021 年 1 月，中共中央颁布《法治中国建设规划（2020—2025 年）》，明确了坚定不移走中国特色社会主义法治道路、奋力建设良法善治的法治中国的目标，同时明确了建设法治中国的指导思想、阶段目标和具体路径。

"全面依法治国"是法治中国的具体实现路径。全面依法治国以建设法治中国为方向和目标，且是建设法治中国的重要路径和方式。习近平法治思想内涵丰富、论述深刻，其主要内容集中体现为"十一个坚持"。[④] 这"十一个坚持"系统阐述了全面依法治国的领导力量、政治方向、主要任务、基础保障等，涉及的都是全面依法治国方向性、全局性的重大问题，构成习近平法治思想的主要内容。

---

① 莫纪宏：《论习近平法治思想的内在理论逻辑》，载《广东社会科学》2021 年第 3 期。
② 张文显：《习近平法治思想的理论体系》，载《法制与社会发展》2021 年第 1 期。
③ 江必新、黄明慧：《习近平法治思想研究之研究》，载《法学评论》2022 年第 2 期。
④ 习近平：《论坚持全面依法治国》，中央文献出版社 2020 年版，第 2—5 页。

十一个坚持

- 坚持党对全面依法治国的领导
- 坚持以人民为中心
- 坚持中国特色社会主义法治道路
- 坚持依宪治国、依宪执政
- 坚持在法治轨道上推进国家治理体系和治理能力现代化
- 坚持建设中国特色社会主义法治体系
- 坚持依法治国、依法执政、依法行政共同推进，法治国家、法治政府、法治社会一体建设
- 坚持全面推进科学立法、严格执法、公正司法、全民守法
- 坚持统筹推进国内法治和涉外法治
- 坚持建设德才兼备的高素质法治工作队伍
- 坚持抓住领导干部这个"关键少数"

习近平法治思想围绕"建设法治中国"这个主题重心，重点回答了三个重大问题，一是为什么要建设法治中国；二是建设什么样的法治中国；三是怎么样建设法治中国，这三句话构成习近平法治思想的主线。① 这也是本章的基本逻辑架构。

四、习近平法治思想的原创贡献

习近平法治思想的重大原创贡献主要体现在以下新提法、新论断和新命题中：②

一是中国特色社会主义法治道路新命题的提出。该命题深刻阐释了它的重要地位、核心要义、基本原则、基本要求等，全面回答了法治中国建设走什么路的问题。"中国特色社会主义法治道路，是社会主义法治建设成就和经验的集中体现，是建设社会主义法治国家的唯一正确道路。"③

二是中国特色社会主义法治体系新命题的提出。该命题精辟阐述了它的性质、战略定位以及科学内涵，还提出了建设这一法治体系的目标任务和具体要求。中国特色社会主义法治体系是中国特色社会主义制度的法律

---

① ② 江必新、黄明慧：《习近平法治思想研究之研究》，载《法学评论》2022 年第 2 期。
③ 习近平：《论坚持全面依法治国》，中央文献出版社 2020 年版，第 93 页。

表现形式，① 是国家治理体系的骨干工程，② 是推进全面依法治国的总抓手。这一法治体系将党内法规体系的管党治党领域纳入并拓展了法治运行全过程，实现了对我国传统法治理论的重大突破。

三是提出重大命题"在法治轨道上推进国家治理体系和治理能力现代化"。习近平总书记深刻洞悉了法治与国家治理现代化之间的内在关联性，指出法治是国家治理体系和治理能力的重要依托，③ 科学指明了法治在推进国家治理体系和治理能力现代化中的"轨道"作用。

四是创造性提出以"整体谋划，更加注重系统性、整体性、协同性"为核心理念的全面依法治国推进方略。④

五是深刻阐明了全面依法治国的重大关系。习近平总书记深入阐释了政治和法治、党和法、改革和法治、依法治国和以德治国、依法治国和依规治党、党的政策和国家法律、发展和安全、活力和秩序等若干重大关系的基本原理，实现了法治认识论、方法论、价值论的新飞跃。⑤

六是创新发展了人类法治的基本价值理论。习近平法治思想对宪法法律至上、人民民主、公平正义、人权保障、权力监督等法治价值理念进行了新的思考和创造。

第二节　系统回答为什么要建设法治中国

一、法治中国是人类政治文明的必由之路

【案例】 面对突如其来的疫情，我们始终坚持坚定信心、同舟共济、

---

① 习近平：《加强党对全面依法治国的领导》，载《求是》2019 年第 4 期。
② 习近平：《加快建设社会主义法治国家》，载《求是》2015 年第 1 期。
③ 习近平：《论坚持全面依法治国》，中央文献出版社 2020 年版，第 85 页。
④ 习近平：《论坚持全面依法治国》，中央文献出版社 2020 年版，第 4 页。
⑤ 江必新、黄明慧：《习近平法治思想研究之研究》，载《法学评论》2022 年第 2 期。

科学防治、精准施策的总要求。2月5日，我就主持召开中央全面依法治国委员会第三次会议，在疫情防控关键时刻专门部署依法防控疫情工作，我特别强调，疫情防控越是到了最吃劲的时候，越要坚持依法防控，在法治轨道上统筹推进各项防控工作。①

【问题】如何理解"疫情防控越是到了最吃劲的时候，越要坚持依法防控"？

法治即良法之治。习近平总书记精辟指出"法律是什么？最形象的说法就是准绳。用法律的准绳去衡量、规范、引导社会生活，这就是法治"。②"现代政治文明发展的一个重要成果就是法治，就是用法律来规范各个社会主体的行为。"③"法律之治"又包含三个层次：（1）法治是"规则治理"，是治国理政的基本方式。从内容上看，法律规则是关于权利和义务的规定，具有强制性和权威性，是"治理体系有效运转的基石"。④（2）法治是"制度治理"。制度之治是法律之治的高级形态，是一个国家依法治国、一个政党依法执政的优势所在。习近平总书记指出："制度是关系党和国家事业发展的根本性、全局性、稳定性、长期性问题。"⑤（3）法治是良法善治。习近平总书记指出，"法律是治国之重器，良法是善治之前提"，要"以良法促进发展、保障善治"，"立法、执法、司法都要体现社会主义道德要求，都要把社会主义核心价值贯穿其中，使社会主义法治成为良法善治"。⑥

习近平总书记深刻指出，"法治是人类政治文明的重要成果"，"历史和

---

① 习近平：《坚定不移走中国特色社会主义法治道路，为全面建设社会主义现代化国家提供有力法治保障》，载《求是》2021年第5期。

② 中共中央文献研究室编：《习近平关于全面依法治国论述摘编》，中央文献出版社2015年版，第8—9页。

③ 习近平：《干在实处走在前列——推进浙江新发展的思考与实践》，中共中央党校出版社2006年版，第65—66页。

④ 习近平：《齐心开创共建"一带一路"美好未来——在第二届"一带一路"国际合作高峰论坛开幕式上的主旨演讲》，载《人民日报》2019年4月27日第3版。

⑤ 习近平：《在庆祝改革开放40周年大会上的讲话》，载《人民日报》2018年12月19日第2版。

⑥ 习近平：《论坚持全面依法治国》，中央文献出版社2020年版，第166页。

现实都告诉我们，法治兴则国兴，法治强则国强。从我国古代看，凡属盛世都是法制相对健全的时期……从世界历史看，国家强盛往往同法治相伴而生"。[①]"人类社会发展的事实证明，依法治理是最可靠、最稳定的治理。"[②] 案例中针对疫情防控要坚持依法防疫的问题，国家从立法、执法、司法、守法各环节，严格按照法定权限和程序，实施相关措施，同时要保障生活，稳定经济发展，严厉打击妨害疫情防控的违法犯罪行为。

法治作为一种治理实践	本质上是治国理政的一种政治实践
法治作为一种治理方式	实质上是政治运行的一种表现形式
法治作为一种文明样态	实际上是政治文明的一个重要方面

在现代社会，法治与人治也可表述为"法大"还是"权大"。"权大还是法大"则是一个真命题。选择法治正是对数千年人治政治的摒弃。习近平总书记强调，各级领导干部"要坚持法治、反对人治，对宪法法律始终保持敬畏之心，带头在宪法法律范围内活动，严格依照法定权限、规则、程序行使权力、履行职责，做到心中高悬法纪明镜、手中紧握法纪戒尺，知晓为官做事尺度"。[③] 人类政治文明史中的权力是一把"双刃剑"，依法行使可以造福人民，违法行使则必然祸害国家和人民。

二、坚持依法治国是国家发展的重大战略抉择

中国共产党执政 70 多年来，对依法治国的认识不断深化。新中国成

---

① 习近平：《论坚持全面依法治国》，中央文献出版社 2020 年版，第 225—226 页。

② 习近平：《在庆祝澳门回归祖国 15 周年大会暨澳门特别行政区第四届政府就职典礼上的讲话》，载《人民日报》2014 年 12 月 21 日第 1 版。

③ 中共中央文献研究室编：《习近平关于全面依法治国论述摘编》，中央文献出版社 2015 年版，第 43 页。

立之初废除国民党旧法统，同时运用新民主主义革命时期根据地法制建设的成功经验，开启建设社会主义法治，并初步奠定了社会主义法治的基石。从 20 世纪 50 年代后期开始，我们党在指导思想上发生"左"的错误，"逐渐对法制不那么重视了，特别是'文化大革命'十年内乱使法制遭到严重破坏，付出了沉重代价，教训十分惨痛！"① 这也成为党的十一届三中全会提出发扬社会主义民主，健全社会主义法制的重要缘由。厉行法治是总结历史经验教训的必然结论。

历史是最好的老师。习近平总书记指出："党的十一届三中全会以来，我们党把依法治国确定为党领导人民治理国家的基本方略，把依法执政确定为党治国理政的基本方式，始终把法治放在党和国家工作大局中来考虑、来谋划、来推进，依法治国取得重大成就。"经验和教训启迪我们，法治是治国理政不可或缺的重要手段。法治兴则国家兴，法治衰则国家乱。什么时候重视法治、法治昌明，什么时候就国泰民安；什么时候忽视法治、法治松弛，什么时候就国乱民怨。② 习近平在总结和反思中国近现代法治建设经验和教训的基础上，深刻地揭示出法治与国家前途、人民命运息息相关的历史逻辑。所以，全面推进依法治国，正是基于对历史经验和教训进行总结作出的重大抉择。

三、坚持依法治国是国家治理体系和治理能力现代化的必然要求和依托

对于国家治理体系和治理能力现代化，法治是其实现的必然要求。习近平总书记说："小智治事，中智治人，大智立法。治理一个国家、一个社会，关键是要立规矩、讲规矩、守规矩。法律是治国理政最大最重要

---

① ② 中共中央文献研究室编：《习近平关于全面依法治国论述摘编》，中央文献出版社 2015 年版，第 8 页。

的规矩。推进国家治理体系和治理能力现代化，必须坚持依法治国，为党和国家事业发展提供根本性、全局性、长期性的制度保障。"①据此，他强调："推进国家治理体系和治理能力现代化，当然要高度重视法治问题，采取有力措施全面推进依法治国，建设社会主义法治国家，建设法治中国。"②

同时，法治也是国家治理体系和治理能力的重要依托。习近平总书记系统阐释了法治在国家治理体系和治理能力中的功能和作用。他指出，"法律是治国之重器，法治是国家治理体系和治理能力的重要依托。全面推进依法治国，是解决党和国家事业发展面临的一系列重大问题，解放和增强社会活力、促进社会公平正义、维护社会和谐稳定、确保党和国家长治久安的根本要求"。③

依法治理贯穿依法治国各环节和全过程，就是要实现在法治轨道上，推进国家治理体系和治理能力现代化的基本要求。

四、全面依法治国是实现中华民族伟大复兴中国梦的重要保障

习近平总书记指出："依法治国是坚持和发展中国特色社会主义的本质要求和重要保障，是实现国家治理体系和治理能力现代化的必然要求。我们要实现经济发展、政治清明、文化昌盛、社会公正、生态良好，必须更好发挥法治的引领和规范作用。"④

---

① 中共中央文献研究室编：《习近平关于全面依法治国论述摘编》，中央文献出版社 2015 年版，第 12—13 页。

② 中共中央文献研究室编：《习近平关于全面依法治国论述摘编》，中央文献出版社 2015 年版，第 3 页。

③ 《中国共产党第十八届中央委员会第四次全体会议文件汇编》，人民出版社 2014 年版，第 68—69 页。

④ 中共中央文献研究室编：《习近平关于全面依法治国论述摘编》，中央文献出版社 2015 年版，第 5 页。

依法治国对于市场秩序的维护和社会和谐的稳定发挥了重要作用。市场经济本质就是法治经济，和谐社会实质也是法治社会。建设社会主义市场经济和和谐社会必须坚持法治思维、增强法治观念，依法调控。

全面深化改革和第二个百年奋斗目标的实现，全面依法治国将提供重要保障。习近平总书记指出："我们既要立足当前，运用法治思维和法治方式解决经济社会发展面临的深层次问题；又要着眼长远，筑法治之基、行法治之力、积法治之势，促进各方面制度更加成熟更加定型，为党和国家事业发展提供长期性的制度保障。"①

全面依法治国为实现党和国家长治久安和健康发展的法治基础。习近平总书记指出："全面推进依法治国也是解决我们在发展中面临的一系列重大问题，解放和增强社会活力、促进社会公平正义、维护社会和谐稳定、确保国家长治久安的根本要求。要保持我国经济社会长期持续健康发展势头，不断开拓中国特色社会主义更加广阔的发展前景，就必须紧密结合全面深化改革工作部署，夯实党和国家长治久安的法治基础。"②

第三节　系统阐释建设什么样的法治中国

一、法治中国的领导、主体和道路

【案例】"2015 年，我在中央政治局常委会听取最高人民法院和最高人民检察院党组工作汇报、在省部级主要领导干部学习贯彻党的十八届四中全会精神全面推进依法治国专题研讨班开班式等场合都明确指出，'党

---

① 习近平：《论坚持全面依法治国》，中央文献出版社 2020 年版，第 3 页。
② 习近平：《在中共中央召开的党外人士座谈会上的讲话》（2014 年 8 月 19 日），载《人民日报》2014 年 10 月 25 日。

大还是法大"是一个政治陷阱是一个伪命题；对这个问题，我们不能含糊其辞、语焉不详，要明确予以回答。"①

【问题】 如何理解"党大还是法大"是一个政治陷阱，是一个伪命题？

（一）法治中国建设理论的领导要素

法治中国建设理论的领导要素是坚持中国共产党的领导。习近平总书记指出"中国共产党领导是社会主义法治最根本的保证"，"坚持党总揽全局、协调各方的领导核心作用，坚持依法治国基本方略和依法执政基本方式"。②坚持党的领导是我国法治建设同西方"宪政"的本质区别。

我国社会主义法治建设的一条基本经验就是把坚持党的领导、人民当家作主、依法治国有机统一起来。习近平总书记指出："不能把坚持党的领导同人民当家作主、依法治国对立起来，更不能用人民当家作主、依法治国来动摇和否定党的领导。"③"党的领导是我国社会主义法治之魂，是我国法治同西方资本主义国家法治最大的区别。"④对"党大还是法大"这个问题，两者是相互统一的关系，一方面法律充分体现了党和人民意志，反映了党作为一个执政整体、党的执政地位和领导地位，离开了党的领导，全面依法治国就难以有效推进，社会主义法治国家就建不起来。另一方面党依法办事，每个党政组织、每个领导干部，就必须服从和遵守宪法法律。

党如何对依法治国进行领导，习近平总书记指出：必须坚持实现"党领导立法、保证执法、支持司法、带头守法"，"要健全党领导全面依法治国的制度和工作机制，推进党的领导制度化、法治化，通过法治保障党的

---

① ④ 《习近平谈治国理政》(第四卷)，外文出版社 2022 年版，第 288 页。

② 习近平：《论坚持全面依法治国》，中央文献出版社 2020 年版，第 71 页、第 15 页。

③ 《习近平关于全面依法治国论述摘编》，中央文献出版社 2015 年版，第 19 页。

路线方针政策有效实施"。①

从立法层面看	执法司法守法层面
党领导立法	党带头守法
党和人民的意志不但可以生成法律，党和人民的意志还可以依照程序修改或废止法律，这是法治本身的新陈代谢。	党和人民，每一个党员干部和每一个公民，都要严格遵守法律，在法治之下，不存在法上之权，不存在法外之人，这是法治的必然要求。

（二）法治中国建设理论的主体要素

法治中国建设理论的主体要素是坚持人民主体地位。在社会主义法治国家，依法治国的主体和力量源泉是人民，所以，坚持人民主体地位是以人民为中心思想和依法治国基本原则的生动体现。"坚持以人民为中心的发展思想，体现了党的理想信念、性质宗旨、初心使命，也是对党的奋斗历程和实践经验的深刻总结。"②人民当家作主应当贯彻到依法治国的全过程之中，保证人民的广泛参与。人民代表大会制度是保证人民当家作主的根本政治制度，保证了人民依法民主选举、民主协调、民主决策、民主管理、民主监督，维护国家法制统一、尊严权威。协商民主保证人民在日常政治生活中有广泛持续深入参与的权利，具有广泛、多层、制度化的特点，包括政党协商、人大协商、政府协商、政协协商、人民团体协商、基层协商、社会组织协商，其中人民政协是社会主义协商民主的重要渠道和专门协商机构。

如何坚持人民主体地位？依法治国"必须坚持为了人民、依靠人民。要把体现人民利益、反映人民愿望、维护人民权益、增进人民福祉落实到全面依法治国各领域全过程"。③立法上保证人民能有充分的机会表达自

---

① 习近平：《加强党对全面依法治国的领导》，载《求是》2019年第4期。

② 《习近平谈治国理政》（第四卷），外文出版社2022年版，第53页。

③ 《习近平谈治国理政》（第四卷），外文出版社2022年版，第288—289页。

己的意见，保证人民的意志和利益在法律制度中得到体现，在法律实施中充分维护人民权益。

（三）法治中国建设理论的制度要素

法治中国建设理论的制度要素是坚持中国特色社会主义法治道路。中国特色社会主义制度是法治道路的制度之基。旗帜问题、道路问题，是成败攸关的根本性问题。习近平指出，"我们要坚持的中国特色社会主义法治道路，本质上是中国特色社会主义道路在法治领域的具体体现"，"全面推进依法治国，必须走对路，如果路走错了，南辕北辙了，那再提什么要求和举措也都没有意义了"。① 开辟中国特色社会主义法治道路，是法治中国建设中"管总的东西"。习近平指出："中国特色社会主义是党和人民历经千辛万苦、付出巨大代价取得的根本成就，是实现中华民族伟大复兴的正确道路。"②

怎样坚持中国特色社会主义法治道路呢？习近平指出："走中国特色社会主义法治道路是一个重大课题，有许多东西需要深入探索，但基本的东西必须长期坚持。"③ 这些"基本的东西"归纳为三个"核心要义"和五个"基本原则"。三个"核心要义"是坚持党的领导、坚持中国特色社会主义制度、贯彻中国特色社会主义法治理论，它们"规定和确保了中国特色社会主义法治体系的制度属性和前进方向"。坚持中国特色社会主义法治道路必须遵循的五个"基本原则"，如图 1-1 所示。

---

① 《习近平谈治国理政》（第二卷），外文出版社 2017 年版，第 127 页、第 105 页。

② 《习近平谈治国理政》（第四卷），外文出版社 2022 年版，第 10 页。

③ 习近平：《加快建设社会主义法治国家》，载《求是》2015 年第 1 期。

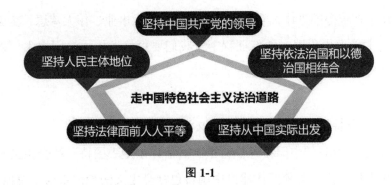

图 1-1

二、法治中国的战略布局

习近平法治思想对建设中国特色社会主义法治国家进行了顶层设计，制定了推进全面依法治国的路线图、施工图，明确了新任务。

（一）坚持全面依法治国是"四个全面"战略布局中的关键环节

党的十八大以来，以习近平同志为核心的党中央十分重视法治建设，并将全面依法治国纳入"四个全面"战略布局，提出建设中国特色社会主义法治体系，建设社会主义法治国家，建设法治中国，开创了经济持续繁荣、社会和谐安定、人民安居乐业的新局面。[1]形成并统筹推进"五位一体"总体布局，"四个全面"战略布局。党的十九届五中全会明确"全面建设社会主义现代化国家"作为战略目标在"四个全面"中居于引领地位，而全面依法治国、建设法治中国是其中的战略举措之一，它为全面建设社会主义现代化国家提供法治保障，发挥法治的支柱功能和社会稳定器作用，与全面深化改革同为"鸟之两翼、车之两轮"。[2]

习近平强调："在'四个全面'中，全面依法治国具有基础性、保障

---

①　习近平：《论坚持全面依法治国》，中央文献出版社 2020 年版，第 85、86 页。

②　习近平：《论坚持全面依法治国》，中央文献出版社 2020 年版，第 39 页。

性作用。在统筹推进伟大斗争、伟大工程、伟大事业、伟大梦想，全面建设社会主义现代化国家的新征程上，我们要更好发挥法治固根本、稳预期、利长远的保障作用。"①

（二）坚持建设中国特色社会主义法治体系

习近平指出："中国特色社会主义法治体系是中国特色社会主义制度的法律表现形式。必须抓住建设中国特色社会主义法治体系这个总抓手，努力形成完备的法律规范体系、高效的法治实施体系、严密的法治监督体系、有力的法治保障体系，形成完善的党内法规体系，不断开创全面依法治国新局面。"②习近平提出的上述五个体系（图1-2），是对全面依法治国之形式标准的深刻阐释。

图 1-2

一是完备的法律规范体系。改革开放以来，我国的法治建设形成了以宪法为统帅，以多个法律为主干，由法律、行政法规、地方性法规等多个层次的法律规范构成的中国特色社会主义法律体系（图1-3）。坚持立法先行，科学立法、民主立法、依法立法，立改废释并举，发挥立法在改革开放和经济社会发展中的引领和推动作用，实现从粗放立法向精细立法转变，提高立法质量和效率，做到立法和改革决策相衔接，重大改革于法有据、主动适应改革和社会主义发展的需要。

---

①② 习近平：《加强党对全面依法治国的领导》，载《求是》2019年第4期。

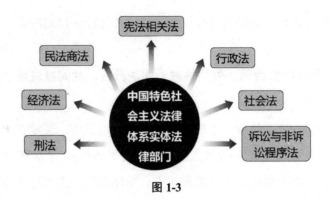

图 1-3

二是高效的法治实施体系。习近平指出："法律的生命力在于实施，法律的权威也在于实施。"①健全宪法实施制度，不断树立宪法权威；加快建设法治政府，全面依法行政；深化司法改革，规范司法行为，提高司法公信力；着力培育公民和社会组织自觉守法的法治素养，营造全社会守法光荣的良好氛围。

三是严密的法治监督体系。习近平指出，要"努力形成科学有效的权力运行和监督体系，增强监督合力和实效"。②加快完善以规范和约束公权力为重点，建立有效的法治化权力监督网络，深化国家监察体制改革，构建集中统一、权威高效的国家监察体系，对所有行使公权力的公职人员实现监察全覆盖。

四是有力的法治保障体系，即在立法、执法、司法、守法和监督过程中形成机制健全、富有成效的保障系统，包括政治和组织保障、人才和物质条件保障、法治文化保障等。

五是完善的党内法规体系，即内容科学、程序严密、配套完备、运行有效的党内制度及其运行、保障体系。习近平指出："加强党内法规制度建设是全面从严治党的长远之策、根本之策。"③完善的重点内容包括：党

①《中国共产党第十八届中央委员会第四次全体会议文件汇编》，人民出版社 2014 年版，第 8 页。

②　中共中央文献研究室编：《习近平关于全面依法治国论述摘编》，中央文献出版社 2015 年版，第 61 页。

③　全国干部培训教材编审指导委员会编：《建设社会主义法治国家》，人民出版社、党建读物出版社 2019 年版，第 23 页。

的组织、党的领导、党的自身建设和党的监督保障法规制度。

（三）坚持依法治国、依法执政、依法行政，共同推进法治国家、法治政府、法治社会一体建设

依法治国、依法执政、依法行政是一个有机整体，关键在于党要坚持依法执政、各级政府要坚持依法行政。习近平指出："全面依法治国是一个系统工程，必须统筹兼顾、把握重点、整体谋划，更加注重系统性、整体性、协同性。法治国家、法治政府、法治社会三者各有侧重、相辅相成，法治国家是法治建设的目标，法治政府是建设法治国家的主体，法治社会是构筑法治国家的基础。"①

（四）坚持统筹推进国内法治和涉外法治

面对百年未有之大变局的国际形势，需要用法治思维适应对外斗争需要，习近平提出要统筹推进国内法治和涉外法治，加快涉外法治工作战略布局，就要善于运用法律武器，维护国家利益，为中华民族伟大复兴，创造更加良好的法治国际环境。习近平指出："中国走向世界，以负责任大国参与国际事务，必须善于运用法治。在对外斗争中，我们要拿起法律武器，占领法治制高点，敢于向破坏者、搅局者说不。全球治理体系正处于调整变革的关键时期，我们要积极参与国际规则制定，做全球治理变革进程的参与者、推动者、引领者。"②

三、法治中国的基本价值

（一）法律至上

现代国家有很多规范，如宗教规范、道德规范、团体规范和行业规范

---

①② 习近平：《加强党对全面依法治国的领导》，载《求是》2019年第4期。

等。法律至上是指在国家或社会的所有规范中，法律是地位最高、效力最广、强制力最大的规范。法律至上要求这些规范都不得超越法律规范，不得与法律规范相抵触。宪法在法律体系中具有最高的法律效力，是其他一切法律的依据。

法律至上具体表现为：（1）法律的普遍适用性，是指法律在本国主权范围内对所有人具有普遍的约束力。（2）法律的优先适用性，是指当不同的社会规范针对同一社会关系调整的结果相互矛盾时，要优先考虑法律规范的适用。同一法律体系中，上位法优先于下位法，宪法优先于法律。（3）法律的不可违抗性，是指法律必须遵守，违反法律要受到惩罚。任何人不论权力大小、职位高低，只要有违法犯罪行为，就要依法追究其法律责任。

（二）公平正义

公平正义是指政治、经济和其他权益在全体社会成员之间合理分配的制度。一般来讲，公平正义主要包括机会公平、权利公平、规则公平和救济公平。

公平正义包括四重含义：（1）机会公平是指生活在同一社会中成员的发展机会平等，反对任何形式的歧视。（2）权利公平是指权利主体在法律面前"不偏袒""非歧视"，享有基本权利的平等对待、权利的平等保护和权利救济的平等。（3）规则公平是指对所有人平等适用同一的规则和标准，没有人可以游离于规则之外，没有人享有法律之外的特权。（4）救济公平是指为权利受到侵害的受害人提供平等有效的救济。

（三）人权保障

人权是法治的目标，法治是人权的保障。习近平把切实尊重和保障人权作为全面依法治国的根本目的和重点任务，明确提出"加强人权法治保障"，并指出立法保护是前提、司法保障是关键。

权利的真实性依赖于法律的保障。权利保障主要是指对公民权利的宪法保障、立法保障、行政保护和司法保障。宪法尊重和保障人权的鲜明态度，成为权利保障的前提和基础。立法保障是将宪法中的人权保障具体化为各种权利，用具体部门法进行细化保护。行政保护是行政机关在依法行政、合理行政的过程中对公民权利的保护。司法保障是公民权利保障的最后防线，既有遏制行政机关侵犯公民权利的行政复议和行政诉讼机制，也有解决个人之间权利纠纷的民事诉讼机制，还有打击犯罪行为的刑事诉讼机制。

（四）权力监督

国家权力机关的各部门之间相互监督、相互制约，以保障公民权利的原则，既包括国家权力对于国家权力的制约，也包括公民权利对于国家权力的制约。只有依法对权力的配置和运行进行有效制约和监督，才能防止以权谋私、权力滥用和权力腐败。权力监督分为权力由法定、有权必有责、用权受监督、违法受追究四项要求。权力由法定，即法无授权不可为，是指国家机关的职权必须来自法律明确的授予，表现为国家机关的权力清单。有权必有责，是指国家机关在获得权力的同时必须承担相应的职责。用权受监督是指国家权力的运行和行使必须接受各种形式的监督，让人民监督权力，让权力在阳光下运行。违法受追究，是指国家工作人员违法行使权力必须受到法律的追究和制裁。

四、全面依法治国的重大关系

全面依法治国涉及一系列重大辩证关系，如何正确认识和处理这些重大辩证关系，事关法治道路、法治效能和法治成败。习近平法治思想深刻回答如何正确处理政治和法治、改革和法治、依法治国和以德治国、依法治国和依规治党关系等重大问题，科学指明了法治中国建设的认识论和方法论。限于篇幅，这里重点讨论依法治国和依规治党、法治和德治的关系。

（一）依法治国和依规治党

依规治党和依法治国有机统一、相辅相成。正如习近平所说，治国必先治党，"纲纪不彰，党将不党，国将不国"。① "依规治党深入党心，依法治国才能深入民心。"②

习近平深刻阐明了法律和党内法规两者的关系。他说："在我们国家，法律是对全体公民的要求，党内法规制度是对全体党员的要求，而且很多地方比法律的要求更严格。我们党是先锋队，对党员的要求应该更严。全面推进依法治国，必须努力形成国家法律法规和党内法规制度相辅相成、相互促进、相互保障的格局。"③ 依规治党是依法执政的题中之义，"依法执政，既要求依据宪法法律治国理政，也要求依据党内法规管党治党"。④

全面从严治党的长远之策和根本之策是依规治党。"我们党的党内规矩是党的各级组织和全体党员必须遵守的行为规范和规则。"不断完善党内法规体系建设。"修订党纪处分条例，要体现党规党纪严于国家法律的要求，突出党纪特色，重点对违反党的政治纪律、组织纪律、财经纪律、工作纪律和生活纪律的行为作出处分规定。"⑤ "要加强反腐倡廉党内法规制度建设，加强反腐败国家立法，提高反腐败法律制度执行力，让法律制度刚性运行，尽快形成内容科学、程序严密、配套完备、有效管用的反腐

---

① 中共中央文献研究室编：《习近平关于全面依法治国论述摘编》，中央文献出版社 2015 年版，第 119 页。

② 习近平：《加强党对全面依法治国的领导》，《求是》2019 年第 4 期。

③ 《中国共产党第十八届中央委员会第四次全体会议文件汇编》，人民出版社 2014 年版，第 85 页。

④ 中共中央文献研究室编：《习近平关于全面依法治国论述摘编》，中央文献出版社 2015 年版，第 43 页。

⑤ 中共中央文献研究室编：《习近平关于全面依法治国论述摘编》，中央文献出版社 2015 年版，第 117 页。

败制度体系。"[1]

（二）法治和德治

法治与德治的关系表现在法治天下，德润人心。法治与德治两者均是治国理政的有效手段，把法治的他律和道德的自律紧密结合起来，两者就能在国家治理中相互补充、相互促进。习近平强调："法律是成文的道德，道德是内心的法律，法律和道德都具有规范社会行为、维护社会秩序的作用。"[2]

一是要通过教育强化道德对法治的支撑作用。通过教育的立德树人，充分发挥道德的教化作用，不断提高全社会文明程度，为全面依法治国创造良好人文环境，在道德教育中突出法治内涵，注重培育人们的内心深处自觉的法律信仰、法治观念、规则意识。二是把道德要求贯彻到法治建设中。立法、执法、司法都要体现社会主义道德要求，使社会主义法治成为良法善治，要把实践中广泛认同、较为成熟、操作性强的道德要求及时上升为法律规范，引导全社会崇德向善。三是运用法治手段解决道德领域突出问题。法律是底线的道德，也是道德的保障。要加强相关立法工作，依法加强对群众反映强烈的失德行为的整治。[3]

第四节　系统谋划怎么样建设法治中国

一、建设良法善治的法治中国

【案例】 2020 年 5 月 28 日，十三届全国人大三次会议表决通过了

---

① 中共中央文献研究室编：《习近平关于全面依法治国论述摘编》，中央文献出版社 2015 年版，第 45 页。

② 中共中央文献研究室编：《习近平关于协调推进"四个全面"战略布局论述摘编》，中央文献出版社 2015 年版，第 103 页。

③ 《思想道德与法治》编写组：《思想道德与法治》，高等教育出版社 2021 年版，第 197 页。

《中华人民共和国民法典》(以下简称《民法典》)。这是新中国成立以来第一部以"法典"命名的法律，系统整合了新中国70多年来长期实践形成的民事法律规范。同时，《民法典》中的离婚冷静期制度、居住权制度等内容也引起社会广泛关注与热议。

【问题】《民法典》的颁布实施对于法治中国建设有何重大意义？

党的十八届四中全会，向全党和全国各族人民发出了"向着建设法治中国不断前进""为建设法治中国而奋斗"的号召。党的十九大报告中提出战略目标、党的十九届四中全会和十九届五中全会进行战略部署，"十四五"期间，社会主义民主法治更加健全，社会公平正义进一步彰显，国家治理效能得到新提升。到2035年，人民平等参与、平等发展权利得到充分保障，法治国家、法治政府、法治社会基本建成，法治中国建设目标基本实现，各方面制度更加完善，国家治理体系和治理能力现代化基本实现。到那时，"全面依法治国"的总目标才圆满完成，"法治中国"的美好愿景才彻底化为现实（图1-4）。《民法典》的颁布标志着我国法治的巨大发展。《民法典》在中国特色社会主义法律体系中具有重要地位，是一部固根本、稳预期、利长远的基础性法律，对推进全面依法治国、加快建设社会主义法治国家，对发展社会主义市场经济、巩固社会主义基本经济制度，对坚持以人民为中心的发展思想、依法维护人民权益、推动我国人权事业发展，对推进国家治理体系和治理能力现代化，都具有

图1-4

重大意义。^①

"法治中国"概念是习近平对法治理论的重大创新，具有深厚的历史文化底蕴、丰富的实践经验基础和强大的现实导向功能，是对新时代中国法治建设的科学定位，是推进全面依法治国的工作布局，构成新时代法治建设的总主题总基调。^②

二、全面依法治国的推进方略

坚持依法治国、依法执政、依法行政共同推进，法治国家、法治政府、法治社会一体建设。全面依法治国是一个系统工程，要整体谋划，更加注重系统性、整体性、协同性。^③全面依法治国的推进方略紧随全面依法治国的重点任务。全面依法治国推进方略可以从以下五个方面来把握。

一是坚持三个核心要义是全面推进依法治国成功的关键。即坚持党的领导、坚持中国特色社会主义制度、贯彻中国特色社会主义法治理论。关于"三个核心要义"，习近平强调："这三个方面实质上是中国特色社会主义法治道路的核心要义，规定和确保了中国特色社会主义法治体系的制度属性和前进方向。"^④

二是坚持三个有机统一是根本制度安排。习近平强调："把坚持党的领导、人民当家作主、依法治国有机统一起来是我国社会主义法治建设的一条基本经验。"^⑤对此，要深化政治体制改革，加快推进社会主义民主政

---

① 《习近平谈治国理政》(第四卷)，外文出版社 2022 年版，第 281 页。

② 张文显：《习近平法治思想的理论体系》，载《法制与社会发展》2021 年第 1 期。

③ 习近平：《坚定不移走中国特色社会主义法治道路，为全面建设社会主义现代化国家提供有力法治保障》，载《求是》2021 年第 5 期。

④ 《习近平关于全面依法治国论述摘编》，中央文献出版社 2015 年版，第 23 页。

⑤ 《习近平关于全面依法治国论述摘编》，中央文献出版社 2015 年版，第 24 页。

治制度化、规范化、程序化，建设社会主义法治国家，发展更加广泛、更加充分、更加健全的人民民主。"人民代表大会制度是坚持党的领导、人民当家作主、依法治国有机统一的根本制度安排。"[1] 坚持和完善人民代表大会制度，必须毫不动摇坚持中国共产党的领导，必须保证和发展人民当家作主，必须全面推进依法治国，必须坚持民主集中制。

三是坚持三个共同推进是实现法治中国建设目标的必由之路。习近平明确提出"要坚持依法治国、依法执政、依法行政共同推进"。其中依法执政和依法行政是实现依法治国的关键和重点。

四是"坚持法治国家、法治政府、法治社会一体建设"。[2] 法治政府建设具有主体工程地位，法治社会建设是法治中国建设的基础，是人民安居乐业、干事创业、激发社会活力的重要保障。

五是坚持统筹把握法治思想、法治实践和法治人才。习近平法治思想是建设法治中国的根本遵循。注重法治实践，就是要加强宪法法律实施，大力推进严格执法、公正司法、全民守法，把法律条文和法治精神落实到治国理政的方方面面。把握法治人才，就是要全面加强法治人才队伍建设，完善选人用人机制，有效推进能力提高，不断优化队伍结构，建设一支德才兼备的高素质法治人才队伍。

三、全面依法治国的组织和人才保障

全面推进依法治国，法治工作队伍是关键因素。需要不断提高法治工作队伍思想政治素质、业务工作能力，为加快建设社会主义法治国家提供强有力的组织和人才保障。习近平指出："建设法治国家、法治政府、法治社会，实现科学立法、严格执法、公正司法、全民守法，都离不开一支

---

[1]　习近平：《论坚持全面依法治国》，中央文献出版社 2020 年版，第 71 页。

[2]　习近平：《论坚持全面依法治国》，中央文献出版社 2020 年版，第 80 页。

高素质的法治工作队伍。""法治工作是政治性很强的业务工作，也是业务性很强的政治工作"，所以法治专门队伍要德才兼备。要加强理想信念教育，深入开展社会主义核心价值观和社会主义法治理念教育，推进法治专门队伍革命化、正规化、专业化、职业化，确保做到忠于党、忠于国家、忠于人民、忠于法律。对法治专门队伍的管理必须坚持更严标准、更高要求。要坚决清查贪赃枉法、对党不忠诚不老实的人，深查执法司法腐败。最近，政法系统开展队伍教育整顿试点工作，查处了一批害群之马，得到广大群众好评。要巩固和扩大试点工作成果，坚持零容忍，敢于刀刃向内、刮骨疗毒。①

抓住"关键少数"，就是要让各级领导干部在全面依法治国中发挥关键作用。之所以要抓住"关键少数"，乃是因为"各级领导干部作为具体行使党的执政权和国家立法权、行政权、司法权的人，在很大程度上决定着全面依法治国的方向、道路、进度。党领导立法、保证执法、支持司法、带头守法，主要是通过各级领导干部的具体行动和工作来体现、来实现"。第一，领导干部要带头学习、精准把握习近平法治思想。第二，领导干部要尊崇法治、敬畏法律，牢固确立法律红线不能触碰、法律底线不能逾越的观念，"对各种危害法治、破坏法治、践踏法治的行为，领导干部要挺身而出、坚决斗争"，②做社会主义法治的捍卫者。第三，领导干部要运用法治思维和法治方式治国理政，把对法治的尊崇、对法律的敬畏转化成思维方式和行为方式。第四，领导干部要带头尊法学法守法用法，不能行使依法不该由自己行使的权力，也不能干预依法自己不能干预的事情，更不能以言代法、以权压法、徇私枉法。③

---

① 《习近平谈治国理政》(第四卷)，外文出版社 2022 年版，第 297 页。

② 中共中央文献研究室编：《习近平关于全面依法治国论述摘编》，中央文献出版社 2015 年版，第 121 页。

③ 张文显：《习近平法治思想的理论体系》，载《法制与社会发展》2021 年第 1 期。

四、全面依法治国的基本格局

【案例】 2020年8月8日，国旗法修正草案和国徽法修正草案提请十三届全国人大常委会第二十一次会议审议，涉及增加升挂国旗、悬挂国徽的场合，规范国旗、国徽的使用，强化国旗宣传教育等多个方面，国家标志制度有望进一步完善。党的十八大以来，以习近平同志为核心的党中央高度重视国家仪典、国家标志方面的立法，相继制定国歌法、国家勋章和国家荣誉称号法、英雄烈士保护法等重要法律，修改国旗法、国徽法，完善国家标志制度。

【问题】 国旗法修正和国徽法修正有何法治意义？

"科学立法、严格执法、公正司法、全民守法"是全面依法治国"新十六字方针"，涵盖立法、执法、司法、守法等环节，形成新时期法治工作的基本格局。

（一）科学立法

推进科学立法是全面依法治国的关键环节。坚持立、改、废、释并举，完善以宪法为统帅的中国特色社会主义法律体系。习近平指出："我们要以宪法为最高法律规范，继续完善以宪法为统帅的中国特色社会主义法律体系，把国家各项事业和各项工作纳入法治轨道，实行有法可依、有法必依、执法必严、违法必究，维护社会公平正义，实现国家和社会生活制度化、法制化。"[1] 国旗法和国徽法的修改不仅是我国国旗和国徽法律制度的完善，也是我国宪法实施和宪法遵守的重要体现。第一，完善宪法上的国家标志体系，对国家标志制度进行了具体化。进一步加强对国家标志使用的权威性与严肃性，也体现了宪法的尊严和权威。第二，突出加强国

---

[1] 习近平:《论坚持全面依法治国》，中央文献出版社2020年版，第12—13页。

旗国徽的宣传教育的功能，目的是为了强化国民的国家意识和宪法意识，树立公民的爱国主义精神，弘扬社会主义核心价值观。

科学立法不仅要按照客观经济规律来及时进行法律的废、改、立，而且要充分反映社会规律，将社会文化以及民主政治建设和生态文明发展规律及时用法律的形式加以固定和强化，使改革发展稳定工作在良法体系的规范和保障下科学地推进。要加强国家安全、科技创新、公共卫生、生物安全、生态文明、防范风险等重要领域立法，加快数字经济、互联网金融、人工智能、大数据、云计算等领域立法步伐，努力健全国家治理急需、满足人民日益增长的美好生活需要必备的法律制度。①

（二）严格执法

严格执法是指行政机关应当严格、严明和严肃地执行国家法律。习近平强调："全面推进依法治国，必须坚持严格执法。法律的生命力在于实施。如果有了法律而不实施或者实施不力，搞得有法不依、执法不严、违法不究，那制定再多法律也无济于事。要推进严格执法，理顺执法体制，完善行政执法程序，全面落实行政执法责任制。"②

所谓严格是指行政机关及其工作人员严守法定的标准和程序，严格按照法律的规格和标准行使行政权力、执行法律法规；所谓严明是指执法作风端正、执法纪律严明，坚决消除"庸、懒、散，杜绝乱作为、瞎折腾"；所谓严肃是对执法态度、执法精神方面的要求，执法者应当奉行法治精神、严肃认真地履行执法职责，确保公正执法、文明执法、理性执法。法律的生命力在于实施，法律的权威也在于实施，严格执法是全面推进依法治国的重要内容。然而，在现实中，由于有的执法人员法治意识淡薄、人治思想严重，有的部门权力制约不够、自由裁量权过大，导致不执法、乱

---

① 《习近平谈治国理政》（第四卷），外文出版社 2022 年版，第 301—302 页。
② 中共中央文献研究室编：《习近平关于全面依法治国论述摘编》，中央文献出版社 2015 年版，第 57 页。

执法、选择性执法、以权谋私、执法寻租等现象依然存在。[①] 党的十八届四中全会《决定》指出：依法惩处各类违法行为，加大关系群众切身利益的重点领域执法力度。完善执法程序，建立执法全过程记录制度。明确具体操作流程，重点规范行政许可、行政处罚、行政强制、行政征收、行政收费和行政检查等执法行为。严格执行重大执法决定法制审核制度。

（三）公正司法

公平正义是司法的灵魂和生命。习近平指出："公正司法是维护社会公平正义的最后一道防线。所谓公正司法，就是受到侵害的权利一定会得到保护和救济，违法犯罪活动一定要受到制裁和惩罚。如果人民群众通过司法程序不能保证自己的合法权利，那司法就没有公信力，人民群众也不会相信司法。法律本来应该具有定分止争的功能，司法审判本来应该具有终局性的作用，如果司法不公、人心不服，这些功能就难以实现。"[②]

习近平强调，努力让人民群众在每一个司法案件中都能感受到公平正义。要紧紧牵住司法责任制这个"牛鼻子"，深化司法责任制综合配套改革。例如要完善确保依法独立公正行使审判权和检察权的制度，建立领导干部干预司法活动、插手具体案件处理的记录、通报和责任追究制度，建立健全司法人员履行法定职责保护机制。加强人权司法保障，强化诉讼权利保障，健全落实罪刑法定、疑罪从无和非法证据排除等法律原则的法律制度，加强对刑讯逼供和非法取证的源头预防，健全冤假错案有效防范和及时纠正机制。

（四）全民守法

全面推进依法治国，必须坚持全民守法。习近平指出："全民守法，

---

① 教育部教育考试院：《法律硕士（非法学）考试分析（2023 年版）》，高等教育出版社 2022 年版，第 441 页。

② 习近平：《论坚持全面依法治国》，中央文献出版社 2020 年版，第 22 页。

就是任何组织或者个人都必须在宪法和法律范围内活动，任何公民、社会组织和国家机关都要以宪法和法律为行为准则，依照宪法和法律行使权利或权力、履行义务或职责。"[1] 法律的权威源自人民的内心拥护和真诚信仰。全民守法以增强全民法治观念，推进法治社会建设为目标。要弘扬社会主义法治精神，建设社会主义法治文化，增强全社会厉行法治的积极性和主动性，形成守法光荣、违法可耻的社会氛围。普法工作要紧跟时代，在针对性和实效性上下功夫，落实"谁执法谁普法"普法责任制，特别是要加强青少年法治教育，不断提升全体公民法治意识和法治素养，使法治成为社会共识和基本准则。要强化依法治理，培育全社会办事依法、遇事找法、解决问题用法、化解矛盾靠法的法治环境。[2]

---

[1] 中共中央文献研究室编：《习近平关于全面依法治国论述摘编》，中央文献出版社 2015 年版，第 87—88 页。

[2] 《习近平谈治国理政》（第四卷），外文出版社 2022 年版，第 294—295 页。

第二章 明确宪法的地位与作用，懂得公民的基本权利和义务

第一节 坚持依宪治国、依宪执政

【案例】 党的十八届四中全会明确提出，坚持依法治国首先要坚持依宪治国，坚持依法执政首先要坚持依宪执政。我们讲依宪治国、依宪执政，同西方所谓"宪政"有着本质区别，不能把二者混为一谈。坚持依宪治国、依宪执政，就包括坚持宪法确定的中国共产党领导地位不动摇，坚持宪法确定的人民民主专政的国体和人民代表大会制度的政体不动摇。[①]

【问题】 西方所谓的"宪政"，对中国法治道路的危害是什么？

一、依法治国、依法执政与依宪治国的关系

坚持依法治国首先要坚持依宪治国，坚持依法执政首先要坚持依宪执政。在法治阳光下，一切国家机关和武装力量、各政党和各社会团体、各企业事业组织、全国各族人民都必须以宪法为根本的活动准则，

---

① 《习近平谈治国理政》（第四卷），外文出版社 2022 年版，第 291 页。

并且负有维护宪法尊严、保证宪法实施的职责，任何组织或个人，都不得有超越宪法和法律的特权，一切违反宪法和法律的行为，都必须予以追究。

维护宪法尊严和权威，是维护国家法制统一、尊严、权威的前提，也是维护最广大人民根本利益、确保国家长治久安的重要保障。2021 年 12 月 6 日，习近平在中共中央政治局第三十五次集体学习时再次强调："维护国家法制统一、尊严、权威，一切违反宪法法律的行为都必须予以追究。"[1] 坚持依宪治国、依宪执政，体现了党的领导、人民当家作主、依法治国有机统一，体现了全面推进依法治国的时代要求，对于推进国家治理体系和治理能力现代化、保证党和国家长治久安具有重大意义。

宪法是静态的法治文本，依宪治国是动态宪法的实践过程。宪法与依宪治国的关系表现为：（1）宪法与依宪治国互为基础和前提，是形式与内容的关系，两者是辩证统一的。宪法是具有最高效力的根本法，其生命在于实施，宪法的权威也在于实施。（2）唯有依宪治国，方能使宪法真正成为现实力量，保证任何组织和个人都不得有超越宪法和法律的特权，一切违反宪法的行为都必须予以追究。只有坚持依宪执政，使执政党在宪法和法律范围内活动，真正做到党领导立法、保证执法、带头守法，才能使宪法成为所有国家机关及其工作人员的最高行为准则。

习近平指出："我们就是在不折不扣贯彻着以宪法为核心的依宪治国、依宪执政，我们依据的是中华人民共和国宪法。"[2] 我国宪法确认了中国共产党的执政地位，确认了党在国家政权结构中总揽全局、协调各方的领导核心地位。现在一些人拿西方"宪政"的标准来框住我们，用所谓"宪政"架空中国共产党领导、攻击我们不是"宪政国家""法治国家"。以任何借口否定中国共产党领导和社会主义根本制度，都是错误的、有害

---

① 习近平：《坚持走中国特色社会主义法治道路，更好推进中国特色社会主义法治体系建设》，载《求是》2022 年第 4 期。

② 习近平：《论坚持全面依法治国》，中央文献出版社 2020 年版，第 11 页。

的，都是绝对不能接受的，也是从根本上违反宪法的。一定要认清，我们坚持的依宪治国、依宪执政依据的是中华人民共和国宪法，而不是其他国家的宪法。盲目地跟着西方所谓"宪政"跑，无异于削足适履，自毁长城。①

二、宪法是治国理政的总章程

宪法作为国家的根本大法，是我国治国理政的总章程，集中体现了党和人民的意志，具有最高的法律地位、法律效力。习近平指出："我国宪法以国家根本法的形式，确认了中国共产党领导人民进行革命、建设、改革的伟大斗争和根本成就，确立了人民民主专政的国体和人民代表大会制度的政体，确立了国家的根本任务、指导思想、领导核心、发展道路、奋斗目标，规定了一系列基本政治制度和重要原则，规定了国家一系列大政方针，体现出鲜明的社会主义性质。"②我国宪法确立了中国特色社会主义道路、中国特色社会主义理论体系、中国特色社会主义制度的发展成果，反映了我国各族人民的共同意志和根本利益。我国宪法是符合国情、符合实际、符合时代发展要求的好宪法，是我们国家和人民经受住各种困难和风险考验、始终沿着中国特色社会主义道路前进的根本法保障。

党的十八大以来，以习近平同志为核心的党中央高度重视宪法在国家政治生活和治国理政中的重要作用，强调依宪治国、依宪执政是建设社会主义法治国家的首要任务，全面系统地提出了依宪治国、依宪执政的重要举措，作出了全面实施宪法与维护宪法权威的一系列重大战略部署，有力地推进了宪法实施和监督工作。

---

① 中共中央宣传部编：《习近平新时代中国特色社会主义思想学习问答》，学习出版社、人民出版社2021年版，第180页。

② 习近平：《论坚持全面依法治国》，中央文献出版社2020年版，第214页。

三、全面贯彻实施宪法

【案例】《全国人民代表大会常务委员会关于实行宪法宣誓制度的决定》规定：各级人民代表大会及县级以上各级人民代表大会常务委员会选举或者决定任命的国家工作人员，以及各级人民政府、监察委员会、人民法院、人民检察院任命的国家工作人员，在就职时应当公开进行宪法宣誓。宣誓誓词如下："我宣誓：忠于中华人民共和国宪法，维护宪法权威，履行法定职责，忠于祖国、忠于人民，恪尽职守、廉洁奉公，接受人民监督，为建设富强民主文明和谐美丽的社会主义现代化强国努力奋斗！"

【问题】 国家公职人员就职时进行宪法宣誓有何意义？

全面贯彻实施宪法，是建设社会主义法治国家的首要任务和基础性工作。习近平指出："宪法的生命在于实施，宪法的权威也在于实施。"[①] 全面贯彻实施宪法，切实维护宪法尊严和权威，是维护国家法制统一、尊严、权威的前提，也是维护最广大人民根本利益、确保国家长治久安的重要保障。新时代推进全面依法治国，必须更加坚定维护宪法尊严和权威，加强宪法实施和监督。"把国家各项事业和各项工作全面纳入依法治国、依宪治国的轨道，把实施宪法提高到新的水平。"[②]2014年，全国人大常委会通过立法把每年12月4日设立为国家宪法日，2015年全国人大常委会作出《关于实行宪法宣誓制度的决定》，并于2018年进行了修订。国家工作人员通过宪法宣誓的形式，进一步树立宪法意识，恪守宪法原则，弘扬宪法精神，履行宪法使命。通过宣誓彰显宪法权威，激励和教育国家工作人员忠于宪法、遵守宪法、维护宪法，加强宪法实施。

"法治权威能不能树立起来，首先要看宪法有没有权威。"[③] 而要真正

---

① 习近平：《论坚持全面依法治国》，中央文献出版社2020年版，第72页。

② 习近平：《论坚持全面依法治国》，中央文献出版社2020年版，第217页。

③ 习近平：《论坚持全面依法治国》，中央文献出版社2020年版，第94页。

树立宪法权威，就必须切实在宪法实施和监督上下功夫。2018年，全国人大法律委员会更名为全国人大宪法和法律委员会，增加推动宪法实施、开展宪法解释、推进合宪性审查、加强宪法监督、配合宪法宣传等工作职责。把全面贯彻实施宪法作为首要任务，健全保证宪法全面实施的体制机制，将宪法实施和监督提高到新水平。习近平指出："宪法的根基在于人民发自内心的拥护，宪法的伟力在于人民出自真诚的信仰。只有保证公民在法律面前一律平等，尊重和保障人权，保证人民依法享有广泛的权利和自由，宪法才能深入人心，走入人民群众，宪法实施才能真正成为全体人民的自觉行动。"[1]

四、深入开展宪法宣传教育

【案例】 2021年12月4日是第八个国家宪法日，迎来了第四个"宪法宣传周"。2018年主题是"尊崇宪法、学习宪法、遵守宪法、维护宪法、运用宪法"。2019年主题是"弘扬宪法精神，推进国家治理体系和治理能力现代化"。2020年主题是"深入学习宣传习近平法治思想，大力弘扬宪法精神"。2021年主题是"以习近平法治思想为指引，坚定不移走中国特色社会主义法治道路"。

【问题】 国家设立宪法日的意义是什么？

习近平强调，"宪法法律的权威源自人民的内心拥护和真诚信仰，加强宪法学习宣传教育是实施宪法的重要基础。要在全社会广泛开展尊崇宪法、学习宪法、遵守宪法、维护宪法、运用宪法的宣传教育，弘扬宪法精神，弘扬社会主义法治意识，增强广大干部群众的宪法意识，使全体人民

---

[1] 习近平：《论坚持全面依法治国》，中央文献出版社2020年版，第13—14页。

成为宪法的忠实崇尚者、自觉遵守者、坚定捍卫者"。①

宪法的根基在于人民发自内心的拥护，宪法的伟力在于人民出自真诚的信仰。要紧密结合党的理论和路线方针政策的宣传教育，解读好宪法的精神、原则、要义，解读好宪法所规定的重大制度和重大事项，深刻认识当代中国宪法制度是我们党领导人民长期奋斗历史逻辑、理论逻辑、实践逻辑的必然结果，深刻认识到我国宪法充分体现了人民共同意志、充分保障了人民民主权利、充分维护了人民根本利益，从而更加坚定宪法自信，增强宪法自觉。

要使宪法真正走入人民群众的日常生活，就需要通过鲜活生动的语言和事例、喜闻乐见的形式和手段、使广大人民群众真正认识到宪法就是保障公民权利的法律武器。依托国家宪法日活动、宪法宣誓、青少年"学宪法讲宪法"活动等载体，使宪法深入人心、家喻户晓，根植宪法信仰，外化于行。特别重视对青少年的宪法教育，把宪法法律教育纳入国民教育体系，培养青少年宪法法律知识、从而坚定树立宪法法律意识。同时要抓住领导干部这个"关键少数"。《法治社会建设实施纲要（2020—2025年）》指出，切实加强对国家工作人员特别是各级领导干部的宪法教育，组织推动国家工作人员原原本本学习宪法文本。②完善国家工作人员学习宪法法律的制度，推动领导干部加强宪法学习，增强宪法意识，带头尊崇宪法、学习宪法、遵守宪法、维护宪法、运用宪法，做尊法学法守法用法的模范。③

国家设立"国家宪法日"，仪式背后传递的是依宪治国、依宪执政的理念，使这一天成为全民的宪法"教育日、普及日、深化日"，形成举国上下尊重宪法、宪法至上、用宪法维护人民权益的社会氛围。

---

① 习近平：《论坚持全面依法治国》，中央文献出版社2020年版，第218页。

② 《法治社会建设实施纲要（2020—2025年）》，人民出版社2020年版，第4页。

③ 中共中央宣传部、中央全面依法治国委员会办公室编：《习近平法治思想学习纲要》，人民出版社、学习出版社2021年版，第59页。

第二节 宪法的地位与作用

一、宪法的概念和特征

【案例】 2003 年 6 月 30 日，安徽芜湖市人事局组织实施了公务员招录考试，安徽大学生张某某报考了芜湖县委办公室经济管理职位。他笔试和面试成绩均排在第一位，但在其后的体检中张某某被检查出感染了乙肝病毒。9 月 25 日，芜湖市人事局依据《安徽省国家公务员体检标准》正式宣布张某某因体检不合格不予录用。11 月 10 日，张某某以芜湖市人事局"歧视乙肝患者"为由向芜湖市新芜区人民法院提起了行政诉讼。2004 年 4 月 2 日，法院作出一审判决，确认被告芜湖市人事局以体检不合格的理由取消原告张某某录取资格的决定，主要证据不足，决定应予撤销。4 月 19 日，芜湖市人事局不服一审判决，向芜湖市中级人民法院提起上诉。经过审理，芜湖中院二审作出裁定：驳回上诉，维持原判。[①]

【问题】 芜湖市人事局依据《安徽省国家公务员体检标准》宣布张某某因体检不合格不予录用，侵犯了他宪法上的何种权利？

宪法指规定民主制国家的根本制度和根本任务、集中表现各种政治力量对比关系、保障公民基本权利和自由的国家根本法。宪法是集中表现统治阶级建立民主制国家的意志和利益的国家根本法。[②] 在我国，"宪法集中体现了党和人民的统一意志和共同愿望，是国家意志的最高表现形式"。[③] 从党的主张、人民意志、国家意志三个维度来认识和界定宪法

---

① 周瑞平：《"乙肝歧视案"有了"说法"》，载《时代潮》2004 年第 8 期。
② 周叶中主编：《宪法》，高等教育出版社 2020 年版，第 36 页。
③ 习近平：《论坚持全面依法治国》，中央文献出版社 2020 年版，第 198 页。

的性质，大大拓展了传统宪法理论仅仅把宪法看作是国家根本法的局限。宪法不仅是传统意义上的"治国安邦的总章程"，同时还是治国理政的总章程。①

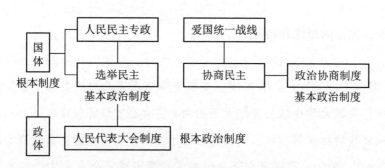

图 2-1 宪法规定国家的根本政治制度

习近平强调，宪法具有最高的法律地位、法律权威、法律效力。我们党首先要带头尊崇和执行宪法，把领导人民制定和实施宪法法律同党坚持在宪法法律范围内活动统一起来。② 我国宪法具有以下特征。

第一，我国宪法是我国的根本法，具体表现在三个方面：一是在内容上，我国宪法规定国家最根本、最重要的问题，诸如国体、政体（图2-1）、国家的基本制度、公民的基本权利和义务、国家机构的组织及其职权等最重要的问题。二是在法律效力上，宪法的法律效力高于其他法律的法律效力，在我国法律体系中宪法处于最高的法律地位，是其他一般法律制定的依据和基础。三是宪法在制定和修改的程序上，要求更加严格。我国宪法的修改要由全国人民代表大会常务委员会或者全国人民代表大会五分之一以上代表提议，并由全体代表的三分之二以上通过，一般法律的修改和其他议案由全国人民代表大会以全体代表的过半数通过。

第二，宪法的本质特征是各种政治力量对比关系的集中表现。我国宪

---

① 习近平：《论坚持全面依法治国》，中央文献出版社 2020 年版，第 213 页。

② 习近平：《习近平在中共中央政治局第四次集体学习时，强调更加注重发挥宪法作用，把宪法提高到新的水平》，载《人民日报》2018 年 2 月 26 日第 1 版。

法是工人阶级领导的广大人民群众的共同意志和利益的集中体现。

第三，我国宪法是公民基本权利和自由的保障书。列宁曾经指出：宪法就是一张写着人民权利的纸。① 由此可见，宪法和公民权利关系极为密切。在我国法律体系中，宪法不仅是系统、全面规定公民基本权利和自由的法律部门，而且其基本出发点就在于确认民主制度和民主原则、保障公民的基本权利和自由、尊重和保障人权。案例中，芜湖市人事局因为张某某是乙肝病毒携带者，以体检不合格的理由取消他的录取资格。这一行为本身从表面上看，不仅涉及张某某所享有的宪法上规定的平等权，也关系到他的劳动权。后来，国家有关部门规定在公民入学、就业体检中不得要求进行乙肝项目检测，充分保护了公民的平等权、受教育权和劳动权。

二、宪法的产生及发展

毛泽东同志曾经说过：讲到宪法，资产阶级是先行的。英国也好，法国也好，美国也好，资产阶级都有过革命时期，宪法就是他们在那个时候开始搞起的。② 谈到宪法的历史，近代意义的宪法是资产阶级革命的产物。17、18 世纪，英、美、法等国相继发生了资产阶级革命，随着革命胜利，这些国家都先后制定了宪法。如英国 1628 年的《权利请愿书》、1679 年的《人身保护法》、1689 年的《权利法案》、1949 年的《议会法》等。美国 1787 年在费城召开制宪会议，制定了宪法。法国于 1789 年 8 月，国民议会通过法国第一个宪法性文件，即《人权和公民权宣言》。继英、美、法之后，其他西方国家都普遍制定了宪法，用以规定国家制度和社会制度。当今世界各国实行宪法是普遍趋势。

---

① 《列宁全集》(第 12 卷)，人民出版社 1987 年版，第 50 页。
② 《毛泽东著作选读》(下册)，人民出版社 1986 年版，第 708 页。

　　1840 年鸦片战争后，中国逐步沦为半殖民地、半封建社会。在长达百年的封建主义和官僚资产阶级的统治中，无论是清王朝、北洋军阀，还是国民党政府，都曾制定宪法。清政府于 1908 年 9 月颁布了《钦定宪法大纲》，1911 年 11 月又颁布了《重大信条十九条》，但均未真正施行。辛亥革命后，孙中山于 1912 年 3 月颁布了《中华民国临时约法》，北洋军阀于 1914 年制定了《中华民国约法》，1923 年制定了《中华民国宪法》，1925 年制定了《中华民国宪法草案》，但亦未能真正施行。国民党政府于 1931 年制定了《中华民国训政时期约法》，1946 年又制定了《中华民国宪法》，借以维护其大官僚、大买办的统治。

　　中国共产党领导和创建的各个革命根据地都先后制定和颁布了宪法性文件。1931 年 11 月，中央苏区颁布了《中华苏维埃共和国宪法大纲》。抗战时期，1941 年 11 月，陕甘宁边区制定了《陕甘宁边区施政纲领》。解放战争时期，陕甘宁边区制定了《陕甘宁边区宪法原则》。1949 年 9 月中华人民共和国成立前夕，我国召开了具有广泛代表性的中国人民政治协商会议，制定了起临时宪法作用的《中国人民政治协商会议共同纲领》。1954 年，制定了我国第一部社会主义类型的宪法——1954 年宪法。这部宪法对于巩固人民民主专政政权、促进社会主义经济发展、团结全国各族人民进行社会主义革命和建设，都发挥了积极的推动和保障作用。1975 年 1 月 17 日第四届全国人民代表大会第一次会议通过了 1975 年宪法。这部宪法存在严重的缺点和错误，在实际生活中并没有产生什么作用。1978 年 3 月 5 日第五届全国人民代表大会第一次会议对 1975 年宪法进行了修改，通过了 1978 年宪法。但限于当时的历史条件，这部宪法也不完善。

　　1982 年宪法是我国现行宪法。它是对 1978 年宪法的全面修正，并于 1982 年 12 月 4 日第五届全国人民代表大会第五次会议上通过的。现行宪法对国家根本制度、公民的基本权利和义务以及国家机构的设置和职权范围等一系列重大问题，也都作了极其明确的规定。随着改革开放的深入和社会主义现代化建设事业的发展，我国的政治、经济、文化领域不断发生变化。为了适应这一变化，1988年以来，全国人民代表大会先后5次以修正案的方式，对1982年宪法进行了修改和补充。"我国现行宪法是在深刻总结我国社会主义革命、建设、改革的成功经验基础上制定和不断完善的，是我们党领导人民长期奋斗历史逻辑、理论逻辑、实践逻辑的必然结果。"①

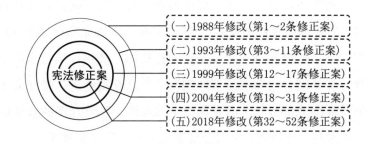

修正案的具体内容包括：（1）指导思想和宪法原则的修正：1999年加入"邓小平理论"，"实行依法治国。建设社会主义法治国家"。2004年加入"'三个代表'重要思想"，"国家尊重和保障人权"，"国家建立健全同经济发展水平相适应的社会保障制度"。2018年加入"科学发展观、习近平新时代中国特色社会主义思想"。（2）国家发展道路的修正：1993年加入"正处于社会主义初级阶段"，"建设有中国特色社会主义"，"坚持改革开放"。1999年加入"长期处于社会主义初级阶段"，"沿着建设有中国特色社会主义的道路"。2004年加入"沿着中国特色社会主义道路"，"推动物质文明、政治文明和精神文明协调发展"。2018年加入"贯彻新发展理念"，精神文明后增加"社会文明、生态文明"，"把我国建设成为富强民主文明和谐美丽的社会主义现代化强国。实现中华民族伟大复兴"。（3）基本经济制度的修正：1993年加入"国家实行社会主义市场经济"，"加强经济立法。完善宏观调控"，将"国营经济""国营企业"改为"国

---

① 习近平：《论坚持全面依法治国》，中央文献出版社2020年版，第213页。

有经济""国有企业"。1999 年加入"发展社会主义市场经济"，"坚持公有制为主体、多种所有制经济共同发展的基本经济制度。坚持按劳分配为主体、多种分配方式并存的分配制度"。2004 年加入"公民的合法的私有财产不受侵犯"，"保护公民的私有财产权和继承权"，"国家为了公共利益的需要。可以依照法律规定对公民的私有财产实行征收或者征用并给予补偿"。（4）农村集体经济、土地制度和非公有制经济方面的修正：1988 年加入"土地的使用权可以依照法律的规定转让"，"国家允许私营经济在法律规定的范围内存在和发展"。1993 年加入了确立农村家庭联产承包为主的责任制。1999 年加入了规定"农村集体经济组织实行家庭承包经营为基础、统分结合的双层经营体制"，"非公有制经济，是社会主义市场经济的重要组成部分"，"国家保护个体经济、私营经济的合法的权利和利益。国家对个体经济、私营经济实行引导、监督和管理"。2014 年加入"土地征收、征用要给予补偿。"（5）国家机关和统一战线的修正：1993 年"将县级人民代表大会的任期由 3 年改为 5 年"，增加了"中国共产党领导的多党合作和政治协商制度将长期存在和发展"的规定。2004 年增加了特别行政区的代表、乡镇人大任期也改为 5 年。统一战线增加"社会主义事业的建设者"。2018 年增设"监察机关"一节，相应地调整人大、人大常委会、国务院的职权、修改国家主席任职方面的有关规定。增加"致力于中华民族伟大复兴的爱国者"，政党制度上增加"中国共产党领导是中国特色社会主义最本质的特征"。（6）其他方面的修正：1999 年将"反革命的活动"修改为"危害国家安全的犯罪活动"。2004 年将"戒严"改为"紧急状态"，国家主席职权增加"进行国事活动"，规定"国歌"。2018 年民族关系在"平等、团结、互助"后增加"和谐"，对外关系在和平共处五项原则后增加"坚持和平发展道路。坚持互利共赢开放战略""推动构建人类命运共同体"，道德建设上增加"国家倡导社会主义核心价值观""国家工作人员就职时应当依照法律规定公开进行宪法宣誓"等。

三、宪法的作用

宪法的作用，是指宪法规范通过调整宪法关系主体的行为最终对社会关系产生的影响。[①] 宪法作用是宪法调整国家的政治、经济、文化和社会各个领域所产生的具体影响。作为国家的根本法，宪法对我国政治和社会生活发挥着规范、引领、推动、保障的作用。[②]

（1）宪法对国家权力的确认和规范。确认国家权力是指宪法通过规定社会各阶级在国家中的地位，明确国家权力的归属，集中体现为宪法对国家性质的宣告。我国《宪法》第1条第1款明确规定："中华人民共和国是工人阶级领导的、以工农联盟为基础的人民民主专政的社会主义国家。"规范国家权力是指宪法规定国家权力的分工、行使的方式和程序，使国家权力的运行受到严格的监督和约束。在我国，国家权力分为立法权、行政权、监察权、审判权、检察权和武装力量领导权等，权力通过民主集中制的人民代表大会制来行使，宪法规定各种国家权力的组织机构、行使权力的具体方式与程序、对国家权力的监督方式，以及纠正国家机关违法行为的程序和途径。

（2）宪法对公民基本权利的保障。公民的基本权利和义务是宪法的核心内容，宪法是每个公民享有权利、履行义务的根本保证。宪法以专章规定公民的基本权利，确认公民在政治、经济、文化、社会生活的各个领域的自由和利益。同时，宪法还规定限制基本权利的条件和方式，避免公民基本权利被随意地剥夺。宪法确立了"国家尊重和保障人权"的原则，并根据宪法制定了一系列保护公民基本权利的法律，通过人权实践全面推进了我国人权事业的发展。

（3）宪法维护国家法制的统一。一个国家的法律制度，必须是一个完整统一的整体。宪法是最高法，也是根本法，为一切法律的制定提供立

---

① 周叶中主编：《宪法》，高等教育出版社2020年版，第146页。

② 《宪法学》编写组：《宪法学》，高等教育出版社2020年版，第48—52页。

法依据。各部门法的制定须以宪法为依据，所有的法律都不得与宪法相抵触，与宪法相抵触的法律是无效的。此外，对普通法律的解释也应当贯彻宪法的精神，以保证法律体系在宪法统领下的一致性。

（4）宪法确认经济制度、促进经济发展。宪法作为上层建筑，对于经济基础具有能动的反作用。这种反作用具体表现在以下方面：首先，宪法确认和维护经济制度既包括坚持公有制为主体、多种所有制经济共同发展，坚持按劳分配为主体、多种分配方式并存的分配制度，也包括社会主义市场经济体制等基本经济制度，并规定了社会主义公有财产神圣不可侵犯。其次，宪法通过经济基本制度规范经济生活，保证经济有序运行。宪法保障了我国的改革开放和社会主义现代化建设，为深化改革、扩大开放、促进发展提供了坚实的法律保障。

（5）宪法维护国家统一和世界和平。我国创造性地将"一国两制"的伟大构想予以法律化，确立特别行政区制度，有力地维护了国家统一。我国宪法规定了国家独立自主的外交政策，坚持互相尊重领土和主权完整、互不侵犯、互不干涉内政、平等互利、和平共处的五项原则，高举和平、发展、合作、共赢旗帜，坚定不移维护国家主权、安全、发展利益，坚定不移维护世界和平、促进共同发展。将"推动构建人类命运共同体"写入序言，反映出中国是世界和平的积极推动者，是国际社会新秩序的积极倡导者。

四、我国宪法的基本原则

宪法基本原则，是指人们在制定和实施宪法过程中必须遵循的最基本的准则，是贯穿立宪和行宪的基本精神。[①] 我国现行宪法的基本原则主要

---

① 周叶中主编：《宪法》，高等教育出版社 2020 年版，第 85 页。

有以下几项。

（1）党的领导原则。中国共产党是中国特色社会主义事业的领导核心。我国宪法对中国共产党领导地位和执政地位的规定，既是对中国共产党领导人民在革命、建设、改革各个历史时期奋斗成果的确认，也是对国家性质和根本制度的确认，集中体现了党的主张和人民意志的高度统一。[①]

（2）人民主权原则。体现在国体和政体的规定上，《宪法》第1条第1款规定："中华人民共和国是工人阶级领导的、以工农联盟为基础的人民民主专政的社会主义国家。"《宪法》第2条确认了人民主权原则并规定了人民行使主权的形式：中华人民共和国的一切权力属于人民。人民行使国家权力的机关是全国人民代表大会和地方各级人民代表大会。我国是人民当家作主的社会主义国家，广大人民可以依据有关法律的规定，通过各种途径和方式管理国家事务和其他社会事务。

（3）国家尊重和保障人权的原则。1982年宪法将"公民的基本权利和义务"置于"国家机构"之前，明确规定了公民在政治、经济、文化和社会生活等方面享有的权利和自由，规定了对妇女、儿童、老人、残疾人和华侨等具有特定身份人员的权益的保护。宪法还规定国家要为公民提供物质上和法律上的保障，从而使公民行使权利和自由有了可靠保障。《宪法》修正案第33条增加一款，作为第3款："国家尊重和保障人权。"人权入宪是自然权利通过宪法实证化，为保护宪法未列举的基本权利提供了规范基础。

（4）法治原则。全国人大及其常委会制定的法律，必须受到宪法的约束，而不能与宪法相抵触，否则无效，在行政和立法机关之间的关系上要遵循法律优位原则，也就是行政机关的一切行政行为或其他活动都不得与法律相抵触。《宪法》序言："本宪法以法律的形式确立了中国各族人民奋

[①] 《思想道德与法治》编写组：《思想道德与法治》，高等教育出版社2021年版，第213页。

斗的成果，规定了国家的根本制度和根本任务，是国家的根本法，具有最高的法律效力。"《宪法》第 5 条："中华人民共和国实行依法治国，建设社会主义法治国家。国家维护社会主义法制的统一和尊严。一切法律、行政法规和地方性法规都不得同宪法相抵触。一切国家机关和武装力量、各政党和各社会团体、各企业事业组织都必须遵守宪法和法律。一切违反宪法和法律的行为，必须予以追究。任何组织或者个人都不得有超越宪法和法律的特权。"《宪法》第 131 条："人民法院依照法律规定独立行使审判权，不受行政机关、社会团体和个人的干涉。"

（5）民主集中制原则。我国宪法没有采取分权原则，而是通过民主集中制原则将国家权力统一由各级人民代表大会行使。人民代表大会由人民直接或间接选出的代表组成，对人民负责，受人民监督；国家行政机关、监察机关、审判机关和检察机关，由人民代表大会选举产生，对它负责，受它监督；中央和地方国家机构职权的划分及活动，遵循在中央统一领导下，充分发挥地方的主动性、积极性的原则，认真贯彻民主集中制原则。但是，民主集中制原则并不排斥行使国家权力的各部门之间的分工，也不排斥监督和制约。

第三节　公民的基本权利和义务

一、基本权利和权利的行使

【案例】 2018 年 11 月 6 日广西某高校印发文件，对全体教职员工、在校学生的手机、电脑、移动硬盘、U 盘等存储介质进行全面清查。该文件同时规定，各单位学院成立以处（部）长为组长的违禁音视频清查小组，清查小组要深入办公室、实验室和学生宿舍等区域进行检查，对发现的问题要及时上报和处理。

【问题】 广西某高校发文清查师生电脑的行为合法吗？

公民是指具有一个国家的国籍，并根据该国宪法和法律的规定，享受权利和承担义务的自然人。凡具有中华人民共和国国籍的人都是中国公民。

公民的基本权利是指宪法规定的公民作为一个人所必须享有的权利和自由，是公民实施某一行为的可能性。公民的基本义务是指由宪法规定的，为实现公共利益，公民必须为或不为某种行为的必要性。[1] 在权利结构上，作为公法权利的基本权利主要是私主体针对公权力所享有的权利。例如，宪法上的财产权是某一私主体针对公权力所享有的财产权利。[2]

案例中，该校清查师生电脑的行为不合法。个人存储介质的内容和学生宿舍等区域属于个人隐私范畴，个人隐私是受宪法和法律保护的基本权利，只有在特殊情况下，涉及国家安全、公共利益、重大安全需要获取个人隐私的情形，经过法律特别授权，按照特定程序才可突破。

法律权利与法律义务的关系就像一枚硬币的两面，彼此不可分割，相互依存。在社会生活中，每个人既是享受法律权利的主体，又是承担法律义务的主体。在法治国家，不存在只享受权利的主体，也不存在只承担义务的主体。法律权利的实现必须以相应法律义务的履行为条件；法律义务的设定和履行也必须以法律权利的行使为根据。离开法律权利，法律义务就失去了履行的价值和动力；离开法律义务，法律权利也形同虚设。有些法律权利和法律义务具有复合性的关系，即一个行为可以同时是权利行为和义务行为，如劳动的权利和义务、接受义务教育的权利和义务等。[3]

对于公民而言，法无禁止即自由，自由的边界在于法律的相关规定。公民行使权利时应严格依据法律的相关规定为界限，超出这个界限就可能

---

[1]　周叶中主编：《宪法》，高等教育出版社 2020 年版，第 239 页。
[2]　《宪法学》编写组：《宪法学》，高等教育出版社 2020 年版，第 189 页。
[3]　《思想道德与法治》编写组：《思想道德与法治》，高等教育出版社 2021 年版，第 225 页。

侵犯到他人的权利或者损害到国家、社会的利益。权利行使不仅要在形式上符合相关法律的规定，也要符合立法意图和精神，不得违反宪法法律确定的基本原则，不得破坏公序良俗，保障权利行使的正当性。如赋予公民宗教信仰自由的目的在于保障精神自由，不能借此宣传邪教和迷信思想。

二、"国家尊重和保障人权"的意义

【案例】 建立健全常态化的法律草案公开征求意见工作机制。截至2021年4月，国家立法机关共有230件次法律草案向社会公开征求意见。民法典草案公开征求意见期间共收到425762人次提出的1021834条意见。大力推行政务公开，以公开为原则，不公开为例外，全面推行权力清单、责任清单、负面清单公开工作，全国均已公布省市县三级政府部门权力清单。健全依法决策机制，在重大行政决策过程中，注重增强公众参与实效，提高专家论证质量，依法保障公民在行政决策中的参与权。不断完善信访制度，依法及时处理信访问题，维护群众合法权益。国家信访信息系统联通了全国31个省（区、市）和新疆生产建设兵团信访部门、42个中央和国家机关，方便群众反映情况、提出建议意见或者投诉请求。建立人民建议征集制度，畅通民意表达渠道，创新群众监督方式。建立便捷高效的网络表达平台，公民在网络上积极建言献策、表达诉求，有序参与社会管理，成为全过程民主的重要渠道。①

【问题】 以上制度和机制保障了公民的什么权利？

人权是人之为人所享有或应当享有的权利，具有自然法意义上对权利正当性的追求。人权一方面表达了所有的人在人格上的普遍平等观念，既没有

---

① 国务院新闻办公室：《中国共产党尊重和保障人权的伟大实践》，人民网2021年6月24日，http://politics.people.com.cn/n1/2021/0624/c1001-32139759.html。

任何人在人格上高人一等，也没有任何人在人格上低人一等；另一方面，人权也表达了所有的人在人格上享有绝对尊严的观念。① 人权是权利束，包括生存权、发展权、公民权利和政治权利以及经济、社会、文化权利。人权是基本权利的来源，基本权利是人权宪法化的具体表现。案例中的制度和机制充分保障了我国公民知情权、参与权、表达权和监督权的实现。

《宪法》在规定基本权利的同时，2004 年《宪法修正案》写入"国家尊重和保障人权"的规定，其意义在于：第一，"尊重和保障人权"作为宪法原则对立法起到重要的指导作用。第二，有利于国家机关及其工作人员树立保障人权的意识。第三，有利于推动人与社会的全面发展，经济发展应该是以人为本的发展。第四，有利于推动人与环境和资源的协调发展，保护可持续发展的人权，为此需要推动生态文明与其他文明的协调发展。

从宪法的规定和实施来看，国家尊重和保障人权原则的特点主要表现在：（1）一方面人权是历史的产物，不是天赋的、神赋的、国赋的，而是由经济、文化条件决定的，另一方面人权普遍性的原则必须同各国国情相结合。我国宪法根据国情和社会发展状况具体列举了公民的基本权利和义务，使国家尊重和保障人权的宪法原则具有真实性。（2）人权是一个权利体系，是各类权利的有机统一。宪法规定了公民广泛的基本权利，不仅包括狭义的公民权利和政治权利，还包括公民的经济、社会和文化权利，不仅包括个人人权，还包括集体人权，充分体现了我国宪法规定的尊重和保障人权的广泛性。（3）生存权和发展权是首要的基本人权。从宪法规定的权利内容和保障措施看，尊重和保障人权的宪法原则突出了生存权和发展权的重要性。（4）人权是权利与义务的统一。马克思说过：没有无义务的权利，也没有无权利的义务。② 没有义务的权利只能是特权，没有权利的义务只能是奴役。宪法不仅规定了公民的基本权利，而且规定了公民的基

---

① 《法理学》编写组：《法理学》，人民出版社、高等教育出版社 2020 年版，第 100 页。

② 《马克思恩格斯选集》（第 2 卷），人民出版社 1995 年版，第 610 页。

本义务。（5）坚持走中国特色人权发展道路，正确处理改革、发展、稳定与人权保障的关系。强调稳定是实现人权的前提，发展是实现人权的关键，法治是实现人权的保障。（6）人权与主权的关系。尊重和保障人权的宪法原则，必须强调人权是一个国家主权范围内的问题，反对借口人权干涉一个国家的内政，也反对把人权作为实现对别国的某种政治企图的工具，强调国家尊重和保障人权的义务和责任，体现了国家主权在实现和保护人权方面的重要作用。（7）对话与合作是促进和维护国际人权的正确途径，强调国际社会应在平等和相互尊重的基础上进行合作，共同推进世界人权事业。①

三、我国公民的基本权利

（一）平等权

1982 年《宪法》规定"中华人民共和国公民在法律面前一律平等"。所谓平等权，是指公民平等地享有权利，不受任何差别对待，要求国家给予同等保护的权利。

1. 禁止差别对待

公民在法律面前人人平等，年龄、性别、职业、出身等原因不应成为任何受到区别对待的理由。禁止一切不公平的歧视。例如，《宪法》第 34 条规定："中华人民共和国年满 18 周岁的公民，不分民族、种族、性别、职业、家庭出身、宗教信仰、教育程度、财产状况、居住期限，都有选举权和被选举权；但是依照法律被剥夺政治权利的人除外。"

2. 允许合理差别

宪法并不禁止一切形式的差别，合理的差别是允许存在的，不能只着

---

① 《宪法学》编写组：《宪法学》，高等教育出版社 2020 年版，第 103 页。

眼于形式上的绝对平等。例如，人大代表享有言论免责权。

在现代宪法制度中，平等权主体中包括社会生活中的特定主体，如妇女、残障人士、儿童、难民等。如保障妇女的权利。《宪法》第48条第1款规定："中华人民共和国妇女在政治的、经济的、文化的、社会的和家庭的生活等各方面享有同男子平等的权利。"

（二）政治权利和自由

政治权利，是公民参与国家政治活动的一组权利和自由的集合。它的行使主要表现为公民参与国家、社会组织与管理的活动。公民的政治权利是人民主权原则及各种具体民主制度的必然要求。政治权利主要包括：一是选举权，即选举权与被选举权，是指人们依法享有的参加创设或组织国家权力机关、代表机关的权利。二是表达权，即公民依法享有的表达自己对国家公共生活的看法、观点、意见的权利。三是民主管理权，即公民根据宪法法律规定，有参与管理国家事务、经济和文化事业以及社会事务的权利。四是监督权，即宪法赋予公民监督国家机关及其工作人员的活动的权利，其内容包括批评建议权、控告检举权和申诉权。五是获得赔偿权，即公民的合法权益，因国家机关或者国家公职人员违法职务行为而受到侵害的，公民有要求国家赔偿的权利。

（三）宗教信仰自由

《宪法》第36条第1款规定："中华人民共和国公民有宗教信仰自由。"宗教信仰自由，是指公民依据内心的信念，自愿地信仰宗教的自由。具体内容包括信仰宗教的自由、从事宗教活动的自由、举行或参加宗教仪式的自由等。公民有信与不信宗教的自由；有信这种或那种宗教的自由；在同一宗教里，有信仰这个教派或那个教派的自由；既有过去信教而现在不信教的自由，也有过去不信教而现在信教的自由。同时，公民行使宗教信仰自由的权利，也必须遵守宪法法律的规定。我国宪法规定："国家保护正常的宗教活动。任何人不得利用宗教进行破坏社会秩序、损害公民身体健康、妨碍国家教育制度的活动。宗教团体和宗教事务不受外国势力的支配。"

（四）人身自由

【案例】 某区公安分局在扫黄行动中抓获十余名涉嫌卖淫嫖娼的违法人员，为扩大教育警示作用，在公开处理的现场，警方在众人围观下逐一宣读涉案人员的姓名、出生日期和籍贯并宣布各人处以行政拘留 15 天，然后游行示众。

【问题】 该公安分局做法是否合法？侵犯了公民的什么权利？

人身权利，是指公民的人格权和身份权不受非法侵犯的权利。人身权利主要包括以下几方面内容。一是生命健康权，即维持生命存在的权利。生命权是人最基本、最原始的权利，是人享有其他各项权利的前提。健康权是在公民享有生命权的前提下，确保自身肉体健全和精神健全、不受任何伤害的权利。二是人身自由权，即公民的人身自由不受非法搜查、拘禁、逮捕等行为侵犯的权利。人身自由是人们一切行动和生活的前提条件，包括人的身体不受拘束，人的行动自由、人身自由不受非法限制和剥夺等。三是人格尊严权，即人之为人所应当享有的尊重和人格权益不受侵犯的权利。人格尊严权的基本内容有一般人格权和具体人格权，包括姓名权、肖像权、名誉权、荣誉权、隐私权等。人格尊严是之所以为人的价值，体现人的主体性及自主性，即不以人为一种客体、工具或手段。① 四是住宅安全权，也称住宅不受侵犯权，即公民居住、生活、休息的场所不受非法侵入或搜查的权利。这里的"住宅"既包括固定居住的住宅，也包括临时性的住所。五是通信自由权，即公民通过书信、电报、传真、电话及其他通信手段，根据自己的意愿进行通信，不受他人干涉的权利。六是

---

① 王泽鉴：《人格权法》，北京大学出版社 2013 年版，第 65 页。

身份权，即自然人因婚姻、家庭关系等产生的人身权利，包括配偶权、亲权和亲属权。案例中，该公安分局的做法违法，它违反了我国宪法赋予公民的"人格尊严不受侵犯"的规定。公安机关在执法活动中应遵循社会主义法治原则。我国《宪法》规定一切国家机关和武装力量、各政党和各社会团体、各企业事业组织都必须遵守宪法和法律。

（五）社会经济权利

社会经济权利，是指宪法所保障的有关经济活动或经济利益的权利，是公民实现其他权利的保障。[①] 社会经济权利主要包括以下几方面内容。一是劳动权，是指获得劳动的机会、适当的劳动条件和取得劳动报酬的权利。[②] 二是休息权，是指劳动者在付出一定的劳动以后所享有的休息和休养的权利。休息权是提高劳动效率、保障劳动者的生活和身体健康所必需的。三是社会保障权，是指公民享有的要求国家提供维持有尊严的生活条件的权利，如退休人员生活受到国家和社会的保障、国家建立健全同经济发展水平相适应的社会保障制度等。四是物质帮助权，是指公民在法定条件下有从国家和社会获得物质帮助的权利，如国家发展为公民享受这些权利所需要的社会保险、社会救济和医疗卫生事业等。

（六）文化教育权利

【案例】 田某系北京科技大学学生。1996年2月29日田某参加电磁学课程补考。考试过程中其随身携带的写有电磁学公式的纸条掉出，被监考老师发现。监考老师虽未发现田某有偷看行为，但还是当即停止其考试并上报学校。北京科技大学依据校发（94）第068号"关于严格考试管理的紧急通知"（以下简称068号通知），于同年3月5日认定田某的行为属于作弊行为，作出按退学处理的决定，并于4月10日发出了学籍变动通

---

① 许崇德主编：《宪法》，中国人民大学出版社2021年版，第180页。
② 许崇德主编：《宪法》，中国人民大学出版社2021年版，第183页。

知。北京科技大学没有直接向田某宣布处分决定和送达学籍变动通知，也未办理退学手续。田某继续在该校以该校学生身份进行正常学习，缴纳学费，享受学校各种教学设施，享受学校补助金，修满规定学分并通过毕业实习、毕业设计和毕业答辩。但学校以田某不具有学籍为由，拒绝为其颁发毕业证、学位证书及派遣证。①

【问题】 学校根据068号通知处分是否合法？侵犯了田某的什么权利？

文化教育权利是公民根据宪法的规定，在教育和文化领域享有的权利和自由。

1. 受教育的权利

公民享有受教育的权利和义务，是指公民有在国家和社会提供的各类学校和机构中学习文化科学知识的权利，有在一定条件下依法接受各种形式的教育的义务。其基本内容包括：公民有接受学前教育、初等教育、中等教育、职业教育和高等教育的权利和机会；成年人有接受成人教育的权利；公民有从集体经济组织、国家企业事业组织和其他社会力量举办的教育机构接受教育的机会；就业前的公民有接受必要的劳动就业训练的权利和义务。②

案例中，学校受国家委托享有制定规章制度、学生纪律管理、学籍管理、学位授予等教育职能。高校行使各项权力时应当符合法律和行政法规的规定，并符合正当法律程序。学校068号通知中规定："凡考试作弊者，一律按退学处理。"与当时的《普通高等学校学生管理规定》第6条、第29条、第30条及第63条的规定均不相符，是无效的内部规范性文件。本案中北京科技大学对田某"退学处理"的决定，具有严重的程序瑕疵，没有满足正当程序的要求。学校应当履行发放毕业证、学位证及派遣证的

---

① 指导案例38号：田某诉北京科技大学拒绝颁发毕业证、学位证案，最高人民法院网站 http://www.court.gov.cn/shenpan-xiangqing-13222.html。

② 周叶中主编：《宪法》，高等教育出版社2020年版，第258—259页。

法定职责。

2. 进行科学研究、文学艺术创作和其他文化活动的自由

科学研究自由是指我国公民在从事社会科学和自然科学研究时，有选择科学研究课题、研究和探索问题、交流学术思想、发表个人学术见解的自由。[1]为了科教兴国战略的实施，国家对于从事教育、科学、技术、文学、艺术和其他文化事业的公民的有益于人民的创造性工作，给予鼓励和帮助。

四、我国公民的基本义务

（一）维护国家统一和民族团结

《宪法》第 52 条规定了这项基本义务。维护国家统一是指维护国家主权独立和领土完整。国家主权是国家最重要的属性，是国家独立自主地处理本国内外事务、管理自己国家的权力。主权作为国家固有的权力，表现为：（1）对内的最高权，即国家对自己领土内的人和事享有最高的管辖权；（2）对外的独立权，即国家自主地行使国家权力，不受任何外来干涉；（3）自卫权，即为了维护政治独立和领土完整，国家有权对外来侵略或威胁进行防卫。[2]因此，全体公民必须自觉维护国家的统一和各民族的团结，坚决反对任何分裂国家和破坏民族团结的行为。《国家安全法》规定，维护国家主权、统一和领土完整是包括港澳同胞和台湾同胞在内的全中国人民的共同义务。

（二）遵守宪法和法律，保守国家秘密，爱护公共财产，遵守劳动纪律，遵守公共秩序，尊重社会公德

《宪法》第 53 条规定了这项基本义务。我国宪法和法律是全国各族人

---

[1]　周叶中主编：《宪法》，高等教育出版社 2020 年版，第 259 页。

[2]　周叶中主编：《宪法》，高等教育出版社 2020 年版，第 262 页。

民意志和利益的集中体现，维护宪法和法律的尊严是每个公民对国家和社会应尽的神圣职责。

国家秘密是指关系国家安全和利益，依照法定程序确定，在一定时间内只限一定范围的人员知悉的事项。[1] 违反我国保守国家秘密法的规定，故意或过失泄露国家秘密，构成犯罪的，按照刑法有关规定追究刑事责任；泄露国家秘密，不够刑事处罚的，可以酌情给予行政处分。

公共财产是指全民所有财产和劳动群众集体所有财产。社会主义的公共财产神圣不可侵犯，禁止任何组织或者个人用任何手段侵占或者破坏国家和集体的财产。公民遵守劳动纪律，对于保证社会化大生产的正常进行，提高劳动效率，保护劳动者的生产安全具有重要意义。公共秩序和社会公德保证人民正常生活和工作，遵守公共秩序和尊重社会公德是公民的基本义务。

（三）维护祖国的安全、荣誉和利益

《宪法》第 54 条规定了这项基本义务。祖国安全是国家政权稳定、公民依法行使权利和自由的根本保障。[2] 国家安全是公民生产生活、安居乐业的必要条件；国家的荣誉也就是国家和民族的尊严；国家的利益则是相对于外国国家利益的国家整体利益。毫无疑问，如果国家安全得不到维护，公民的工作和生活也就无法正常进行；国家的荣誉和利益受到破坏也就是公民的荣誉和利益受到损害。

（四）保卫祖国、依法服兵役和参加民兵组织

《宪法》第 55 条规定了这项基本义务。我国实行义务兵与志愿兵相结合、民兵与预备役相结合的兵役制度。我国公民都有义务依法服兵役，不履行服兵役义务的公民应承担法律责任。根据我国兵役法规定，每年 12

---

① 许崇德主编：《宪法》，中国人民大学出版社 2021 年版，第 191 页。
② 许崇德主编：《宪法》，中国人民大学出版社 2021 年版，第 192 页。

月 31 日以前年满 18 周岁的男性公民，应当被征集服现役。同时，我国兵役法对服兵役的主体作了限制性规定。有严重生理缺陷或者严重残疾不适合服兵役的人，免服兵役；依照法律被剥夺政治权利的人，不得服兵役；应征公民是维持家庭生活唯一劳动力的，可以缓征；应征公民正在被依法侦查、起诉、审判的或者被判处徒刑、拘役、管制正在服刑的，不征集；普通高等学校毕业生的征集年龄可以放宽至 24 周岁。

（五）依法纳税

《宪法》第 56 条规定了公民依照法律纳税的义务。征税是一种特殊形式的行政征收行为，税收收入是国家财政收入的主要来源，是国家进行宏观调控的重要经济杠杆。与纳税义务相对应的国家权力是课税权。由于纳税直接涉及公民个人财产权的保护问题，因此依法治税是保护公民财产权的重要保证。自觉纳税是爱国行为，偷税等行为是违法的、可耻的。纳税人既要自觉履行纳税的义务，也要有监督税务机关的执法行为、关心国家对税收的使用、维护自己的合法权益的意识。

（六）其他基本义务

除上述基本义务之外，我国宪法还规定了劳动的义务、受教育的义务、父母抚养教育未成年子女的义务、成年子女赡养扶助父母的义务等。这些义务既具有社会伦理与道德的性质，同时也具有一定的法律性质。

第四节　"一国两制"基本国策

一、宪法和基本法确立的特别行政区制度

"一国两制"是"一个国家，两种制度"的简称，是指在一个统一的

国家的前提下，国家的主体部分实行社会主义制度，允许特定地区保持原有的资本主义制度和生活方式长期不变。

1978年党的十一届三中全会以后，"一国两制"构想是在原来和平解放台湾的思想基础上，逐渐形成的和平统一台湾的战略构想。1979年元旦，全国人大常委会发表《告台湾同胞书》指出，在解决统一问题时，尊重台湾现状和台湾各界人士的意见，采取合理的政策和办法，不使台湾人民蒙受损失。1979年1月30日，邓小平在美国发表谈话时指出，"我们不再用'解放台湾'这个提法了，只要台湾回归祖国，我们将尊重那里的现实和现行制度"，"至于用什么方式解决台湾回归祖国的问题，那是中国的内政"，"按照我们的心愿，我们完全希望用和平方式来解决这个问题"。1979年9月，全国人大常委会委员长叶剑英发表"有关和平统一台湾的九条方针政策"谈话。1982年1月11日，邓小平第一次把解决台湾问题的构想概括为"一个国家，两种制度"。1982年9月，邓小平会见来华访问的撒切尔夫人时明确表示，可以用"一国两制"的构想来解决历史上遗留下来的香港问题。1984年10月3日，邓小平表示澳门问题的解决当然也是澳人治澳，"一国两制"。[①]

《宪法》确认和维护了"一国两制"的构想。《宪法》第31条规定："国家在必要时得设立特别行政区。在特别行政区内实行的制度按照具体情况由全国人民代表大会以法律规定。"第62条规定，全国人民代表大会有权"决定特别行政区的设立及其制度"。

二、特别行政区的概念和特点

【案例】 1997年7月1日至1999年7月1日间，中央人民政府根据

---

① 中共中央文献研究室编：《邓小平年谱（1975—1997）》（下），中央文献出版社2004年版，第479页、第999页。

《香港特别行政区基本法》向香港特别行政区颁发了一百三十多项授权文件，授权其与有关国家谈判和签署涉及上述五个领域的双边协定；审核了香港特别行政区需报请中央人民政府核准的 45 个双边协议草签文本；并向联合国和国际民航组织登记了香港特别行政区与英国、以色列等 12 个国家签署的双边民航协定。①

【问题】　此案例说明香港特别行政区的哪一种高度自治权？

特别行政区是指国家根据"一国两制"方针和宪法、特别行政区基本法规定设立并直辖于中央人民政府的地方行政区域。特别行政区制度是指国家根据宪法和基本法规定对特别行政区采取的特殊管理制度。特别行政区是中华人民共和国的地方行政区域，它有自己的特点，主要表现在：

1. 特别行政区享有高度自治权

包括：（1）行政管理权。除国防、外交以及其他根据基本法应当由中央人民政府处理的行政事务外，特别行政区有权依照基本法的规定，自行处理有关经济、财政、金融、贸易、工商业、土地、教育、文化等方面的行政事务。（2）立法权。特别行政区立法机关制定的法律须报全国人大常委会备案，备案不影响该法律的生效。（3）独立的司法权和终审权。特别行政区法院独立进行审判，不受任何干涉；终审权属于特别行政区的终审法院，其判决为最终判决。（4）自行处理有关对外事务的权力。中央人民政府可授权特别行政区依照基本法自行处理有关对外事务。案例中的事实表明，香港特别行政区的高度自治权，特别是对外交往权，已通过香港过渡时期以来签订和加入的双边和多边国际条约以及加入国际组织等国际实践不断得到加强和保障。

2. 特别行政区保持原有资本主义制度和生活方式 50 年不变

《香港特别行政区基本法》和《澳门特别行政区基本法》都规定，在

---

①　法苑精萃编辑委员会编：《中国宪法学精萃（2003 年卷）》，机械工业出版社 2003 年版，第 256 页。

特别行政区不实行社会主义制度和政策，保持原有的资本主义制度和生活方式 50 年不变。

3. 特别行政区的行政机关和立法机关由该地区永久性居民依照基本法的有关规定组成

在特别行政区，享有居留权、依法取得载明居留权和永久性居民身份证的居民称为永久性居民。

4. 特别行政区原有的法律基本不变

如《香港特别行政区基本法》第 8 条规定："香港原有法律，即普通法、衡平法、条例、附属立法和习惯法，除同本法相抵触或经香港特别行政区的立法机关作出修改者外，予以保留。"

三、中央与特别行政区的关系

特别行政区是中华人民共和国享有高度自治权的地方行政区域，直辖于中央人民政府。这种关系的核心在于中央实行全面管治权。

中央对特别行政区行使的权力主要有：中央人民政府负责管理与特别行政区有关（1）外交事务；（2）防务；（3）任命特别行政区行政长官和行政机关的主要官员；（4）全国人大常委会有权决定特别行政区进入紧急状态；（5）全国人大对特别行政区基本法享有修改权；（6）全国人大常委会享有对特别行政区基本法的解释权等。

特别行政区行政机关即特别行政区的政府。特别行政区行政长官为特别行政区政府首长。行政长官既对中央人民政府负责，又对特别行政区负责，同时作为政府首脑对立法会负责，在基本法实施中起着枢纽性作用。特别行政区政府下设政务司、财政司、律政司和各局、厅、处、署等。香港和澳门特别行政区政府的主要官员均由行政长官提名并报请中央人民政府任命，其免职也由行政长官向中央人民政府提出建议。

特别行政区立法会是特别行政区立法机关，行使立法权。特别行政区司法机关。香港属英美法系，香港的司法机关只有法院，律政司主管刑事检察工作。澳门属大陆法系，澳门的司法机关除法院外，还包括检察机关。

特别行政区公职人员就职宣誓是公职人员就职的法定条件和必经程序，未进行合法有效宣誓或者拒绝宣誓，不得就任相应公职，不得行使相应职权和享受相应待遇。《香港特别行政区基本法》第 104 条规定和全国人大常委会《关于〈中华人民共和国香港特别行政区基本法〉第一百零四条的解释》明确规定，宣誓必须符合法定的形式和内容要求，宣誓人必须真诚、庄重地进行宣誓，必须准确、完整、庄重地宣读包括"拥护中华人民共和国香港特别行政区基本法，效忠中华人民共和国香港特别行政区"内容的法定誓言。对不符合法律规定的宣誓，应确定为无效宣誓，并不得重新安排宣誓。《香港特别行政区维护国家安全法》第 6 条第 1 款："维护国家主权、统一和领土完整是包括香港同胞在内的全中国人民的共同义务。"香港由乱及治的重大转折，再次昭示了一个深刻道理，那就是要确保"一国两制"实践行稳致远，必须始终坚持"爱国者治港"。这是事关国家主权、安全、发展利益，事关香港长期繁荣稳定的根本原则。[①]《澳门特别行政区基本法》也有公职人员就职宣誓的明确要求，第 102 条规定："澳门特别行政区行政长官、主要官员、立法会主席、终审法院院长、检察长在就职时，除按本法第一百零一条的规定宣誓外，还必须宣誓效忠中华人民共和国。"

四、特别行政区的法律制度

【**案例**】 2021 年 12 月 20 日，香港特别行政区第七届立法会选举结

---

① 《习近平谈治国理政》（第四卷），外文出版社 2022 年版，第 406 页。

果顺利产生。这是完善香港选举制度后的首次立法会选举，处于香港从由乱到治迈向由治及兴的关键节点，意义重大、影响深远。此次选举在热烈有序的氛围里进行，顺利产生了由 90 名议员组成的新一届立法会，进一步确立了"爱国者治港"新秩序。（新华社，2021 年 12 月 20 日）

【问题】 香港第七届立法会选举成功说明了什么？

香港、澳门特别行政区的法律制度自成体系，其构成要素主要有：

特别行政区基本法是以《中华人民共和国宪法》为根据、由全国人大制定的基本法律，它反映了包括香港同胞和澳门同胞在内的全国人民的意志和利益，体现了国家的方针政策，是社会主义性质的法律。在我国社会主义法律体系中，其地位仅低于宪法，但在特别行政区法律体系中，基本法又处于最高的法律地位。

《香港特别行政区基本法》第 8 条规定："香港原有法律，即普通法、衡平法、条例、附属立法和习惯法，除同本法相抵触或经香港特别行政区的立法机关作出修改者外，予以保留。"《澳门特别行政区基本法》也作了类似规定。但原有法律予以保留必须具备一定条件，即不与基本法相抵触或者未经特别行政区的立法机关作出修改。总体来说，凡属殖民统治性质或者带有殖民主义色彩、有损我国主权的法律，都应废止或者修改。

特别行政区享有立法权，除有关国防、外交和其他根据基本法的有关规定不属于特别行政区自治范围的法律之外，立法会可以制定任何它有权制定的法律，包括民法、刑法、诉讼法、商法等法律。只要制定的法律符合基本法，符合法定程序，就可以在特别行政区生效适用。案例中，全国人大决定、全国人大常委会修法的香港政改模式下，全国人大在运用前述制度进行香港政治改革立法时，援引相关"兜底条款"进行宪法解释。

适用于特别行政区的全国性法律。全国性法律是全国人大及其常委会制定的法律。由于特别行政区保持其原有的法律制度，因而全国性法律一般不在特别行政区实施。但有些体现国家主权和统一的全国性法律又有必要在特别行政区实施。根据《香港特别行政区基本法》附件三的规定，在香港特别行政区实施的全国性法律现有 14 部：如《关于中华人民共和国国都、纪年、国歌、国旗的决议》《国徽法》《领海及毗连区法》《香港特别行政区驻军法》《中华人民共和国香港特别行政区维护国家安全法》等。根据《澳门特别行政区基本法》附件三，适用于澳门特别行政区的全国性法律现有 12 部，除以下两方面外，与适用于香港特别行政区的相同：一是澳门特别行政区适用《中华人民共和国澳门特别行政区驻军法》，而香港特别行政区适用《中华人民共和国香港特别行政区驻军法》；二是没有列入《中华人民共和国政府关于领海的声明》和《中华人民共和国香港特别行政区维护国家安全法》。

第三章　了解宪法中的政治制度，
理解国家机关的职权

第一节　全国人民代表大会的性质和职权

一、全国人民代表大会和常委会的性质、地位、组成和任期

（一）全国人大和常委会的性质和地位

全国人大在我国国家机构体系中居于首要地位，其他任何国家机关都不能超越于全国人大之上，也不能和它相并列（如图 3-1）。《宪法》第 2 条第 1、2 款规定："中华人民共和国的一切权力属于人民。人民行使国

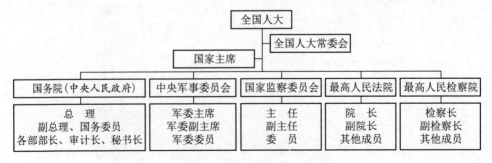

图 3-1　我国国家机构体系

家权力的机关是全国人民代表大会和地方各级人民代表大会。"第 57 条规定："中华人民共和国全国人民代表大会是最高国家权力机关。它的常设机关是全国人民代表大会常务委员会。"第 58 条规定："全国人民代表大会和全国人民代表大会常务委员会行使国家立法权。"这些表明全国人大代表人民统一行使国家最高权力，集中代表全国各族人民的意志和利益，行使国家的立法权，决定国家生活中的重大问题。

（二）全国人大常委会的性质和地位

全国人大常委会是全国人大的常设机关，是最高国家权力机关的组成部分，是行使国家立法权的机关。全国人大常委会对全国人大负责并报告工作，接受其监督。在全国人大闭会期间，国务院、最高人民法院、最高人民检察院对全国人大常委会负责并报告工作。中央军事委员会、国家监察委员会除对全国人大负责外，也要对全国人大常委会负责。全国人大常委会通过的决议、制定的法律，其他国家机关和全国人民都必须遵守执行。

（三）全国人大的组成和任期

根据宪法和法律规定，全国人大由省、自治区、直辖市、特别行政区和军队选出的代表组成。全国人大代表的名额总数不超过 3000 名，由全国人大常委会确定各选举单位代表名额比例的分配。港澳地区全国人大代表的名额和代表产生办法由全国人大另行规定。省、自治区、直辖市应选全国人大代表的名额，由全国人大常委会根据各省、自治区、直辖市的人口数，按照每一代表所代表的城乡人口数相同的原则，以及保证各地区、各民族、各方面都有适当数量代表的要求进行分配。各少数民族在全国人民代表大会中都应当有适当名额的代表，人口特少的其他聚居民族至少应有代表 1 人。

全国人大每届任期为 5 年。在任期届满的 2 个月以前，全国人大常委会必须完成下届全国人大代表的选举工作。如果遇到不能进行选举的非常情况，由全国人大常委会以全体委员三分之二以上的多数通过，可以推迟选举，延长本届全国人大的任期；但在非常情况结束后 1 年以内，全国人大常委会必须完成下届全国人大代表的选举。

（四）全国人大常委会的组成、任期和机构设置

全国人大常委会由委员长、副委员长若干人、秘书长和委员若干人组成。这些组成人员必须是全国人大代表，并由每届全国人大第一次会议选举产生。为保证全国人大常委会集中精力开展本职工作，《宪法》规定，全国人大常委会的组成人员不得担任国家行政机关、监察机关、审判机关和检察机关的职务。

全国人大常委会的每届任期与全国人大每届任期相同，即 5 年。上届全国人大产生的常委会，则须在下届全国人大常委会产生后，才能结束任期。常委会的委员长、副委员长、秘书长和委员可连选连任，但委员长、副委员长连续任职不得超过两届。

根据《宪法》和《全国人大组织法》，全国人大常委会委员长主持全国人大常委会的工作，召集全国人大常委会会议。常委会设立代表资格审查委员会、办公厅、法制工作委员会、预算工作委员会以及香港特别行政区基本法委员会、澳门特别行政区基本法委员会。其中，法制工作委员会是全国人大常委会的立法工作机构，在全国人大常委会领导下开展有关法律案的起草、修改、研究及审议服务工作，全面承担常委会立法工作的规划、组织、协调、指导和服务职能，对报送备案的行政法规、地方性法规和司法解释进行合法性审查，承办宪法实施监督具体工作。

二、全国人民代表大会和常委会的职权、会议制度和议案程序

（一）全国人大及其常委会的具体的职权（如表3-1）

表 3-1

	全国人大职权	全国人大常委会职权
立法权	1. 修改宪法，监督宪法的实施。 2. 制定和修改基本法法律。	1. 监督宪法的实施，解释宪法。 2. 法律解释（包括基本法律和普通法律）。 3. 制定基本法律以外的普通法律。 4. 修改基本法律以外的普通法律，在全国人大闭会期间可以对基本法律进行部分修改，但不得同其基本原则相抵触。
人事权	1. 选举产生：国家主席、副主席、中央军委主席、国家监察委员会主任、最高法院院长、最高检察院检察长、全国人大常委会组成人员（主席团提名，投票产生）。 2. 决定产生：（1）根据国家主席提名，决定国务院总理人选；（2）根据国务院总理提名，决定国务院其他组成人员（副总理、国务委员、部委行署正职秘书长）。（3）根据中央军委主席的提名，决定中央军委其他组成人员。（4）决定由国家主席公布。	1. 人事决定：（1）在全国人大闭会期间，根据国务院总理的提名，决定国务院其他组成人员；（2）在全国人大闭会期间，根据中央军委主席提名，决定中央军委其他组成人员。 2. 人事任免：（1）根据国家监察委员会主任的提请，任免国家监察委员会副主任委员；（2）根据最高人民法院院长的提请，任免副院长、审判员、审判委员会委员和军事法院院长；（3）根据最高人民检察院检察长的提请，任免最高检副检察长、检察员、检察委员会委员、军事检察院检察长，批准省、自治区、直辖市检察院检察长的任免。
重大事项决定权	1. 审批国民经济发展计划和预算。 2. 批准省级行政区建置。 3. 特别行政区的设立及制度。 4. 决定战争与和平。	1. 对国民经济发展计划和预算部分调整的审批权。 2. 批准或废除同外国缔结的条约和重要协定。 3. 决定驻外全权代表的任免。 4. 规定专门衔级制度。 5. 规定和决定国家的勋章和荣誉称号。 6. 决定特赦。 7. 在人大闭会期间，宣布战争状态。 8. 决定全国总动员和局部动员。 9. 决定全国或个别省、自治区、直辖市进入紧急状态。

续表

	全国人大职权	全国人大常委会职权
监督权	1. 全国人大常委会、国务院、最高人民法院、最高人民检察院对其负责并报告工作。中央军委主席对其负责。国家监察委员会对其负责。 2. 主席团、3个以上代表团或十分之一以上代表联名。提出全国人大选举或决定人员的罢免案。	1. 全国人大闭会期间。国务院、最高人民法院、最高人民检察院对其负责并报告工作。中央军委主席对其负责。国家监察委员会对其负责。 2. 全国人大常委会无"领导人员"的罢免权。只能用"免职"或"撤职程序"。

（二）全国人大及其常委会会议制度和议案程序（如表3-2）

表 3-2

会议制度	1. 会期：常规一年一次，如果全国人大常委会认为有必要或五分之一以上全国人大代表提议，可以临时召集。经主席团和各代表团团长会议决定，可以秘密举行。 2. 召集：全国人大常委会。 3. 主持：全国人大常委会主持预备会议，选举本次会议主席团，主席团主持全体会议。 4. 人数：三分之二以上代表出席。	1. 会期：每两个月一次，如果有特殊需要可以临时召集会议。 2. 主持：委员长召集并主持，委员长可以委托副委员长主持会议 3. 人数：过半数委员出席才能召开。
议案程序	一般议案： 1. 机关提案：国务院、中央军委、最高法、最高检、全国人大常委会、专门委员会、国家监察委员会、主席团。 2. 个人提案：一个代表团、30名以上代表联名。	一般议案： 1. 机关提案：国务院、中央军委、最高法、最高检、专门委员会、委员长会议、国家监察委员会。 2. 个人提案：10名以上委员联名。

三、全国人大各委员会的设置和职责

全国人大审议、讨论、决定的国家重大问题，涉及国家生活中的各个

领域，会议提出的议案往往具有很强的专业性。而且，全国人大每年只有一次例会，每次会期一般不超过 20 天，对诸多问题不可能有充分的时间进行研究讨论。因此，成立各种委员会有助于保证全国人大立法工作的质量，以便更加及时、准确地决定国家大事。这些委员会可以分为常设性委员会和临时性委员会两大类。

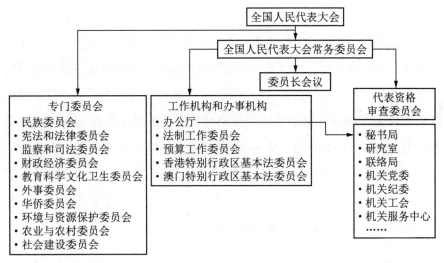

图 3-2

全国人大的常设性委员会主要是指各专门委员会。根据《宪法》和《全国人大组织法》以及工作实践的需要，全国人大设有民族委员会、宪法和法律委员会、监察和司法委员会、财政经济委员会、教育科学文化卫生委员会、外事委员会、华侨委员会、环境与资源保护委员会、农业与农村委员会、社会建设委员会共 10 个专门委员会。

根据法律规定，各专门委员会共同的任务主要有几项：（1）审议全国人大主席团或者全国人大常委会交付的议案；（2）向全国人大主席团或者全国人大常委会提出属于全国人大或者全国人大常委会职权范围内同本委员会有关的议案，组织起草法律草案和其他议案草案；（3）承担全国人大常委会听取和审议专项工作报告有关具体工作；（4）承担全国人大常委会执法检查的具体组织实施工作，承担全国人大常委会专题询问有关具体工作；（6）按照全国人大常委会工作安排，听取国务院有关部门和国家监察委员会、最高人民法院、最高人民检察院的专题汇报，提出建议；（7）对属于全国人大或其常委会职权范围内同本委员会有关的问题，进行调查研究，提出建议等等。

此外民族委员会还可以对加强民族团结问题进行调查研究，提出建议；审议自治区报请全国人大常委会批准的自治区的自治条例和单行条例，向全国人大常委会提出报告。宪法和法律委员会承担推动宪法实施、开展宪法解释、推进合宪性审查、加强宪法监督、配合宪法宣传等工作职责，统一审议向全国人大或其常委会提出的法律草案和有关法律问题的决定草案。其他专门委员会就有关草案向宪法和法律委员会提出意见。财政经济委员会对国务院提出的国民经济和社会发展计划草案、规划纲要草案、中央和地方预算草案、中央决算草案以及相关报告和调整方案进行审查，提出初步审查意见、审查结果报告；其他专门委员会可以就有关草案和报告向财政经济委员会提出意见。临时性委员会主要是指全国人大及其常委会组织的关于特定问题的调查委员会。

四、全国人民代表大会代表

（一）全国人大代表的权利

根据《宪法》和《全国人民代表大会和地方各级人民代表大会代表法》等的规定，全国人大代表享有以下权利：

（1）出席全国人大会议，参加审议各项议案、报告和其他议题，发表意见。

（2）提出议案、质询案、罢免案等。一个代表团或者30名以上代表联名，可以向全国人大提出属于全国人大职权范围内的议案。在全国人大会议期间，一个代表团或者30名以上代表联名，有权书面提出对国务院及其部委、国家监察委员会、最高人民法院、最高人民检察院的质询案。全国人大代表有权依照法律规定的程序提出对全国人大常委会组成人员、中华人民共和国主席和副主席、国务院组成人员、中央军事委员会组成人员、国家监察委员会主任、最高人民法院院长、最高人民检察院检察长的罢免案。

（3）提出对各方面工作的建议、批评和意见。全国人大代表有权对主席团提名的全国人大常委会组成人员的人选，中华人民共和国主席、副主席的人选，中央军事委员会主席的人选，国家监察委员会主任的人选，最高人民法院院长和最高人民检察院检察长的人选，对全国人大主席团的人选，全国人大各专门委员会的人选，提出意见。

（4）参加各项选举和表决。全国人大代表参加决定国务院组成人员、中央军事委员会副主席和委员的人选，参加表决通过全国人大各专门委员会组成人员的人选。

（5）获得信息、物质等各项保障。全国人大常委会、国务院和最高人民法院、最高人民检察院应当及时向全国人大代表通报工作情况，提供信息资料，保障代表的知情权。全国人大代表在出席全国人大会议和执行其他属于代表职务的时候，享有国家根据实际需要给予适当的补贴和物质便利的权利。

（6）人身受特别保护。在全国人大开会期间，没有经过全国人大会议主席团的许可，在全国人大闭会期间，没有经过全国人大常委会的许可，全国人大代表不受逮捕或者刑事审判。如果依法对全国人大代表采取除逮捕和刑事审判等法律规定之外的限制人身自由的措施，如行政拘留、监视居住等，应当经全国人大主席团或者全国人大常委会许可。

（7）言论免责权。宪法规定，全国人大代表在全国人大各种会议上的发言和表决不受法律追究。

（8）其他权利，如参观、视察等。

（二）全国人大代表的义务

根据宪法和代表法等的规定，全国人大代表必须履行如下义务：

（1）模范地遵守宪法和法律，保守国家秘密，并且在自己参加的生产、工作和社会活动中，协助宪法和法律的实施。

（2）按时出席全国人大会议，认真审议各项议案、报告和其他议题，发表意见，做好会议期间的各项工作。

（3）积极参加统一组织的视察、专题调研、执法检查等履职活动。

（4）加强履职学习和调查研究，不断提高执行代表职务的能力。

（5）与原选举单位和人民群众保持密切联系，听取和反映他们的意见和要求，努力为人民服务。

（6）自觉遵守社会公德，廉洁自律，公道正派，勤勉尽责。

（7）法律规定的其他义务。

第二节　政协制度、民族区域自治制度和基层民主制度

一、中国共产党领导的多党合作和政治协商制度

【案例】2022 年 7 月 25 日，中共中央在中南海召开党外人士座谈会，就当前经济形势和下半年经济工作听取各民主党派中央、全国工商联负责人和无党派人士代表的意见和建议。座谈会上，民革中央主席万鄂湘、民盟中央主席丁仲礼、民建中央主席郝明金、民进中央主席蔡达峰、农工党中央主席陈竺、致公党中央主席万钢、九三学社中央主席武维华、台盟中央主席苏辉、全国工商联主席高云龙、无党派人士代表王梅祥先后发言。他们完全赞同中共中央就当前我国经济形势的分析判断和下半年经济工作的谋划考虑，并就释放消费潜力增强发展动力、完善上市公司监管法规、加大重点领域金融支持力度、着力促进农民工和青年就业、加强疫情防控基础性重点工作、构建现代能源电力市场、完善数字经济税制体系、推动文化富民促进共同富裕、加大惠企纾困政策执行力度、推进

核心关键领域国产化科技攻关等提出意见和建议（新华社，2022 年 7 月 28 日）。

【问题】 中国共产党同各民主党派和无党派人士就事关国计民生的重大问题进行协商，体现了社会主义政治制度和政党制度的什么特点和优势？

中国共产党领导的多党合作和政治协商制度，是马克思主义统一战线理论、政党理论、社会主义民主政治理论与中国具体实践相结合的产物，是中国特色的社会主义新型政党制度，是我国的一项基本政治制度。中国共产党是宪法确认的执政党，此外还有 8 个参政党，即中国国民党革命委员会、中国民主同盟、中国民主建国会、中国民主促进会、中国农工民主党、中国致公党、九三学社、台湾民主自治同盟。中国共产党提出"长期共存、互相监督、肝胆相照、荣辱与共"的十六字方针，逐步明确了民主党派在我国国家政权中的参政党地位。1993 年通过的《宪法修正案》第 4 条，在宪法序言中增加了如下内容："中国共产党领导的多党合作和政治协商制度将长期存在和发展。"

人民政协是党领导下的多党合作和政治协商制度的重要机构，是爱国统一战线的组织形式。人民政协不是国家机关，它由党派团体和界别代表组成，政协委员不是由选举产生，而是由各党派团体协商产生。

在我国的政治实践中，人民政协主要履行政治协商、民主监督、参政议政三个方面的政治职能。

第一，政治协商。政治协商是对国家大政方针和地方的重要举措以及经济建设、政治建设、文化建设、社会建设、生态文明建设中的重要问题，在决策之前和决策实施之中进行协商的制度安排和机制程序。案例中，中国共产党同各民主党派和无党派人士就事关国计民生的重大问题进行协商，在人民政协同各民主党派和各界代表人士广泛协商，能够在中国特色社会主义共同目标下把中国共产党领导和多党派合作有机结合起来，实现广泛参与和集中领导的统一、社会进步和国家稳定的统一、充满活力和富有效率的统一，体现了我国社会主义政治制度和政党制度的在民主形式上，坚持充分协商、广泛参与的特点和优势。

第二，民主监督。民主监督是对国家宪法、法律和法规的实施，重大方针政策、重大改革举措、重要决策部署的贯彻执行情况，涉及人民群众切身利益的实际问题解决落实情况，国家机关及其工作人员的工作等，通过提出意见、批评、建议的方式进行的协商式监督的制度安排和机制程序。

第三，参政议政。参政议政是对政治、经济、文化、社会生活和生态环境等方面的重要问题以及人民群众普遍关心的问题，开展调查研究，反映社情民意，进行协商讨论。通过调研报告、提案、建议案或其他形式，向中国共产党和国家机关提出意见和建议的制度安排和机制程序。

二、民族区域自治制度

【案例】 据统计，自 1965 年以来，西藏自治区人民代表大会及其常委会制定了多部地方性法规、具有法规性质的决议和决定，其中包括《西藏自治区学习、使用和发展藏语文的决定》《关于维护祖国统一、加强民族团结、反对分裂活动的决议》《关于严厉打击"赔命金"违法犯罪行为的决定》等。1981 年西藏自治区人大常委会从西藏少数民族历史婚俗等实际情况出发通过了《西藏自治区施行〈中华人民共和国婚姻法〉的变通条例》，将《婚姻法》规定的男女法定婚龄分别降低两岁，并规定对执行变通条例之前已经形成一妻多夫或一夫多妻的婚姻关系，凡不主动提出解除婚姻关系者准予维持。（中国网，2019 年 8 月 6 日）

【问题】 西藏自治区人民代表大会及其常委会行使哪些自治权？

民族区域自治制度是指在国家的统一领导下，以少数民族聚居区为基础，建立相应的民族自治地方，设立民族自治机关，行使宪法和法律规定的自治权的制度。我国民族区域自治是在国家统一领导下的自治。各民族自治地方都是中国不可分离的组成部分，各民族自治地方的自治机关都是中央政府领导下的一级地方政权，都必须服从中央的领导，维护国家的统一。

确立和实行民族区域自治制度，是中国共产党坚持把马克思主义民族基本理论与我国民族问题实际相结合的重大成果，是合乎中国国情的正确选择。根据宪法和法律的规定，民族自治地方分为自治区、自治州、自治县三级。划分三级行政地位的依据是少数民族聚居区人口的多少和区域面积的大小。我国共建立 155 个民族自治地方，包括 5 个自治区、30 个自治州、120 个自治县（旗）。

实行民族区域自治制度的意义。第一，保障各少数民族当家作主。根据宪法规定，少数民族与汉族同样享有参与管理国家和地方事务的权利。我国建立了包括自治区、自治州、自治县等多层次的自治地方，颁布实施了《民族区域自治法》，使少数民族人民得以依法实现自治和管理本民族内部事务。第二，促进民族关系的巩固和发展。实践表明，坚持和完善民族区域自治制度，有利于妥善处理汉族与少数民族、少数民族与少数民族以及各民族内部之间的关系，使各民族和睦相处、和衷共济、和谐发展。第三，维护国家统一。根据宪法规定，中华人民共和国是全国各族人民共同缔造的统一的多民族国家，各民族自治地方都是中华人民共和国不可分割的一部分。民族自治地方的自治机关必须维护国家的统一，保证宪法和法律在本地方的遵守和执行。第四，促进少数民族地区政治、经济、文化和社会事业的发展。①

---

① 《宪法学》编写组：《宪法学》，高等教育出版社 2020 年版，第 161 页。

三、基层群众自治制度

基层群众自治制度是指依照宪法和有关法律规定，由居民（村民）选举的成员组成居民（村民）委员会，实行自我管理、自我教育、自我服务、自我监督的制度，是我国一项基本政治制度。《宪法》第 111 条第 1 款规定："城市和农村按居民居住地区设立的居民委员会或者村民委员会是基层群众性自治组织……"《城市居民委员会组织法》《村民委员会组织法》也分别作出具体规定，从而奠定了基层群众自治制度的规范基础，为基层群众自治组织的设立提供了法律依据。基层群众自治组织以居民委员会和村民委员会为组织形式，具有群众性的特点，不同于国家政权组织形式。其所从事的工作都是居民（村民）居住范围内社区的公共事务和公益事业，具有基层性的特点。

根据宪法的规定，在城市基层的居民委员会和在农村基层的村民委员会是基层群众性自治组织的两种基本形式。

居民委员会是居民自我管理、自我教育、自我服务的基层群众性自治组织。居民委员会的任务是：宣传宪法、法律、法规和国家的政策，维护居民的合法权益，教育居民履行依法应尽的义务，爱护公共财产，开展多种形式的社会主义精神文明建设活动；办理本居住地区居民的公共事务和公益事业；调解民间纠纷；协助维护社会治安；协助人民政府或者它的派出机关做好与居民利益有关的公共卫生、计划生育、优抚救济、青少年教育等项工作；向人民政府或者它的派出机关反映居民的意见、要求和提出建议。

村民委员会是村民自我管理、自我教育、自我服务的基层群众性自治组织。根据《村民委员会组织法》第 3 条第 2 款规定，村民委员会的设立、撤销、范围调整，由乡、民族乡、镇的人民政府提出，经村民会议讨论同意，报县级人民政府批准。村民委员会实行村务公开制度。村民委员会根据需要设人民调解、治安保卫、公共卫生与计划生育等委员会。

基层群众性自治组织与基层人民政府的相互关系。《城市居民委员会组织法》第 2 条第 2 款规定："不设区的市、市辖区的人民政府或者它的派出机关对居民委员会的工作给予指导、支持和帮助。居民委员会协助不设区的市、市辖区的人民政府或者它的派出机关开展工作。"《村民委员会组织法》第 5 条规定："乡、民族乡、镇的人民政府对村民委员会的工作给予指导、支持和帮助，但是不得干预依法属于村民自治范围内的事项。村民委员会协助乡、民族乡、镇的人民政府开展工作。"

四、选举民主与协商民主

选举民主和协商民主相结合的人民民主，是适合中国国情的社会主义民主政治制度，是被实践证明的中国民主形式的必然选择。选举民主是指人民通过选举、投票行使权利的民主形式。协商民主是指人民内部各方面在重大决策之前进行充分协商，尽可能就共同问题取得一致意见的民主形式。①

选举民主和协商民主的有机结合，是在中国人民民主的长期实践中形成和发展起来的。中国特色协商民主与选举民主都是在坚持中国共产党的领导、坚持中国特色社会主义基本制度前提下充分保障人民当家作主的权利。选举民主根据国家宪法与相关法律通过选举行使民主权利，其民主性质具有"刚性"色彩；协商民主通过履行政治协商、民主监督、参政议政三个方面的政治职能，发展社会主义民主政治并完善国家治理方式，其民主性质带有"柔性"色彩。中国特色协商民主与选举民主不是非此即彼、相互对立的关系，而是相辅相成、互为补充的关系。中国特色选举民主强调少数服从多数，协商民主强调多数与少数的沟通，其根本目的都在于实现人民当家作主的权利，扩大人民有序政治参与。

---

① 《宪法学》编写组：《宪法学》，高等教育出版社 2020 年版，第 156—157 页。

实践证明，把选举民主和协商民主有机结合起来，有利于扩大社会各界的有序政治参与，拓宽利益表达渠道，是我国民主政治发展的有效运行载体和实现形式。

第三节　国家机关的职权

一、国家主席

中华人民共和国主席是我国的国家元首，是我国国家机构的重要组成部分。国家主席是国家主权的代表，是国家统一和民族团结的象征。国家主席对内代表整个国家机构和国家权力，对外代表中华人民共和国和全体中国公民。由于国家主席的国家最高代表性质，他的尊严就是国家尊严的象征，无论在国内还是在国外，都应受到最高级别的礼遇。

国家主席、副主席由全国人大选举产生。宪法规定：有选举权和被选举权的年满 45 周岁的中华人民共和国公民可以被选为中华人民共和国主席、副主席。

根据宪法的规定，国家主席的职权主要有：

（1）公布法律，发布命令。法律在全国人大或全国人大常委会正式通过后，由国家主席予以颁布施行。国家主席根据全国人大及其常委会的决定，发布特赦令、动员令、宣布进入紧急状态、宣布战争状态等。

（2）任免权。根据全国人大或全国人大常委会，任免国务院总理、副总理、国务委员、各部部长、各委员会主任、审计长、秘书长。根据全国人大常委会的决定，派遣或召回驻外全权代表。

（3）外事权。国家主席代表国家，进行国事活动，接受外国使节，接受外国使节的仪式也叫递交国书仪式。国家主席根据全国人大常委会的决定，宣布批准或废除条约和重要协定。

（4）荣典权。根据全国人大常委会的决定，国家主席代表国家向那些对国家有重大功勋的人或单位授予荣誉奖章和光荣称号。

国家副主席的职责主要是协助国家主席工作，可以受国家主席的委托，代替执行主席的一部分职权，如代替主席接受外国使节等。副主席受托行使国家主席职权时，具有与国家主席同等的法律地位。

二、国务院

中华人民共和国国务院，即中央人民政府，是最高国家权力机关的执行机关，是最高国家行政机关。国务院由总理、副总理若干人、国务委员若干人、各部部长、各委员会主任、审计长、秘书长组成。国务院的任期与全国人大的任期相同，即每届为5年。总理、副总理、国务委员连续任职不得超过两届。《宪法》第86条第2款规定："国务院实行总理负责制。各部、各委员会实行部长、主任负责制。"

根据现行《宪法》《国务院组织法》和《国务院行政机构设置和编制管理条例》的规定，经过多次机构改革，国务院主要组成机构如下：（1）国务院办公厅，是协助处理国务院日常事务的行政机构。（2）国务院组成部门，具体包括外交部、国防部、教育部、科学技术部、工业和信息化部、公安部、国家安全部、民政部、司法部、财政部、人力资源和社会保障部、自然资源部、生态环境部、住房和城乡建设部、交通运输部、水利部、农业农村部、商务部、文化和旅游部、退役军人事务部、应急管理部等21个部和国家发展和改革委员会、国家民族事务委员会、国家卫生健康委员会等3个委员会以及中国人民银行、审计署，共26个部门。（3）国务院直属特设机构，是国务院为了管理某类特殊的事项或履行特殊的职能而单独设立的一类机构。国务院直属特设机构目前只有国务院国有资产监督管理委员会。（4）国务院直属机构，即专门业务主管机关，具有独立行政管理职能。如国家市场监督管理总局、国家税务总局、国家广播电视总局等。（5）国务院办事机构，协助总理办理各项专门事项的机构，不具有独立的行政管理职能。例如，国务院研究室、国务院港澳事务办公室等。（6）国务院组成部门管理的国家行政机构，主管特定业务，行使行政管理职能。如国家外汇管理局、国家邮政局、国家铁路局等。（7）国务院直属事业单位，如国家气象局、中国科学院、中国社会科学院、新华社等。

国务院职权主要有：（1）行政法规制定权、决定和命令发布权。（2）行政措施的规定权。国务院在行政管理中认为需要的时候，或者为了执行法律和执行最高国家权力机关的决议，有权采取各种具体办法和实施手段。有权批准省、自治区、直辖市的区域划分，批准自治州、县、自治县、市的建置和区域划分。（3）提出议案权。国务院必须提出有关的法律草案以及国民经济和社会发展计划，报告计划的执行情况，报告国家的预算和预算的执行情况等等。（4）领导权和管理权。对所属部、委和地方各级行政机关的领导权及监督权，对国防、民族、民政、公安、司法行政、文教、经济、华侨、外交等各项行政工作的领导和管理权。（5）任免权，即国务院有权依照宪法、国务院组织法、地方各级人民代表大会和地方各级人民政府组织法以及公务员法等有关法律，任免国家行政机关的领导人员。（6）紧急状态决定权，即国务院有权决定省、自治区、直辖市范围内部分地区进入紧急状态。（7）全国人大及其常委会授予的其他职权。如授权立法或者调整法律实施。

三、中央军事委员会

军队是国家机器的重要组成部分，军事制度是我国宪法和法律规范的国家体制的重要内容。我国武装力量由中国人民解放军现役部队和预备役部队、中国人民武装警察部队和民兵组成。

中国人民解放军是中国共产党缔造和领导的人民军队。中共中央军事委员会是中国共产党在领导革命战争中逐步形成的最高军事领导机关。1982 年宪法总结新中国成立以来的历史经验，根据我国的实际情况和需要，规定设立中华人民共和国中央军事委员会领导全国武装力量。中华人民共和国中央军事委员会和中共中央军事委员会，均简称"中央军委"，两个机构组成人员、领导机构相同。设立国家的中央军事委员会是有关国家体制和军事领导体制的重要改革。在国家的中央军事委员会成立后，中共中央军事委员会仍然作为党中央的军事领导机关。这样的领导机制，既保证了党对军队的领导，又加强了军队各方面的工作，有利于军队的革命化、现代化和正规化建设。

宪法规定，中央军事委员会由主席、副主席若干人、委员若干人组成。中央军委任期与全国人大每届任期相同，即 5 年，但没有届数限制。中央军委实行主席负责制：第一，中央军委主席对全国人大和全国人大常委会负责，从而确认中央军委在中央国家机关体系中从属于最高国家权力机关的法律地位；第二，中央军委副主席和委员均由中央军委主席提名；第三，中央军委的有关重大问题要经委员会集体讨论，但是中央军委主席有决定权。中央军委其他组成人员必须接受中央军委主席的领导，中央军委发布的军令等须由中央军委主席签署方有法律效力。

四、地方各级人民代表大会和地方各级人民政府

【案例】　2001 年 2 月 14 日，沈阳市人民代表大会会议对沈阳市中级人民法院和沈阳市人民检察院的上年度工作报告进行审议表决。在所有的 508 名代表中，出席人大闭幕会议的代表有 474 人，只有 218 人对法院的报告投了赞成票，而投反对票的有 162 人，因赞成票没有超过半数未被通过。而沈阳市人民检察院的工作报告也仅仅以 270 人的微弱多数过关。（《中国青年报》，2001 年 2 月 16 日）

【问题】 法院工作报告未获人民代表大会代表通过，体现了人大的什么职权？

（一）地方国家机构概述

1. 地方国家机构的宪法地位

地方国家机构是我国国家机构体系的组成部分。《宪法》第 3 条确定了中央和地方国家机构职权的划分，遵循在中央的统一领导下，充分发挥地方的主动性、积极性的原则。第 96 条第 1 款规定："地方各级人民代表大会是地方国家权力机关。"第 105 条第 1 款规定："地方各级人民政府是地方各级国家权力机关的执行机关，是地方各级国家行政机关。"地方国家机构既是国家的，又有地方属性；它既是国家机构体系的组成部分，负责执行或保证执行宪法、法律、行政法规和上级国家机关的决议、决定，办理上级国家机关交办的事务，同时又是地方单位，依法管理地方事务；民族自治地方的自治机关还有自治权。

2. 同级地方国家机构之间的相互关系（如图 3-3）

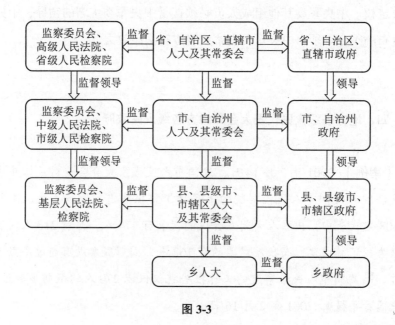

图 3-3

3. 地方国家机构与中央国家机构的关系

（1）全国人大及其常委会与省级人大及其常委会的关系。全国人大常委会有权撤销省、自治区、直辖市国家权力机关制定的同宪法、法律和行政法规相抵触的地方性法规和决议。（2）国务院与省级人民政府的关系。国务院统一领导全国地方各级国家行政机关的工作，规定中央和省、自治区、直辖市的国家行政机关的职权的具体划分，批准省、自治区、直辖市的区域划分。国务院有权改变或者撤销省级人民政府的不适当的规章、决定和命令等。（3）国务院主管部门与省级人民政府的关系。国务院主管部门制定的部门规章与地方政府规章之间具有同等效力，在各自的权限范围内施行。省、自治区、直辖市的人民政府各工作部门受人民政府统一领导，并且依照法律或者行政法规的规定受国务院主管部门的业务指导或者领导。

（二）地方各级人民代表大会

性质和地位。根据《宪法》和《地方组织法》的规定，省、自治区、直辖市、自治州、县、自治县、市、市辖区、乡、民族乡、镇设立人民代表大会。地方各级人民代表大会都是地方国家权力机关。本级的地方国家行政机关、监察机关、审判机关和检察机关都由人民代表大会产生，在本行政区域内对它负责，受它监督。地方各级人民代表大会在本行政区域内处于重要地位。本案例说明各级人大有监督"一府两院"的权力。人大代表正确行使监督权，是人民意志的真实体现，通过人大的制度监督，保证人民所赋予的权力得以正确行使，能够保证宪法、法律和法规的贯彻执行。

地方各级人民代表大会由人民选举的代表组成。县、自治县、不设区的市、市辖区、乡、民族乡、镇的人民代表大会的代表由选民直接选举产生；省、自治区、直辖市、自治州、设区的市的人民代表大会的代表由下级人民代表大会选举产生。地方各级人民代表大会每届任期5年。

县和县以上的地方各级人民代表大会设立常务委员会，是本级人民代表大会的常设机关，对本级人民代表大会负责并报告工作。在人大闭会期间，行使《宪法》《地方组织法》等规定的作为地方国家权力机关常设机关的职权，监督本级其他国家机关。

（三）地方各级人民政府

根据《宪法》和《地方组织法》，省、自治区、直辖市、自治州、县、自治县、市、市辖区、乡、民族乡、镇分别设立人民政府。地方各级人民政府是地方各级人民代表大会的执行机关，是地方各级国家行政机关。作为地方各级人民代表大会的执行机关，地方各级人民政府对本级人民代表大会负责并报告工作；县级以上的地方各级人民政府在本级人民代表大会闭会期间，对本级人大常委会负责并报告工作。

作为地方国家行政机关，地方各级人民政府对上一级国家行政机关负责并报告工作，并接受和服从国务院的统一领导。地方各级人民政府每届任期与本级人民代表大会每届任期相同。

省、自治区、县、自治县、市辖区和不设区的市的人民政府，在必要时经上一级人民政府批准，可分别设若干派出机关。省、自治区人民政府的派出机关是行政公署，简称"行署"；县、自治县人民政府的派出机关是区公所；市辖区和不设区的市人民政府的派出机关是街道办事处。派出机关受派出的人民政府委托，代表派出的人民政府进行行政管理。根据法律、法规和规章的授权，派出机关也可以自己的名义进行行政管理。

街道办事处在本辖区内办理派出它的人民政府交办的公共服务、公共管理、公共安全等工作，依法履行综合管理、统筹协调、应急处置和行政执法等职责，反映居民的意见和要求。

（四）民族自治地方的自治机关

民族自治地方的自治机关是自治区、自治州和自治县的人民代表大会和人民政府。在民族自治地方设立自治机关，民族自治机关除行使宪法规定的地方国家政权机关的职权外，还可以依法行使广泛的自治权。根据《宪法》第30条的规定，民族自治地方分为自治区、自治州、自治县三级。民族自治地方的自治机关是自治区、自治州和自治县的人民代表大会和人民政府。

民族自治地方的自治机关行使宪法规定的地方国家机关的职权，同时依照《宪法》《民族区域自治法》和其他法律规定的权限行使自治权，根据本地方的实际情况贯彻执行国家的法律、政策。在不违背宪法和法律的前提下，民族自治地方的自治机关有权采取特殊政策和灵活措施。（1）根据本地区的实际情况，贯彻执行国家的法律和政策。如有不适合民族自治地方实际情况的，经过该上级国家机关批准可以变通执行或者停止执行。（2）民族自治地方的人民代表大会有权依照当地民族的政治、经济和文化的特点，制定自治条例和单行条例。（3）民族自治地方的自治机关在国家计划的指导下，自主地安排和管理地方性的经济建设事业。（4）民族自治地方的自治机关有管理地方财政的自治权。民族自治地方在全国统一的财政体制下，通过财政转移支付制度，享受上级财政的照顾。（5）民族自治地方的自治机关自主地管理教育、文化、科学技术、卫生、体育、计划生育和环境保护事业。（6）民族自治机关在执行职务时，依照自治条例的规定，使用当地通用的一种或者几种语言文字；同时使用几种通用的语言文字执行职务的，可以实行区域自治的民族的语言文字为主。

依照宪法和法律的规定，民族自治地方的人大常委会中主任或副主任、自治区主席、自治州州长、自治县县长由实行区域自治的民族的公民担任；自治区、自治州、自治县的人民政府的其他组成人员，应当合理配备实行区域自治的民族和其他少数民族的人员；民族自治地方的自治机关所属工作部门的干部中，应当合理配备实行区域自治的民族和其他少数民族的人员。

五、监察委员会

中华人民共和国各级监察委员会是国家的监察机关，是行使国家监察职能的专责机关。监察委员会依法行使的监察权，是与行政权、审判权、检察权并列的国家权力。各级监察委员会依法对所有行使公权力的公职人员进行监察，调查职务违法和职务犯罪，开展廉政建设和反腐败工作，维护宪法和法律的尊严。

《宪法》第124条、《监察法》第8条和第9条规定，中华人民共和国设立国家监察委员会和地方各级监察委员会。我国设立了国家、省、市和县四级监察委员会。监察委员会由主任、副主任若干人、委员若干人组成。国家监察委员会主任每届任期同全国人大每届任期相同，连续任职不得超过两届。地方各级监察委员会主任每届任期同本级人大每届任期相同。国家监察委员会对全国人民代表大会及其常务委员会负责，并接受其监督。地方各级监察委员会对本级人民代表大会及其常务委员会和上一级监察委员会负责，并接受其监督。监察委员会体系实行"国家监察委员会领导地方各级监察委员会、上级监察委员会领导下级监察委员会"的领导体制。

国家设立监察委可以整合反腐败资源力量，形成集中统一、权威高效的反腐败体制，有利于形成严密的法治监督体系，实现全面推进依法治国的目标。监察委员会依照《监察法》和有关法律规定履行监督、调查、处置之职责。监察委员会依法独立行使监察权，不受行政机关、社会团体和个人的干涉。监察机关办理职务违法和职务犯罪案件，应当与审判机关、检察机关和执法部门互相配合、互相制约。

监察委员会依法对所有行使公权力的公职人员进行监督，实现国家监察全面覆盖。根据《监察法》的规定，监察机关对下列公职人员和有关人员进行监察：第一，公务员和参照《公务员法》管理的人员，这是监察对象中的关键和重点。第二，法律、法规授权或者受国家机关依法委托管理公共事务的组织中从事公务的人员。第三，国有企业管理人员。主要是国有独资企业、国有控股企业（含国有独资金融企业和国有控股金融企业）及其分支机构的领导班子成员。第四，公办的教育、科研、文化、医疗卫生、体育等单位中从事管理的人员。主要是该单位及其分支机构的领导班子成员，以及该单位及其分支机构中的国家工作人员。第五，基层群众性自治组织中从事管理的人员。包括村民委员会、居民委员会的主任、副主任和委员，以及其他受委托从事管理的人员。第六，其他依法履行公职的人员。判断一个"履行公职的人员"是否属于监察对象的标准，主要看其是否依法行使公权力，所涉嫌的职务违法或职务犯罪是否损害了公权力的廉洁性。

六、人民法院

人民法院是国家审判机关，是适用法律的专门机关，独立行使国家的审判权。人民法院的任务是通过审判刑事案件、民事案件、行政案件以及法律规定的其他案件，维护国家法律的统一和尊严，保证正确适用法律，以维护国家和人民的利益。

1. 人民法院的组织系统

根据《宪法》和《人民法院组织法》的规定，人民法院的组织系统由最高人民法院、地方各级人民法院、专门人民法院构成。（1）最高人民法院。最高人民法院是我国最高审判机关，依法行使国家最高审判权，同时监督地方各级人民法院和专门人民法院的审判工作。最高人民法院可以设巡回法庭，审理最高人民法院依法确定的案件。巡回法庭是最高人民法院的组成部分。巡回法庭的判决和裁定即最高人民法院的判决和裁定。（2）地方各级人民法院。分为三级：省、自治区和直辖市高级人民法院。中级人民法院包括省、自治区辖市的中级人民法院；在直辖市内设立的中级人民法院；自治州中级人民法院；在省、自治区内按地区设立的中级人民法院。基层人民法院。包括县、自治县人民法院；不设区的市人民法院；市辖区人民法院。（3）专门人民法院。专门人民法院是设在特定部门或对特定案件设立的审判机关，专门人民法院审理的案件是特定的案件。目前我国设立的专门人民法院主要有军事法院、海事法院、知识产权法院和金融法院等。

2. 人民法院的职权

（1）基层人民法院的职权。基层人民法院审理第一审案件，法律另有规定的除外。基层人民法院对人民调解委员会的调解工作进行业务指导。（2）中级人民法院的职权。中级人民法院管辖的案件是：法律规定由其管辖的第一审案件；基层人民法院报请审理的第一审案件；上级人民法院指定管辖的第一审案件；对基层人民法院判决和裁定的上诉、抗诉案件；按照审判监督程序提起的再审案件。此外，中级以上人民法院设赔偿委员会，依法审理国家赔偿案件。（3）高级人民法院的职权。高级人民法院管辖的案件包括：法律规定由其管辖的第一审案件；下级人民法院报请审理的第一审案件；最高人民法院指定管辖的第一审案件；对中级人民法院判决和裁定的上诉、抗诉案件；按照审判监督程序提起的再审案件；中级人民法院报请复核的死刑案件。（4）专门人民法院的职权。军事法院管辖现役军人的刑事犯罪案件，军队在编职工的刑事犯罪案件，最高人民法院授权审理的案件，在作战区和戒严区由统帅部、最高人民法院授权审理的案件。海事法院管辖第一审海事案件和海商案件。（5）最高人民法院的职权。最高人民法院是国家最高审判机关，所作的判决和裁定都是终审的判决和裁定。根据《宪法》和有关法律的规定，最高人民法院主要行使以下职权：监督地方各级人民法院和专门人民法院的审判工作；法律规定由其管辖的和其认为应当由自己管辖的第一审案件；对高级人民法院判决和裁定的上诉、抗诉案件；按照全国人民代表大会常务委员会的规定提起的上诉、抗诉案件；按照审判监督程序提起的再审案件；高级人民法院报请核准的死刑案件，死刑除依法由最高人民法院判决的以外，应当报请最高人民法院核准；最高人民法院可以对属于审判工作中具体应用法律的问题进行解释；最高人民法院可以发布指导性案例。

七、人民检察院

【案例】　2016 年 1 月初，因陈某在甲的女朋友的网络空间留言示好，甲纠集乙等人，对陈某实施了殴打。1 月 10 日中午，甲、乙、丙等 6 人（均为未成年人），在陈某就读的中学门口，见陈某从大门走出，有人说陈某向老师告发他们打架，要去问个说法。甲等人尾随一段路后拦住陈某质问，陈某解释没有告状，甲等人不肯罢休，抓住并围殴陈某。乙的 3 位朋友（均为未成年人）正在附近，见状加入围殴陈某，一起对陈某或勒脖子或拳打脚踢。陈某掏出随身携带的折叠式水果刀（刀身长 8.5 厘米，不属于管制刀具），乱挥乱刺后逃脱。陈某在反击过程中刺中了甲、乙和丙，经鉴定，该 3 人的损伤程度均构成重伤二级。案发后，陈某所在学校向司法机关提交材料，证实陈某遵守纪律、学习认真、成绩优秀，是一名品学兼优的学生。

公安机关以陈某涉嫌故意伤害罪立案侦查，并对其采取刑事拘留强制措施，后提请检察机关批准逮捕。检察机关根据审查认定的事实，依据《刑法》第二十条第一款的规定，认为陈某的行为属于正当防卫，不负刑事责任，决定不批准逮捕。（选自《最高人民检察院第十二批指导性案例》）

【问题】　检察机关行使了什么职能？

人民检察院是国家的法律监督机关，在我国，人民检察院通过行使检察权，对各级国家机关以及国家机关工作人员、公民是否遵守宪法和法律实行监督，以保障宪法和法律的统一实施。

组织体系。我国人民检察院的组织体系包括：全国设立最高人民检察院、地方各级人民检察院和专门人民检察院。地方各级人民检察院分为三种：省级人民检察院，包括省、自治区、直辖市人民检察院；设区的市级人民检察院；基层人民检察院，包括县、自治县、不设区的市、市辖区人民检察院。专门人民检察院包括军事检察院等。

人民检察院的检察职能包括刑事检察、民事检察、行政检察与公益诉讼检察，具体职权有：（1）刑事侦查。人民检察院在对诉讼活动实行法律监督中发现的司法工作人员利用职权实施的非法拘禁、刑讯逼供、非法搜查等侵犯公民权利、损害司法公正的犯罪，可以由人民检察院立案侦查。对于公安机关管辖的国家机关工作人员利用职权实施的重大犯罪案件，需要由人民检察院直接受理的时候，经省级以上人民检察院决定，可以由人民检察院立案侦查。（2）批准逮捕。人民检察院对刑事案件进行审查，批准或者决定是否逮捕犯罪嫌疑人。公安机关要求逮捕犯罪嫌疑人时，应当提请人民检察院审查批准，人民检察院根据情况分别作出批准逮捕或者不批准逮捕的决定。案例中，检察院认为陈某的行为属于正当防卫，不负刑事责任，决定不批准逮捕，履行的是批准逮捕权。（3）提起公诉。人民检察院对刑事案件提起公诉，支持公诉。（4）公益诉讼。人民检察院依照法律规定提起公益诉讼。（5）侦查监督。人民检察院对于公安机关（包括国家安全机关、监狱等）的侦查活动是否合法实行监督。（6）审判监督。人民检察院对诉讼活动实行监督。如在民事诉讼和行政诉讼中，人民检察院对人民法院已经发生法律效力的判决和裁定，如发现违反法律、法规规定的，也有权按照审判监督程序提出抗诉。（7）执行监督。人民检察院对判决、裁定等生效法律文书的执行工作实行法律监督，对监狱、看守所的执法活动、对人民法院执行死刑、裁定减刑和假释等活动进行监督。（8）法律规定的其他职权。

第四节　行使权力必须受宪法的约束——宪法监督制度

一、宪法监督的含义

宪法监督是指由特定国家机关按照法律程序监督其他国家机关实施宪法的行为是否符合宪法的制度。现行《宪法》关于全国人大及其常委会"监督宪法的实施"的职权规定。《宪法》第 62 条规定，全国人大有权"监督宪法的实施"；第 67 条规定，全国人大常委会有权"监督宪法的实施"。

宪法监督机关对实施宪法的行为是否符合宪法进行审查，如果认定违反宪法，或者予以撤销，或者予以改变，或者拒绝适用，或者确认违宪，对于违反宪法的国家领导人予以罢免或者弹劾等。其中，监督法律等规范性文件是否符合宪法的审查机制，称为"合宪性审查"。

二、我国宪法监督制度的形成、完善和作用

人民代表大会制度是我国的根本政治制度，据此，我国采用了最高国家权力机关监督宪法实施的体制。我国的宪法监督制度是具有中国特色的、符合中国国情的最高国家权力机关监督制。

1982 年 12 月 10 日《全国人民代表大会组织法》第 37 条规定明确了全国人大及其常委会行使监督宪法实施的职权。2000 年通过的《立法法》（2015 年修改）和 2006 年通过的《监督法》进一步完善了宪法监督的程序。《宪法》《全国人大组织法》《立法法》《监督法》《法规、司法解释备案审查工作办法》等规范性法律文件，为我国的宪法监督制度提供了规范依据。

强化宪法监督理念。习近平在现行宪法颁行 30 周年纪念大会上指出，"宪法的生命在于实施，宪法的权威也在于实施"；"全国人大及其常委会和国家有关监督机关要担负起宪法和法律监督职责，加强对宪法和法律实施情况的监督检查，健全监督机制和程序，坚决纠正违宪违法行为"。①宪法监督是以国家强制力保障宪法实施的具体形式。

宪法监督制度的完善直接关系到宪法能否真正发挥根本法的作用，能否真正起到制约和规范国家权力、保障公民基本权利的作用，能否真正保障人民福祉和促进国家发展。②宪法监督制度在我国的政治生活、经济生活、文化生活和社会生活等各方面，正发挥着越来越重要的作用。通过宪法监督实现宪法价值，增强宪法意识。我国的宪法规范体系强调了宪法的根本法地位，明确了不同规范性法律文件的等级体系，规定了违反宪法规范所应承担的宪法责任，确立了将宪法作为最高行为规范的目标，这对于树立宪法权威、培养公民的宪法意识具有重要的教育作用。宪法监督机关在对实施宪法的行为进行审查判断时，不仅要依据宪法的规范和条文，而且要依据宪法的原则与精神，从既有利于社会发展又有利于社会稳定的立场出发，平衡宪法稳定性与适应性的关系。③

三、我国宪法监督制度的基本内容

【案例】 为了加强城市交通安全管理。某设区的市的人大常委会公布《城市道路交通安全管理条例》。该条例规定，出行高峰期禁止外地电动车行驶。如违反，将扣押电动车并托运回原籍。外地来该市务工人员张某认为，该规定同宪法法律相抵触，向全国人大常委会书面提交审查建议。

---

① 习近平：《论坚持全面依法治国》，中央文献出版社 2020 年版，第 11、13 页。
② 《宪法学》编写组：《宪法学》，高等教育出版社 2020 年版，第 327 页。
③ 《宪法学》编写组：《宪法学》，高等教育出版社 2020 年版，第 328 页。

【问题】　全国人大常委会收到张某的书面审查建议，应如何处理？

宪法首先规定了自身的最高法律效力和不可违反性，为我国宪法监督制度的建立奠定了法律基础。宪法监督的最终目标是达到依宪治国、依宪执政，维护国家法制统一、尊严、权威，追究一切违反宪法法律的行为。其具体目标是：（1）保证党中央令行禁止；（2）保障宪法法律实施；（3）保护公民合法权益；（4）维护国家法制统一；（5）促进制定机关提高法规、司法解释制定水平。①

我国宪法监督制度的构成。党的十九届四中全会《决定》要求，健全保证宪法全面实施的体制机制。健全人大工作机制。全国人大及其常委会履行宪法赋予的宪法监督职责，要加强对宪法法律实施情况的监督检查，坚决纠正违宪违法行为。要依法行使监督权，加强对"一府一委两院"的行为是否合乎宪法的监督。

第一，宪法解释程序机制。要完善宪法解释程序机制，明确宪法解释提请的条件、宪法解释请求的提起和受理以及宪法解释案的审议、通过和公布等具体规定，保证宪法解释贯彻落实，积极回应涉及宪法有关问题的关切，努力实现宪法的稳定性和适应性的统一。

第二，合宪性审查。即由全国人大和全国人大常委会依据宪法和相关法律的规定，对于可能存在违反宪法规定的法律法规、规范性文件以及国家机关履行宪法职责的行为进行审查，并对违反宪法的问题予以纠正。推进合宪性审查工作，要求有关方面拟出台的法规规章、重要政策和重大举措，凡涉及宪法有关规定如何解释、如何适用的，都应当事先经过全国人大常委会合宪性审查，确保同宪法规定、宪法精神相符合。案例中，根据《立法法》第99条第2款规定，上述国家机关之外的其他国家机关和社会团体、企业事业组织以及公民认为行政法规、地方性法规、自治条例和单

① 《宪法学》编写组：《宪法学》，高等教育出版社2020年版，第337页。

行条例、经济特区法规、司法解释同宪法相抵触的，有权向全国人大常委会书面提出审查建议，由法制工作委员会接收、登记。法制工作委员会对审查建议，依法进行审查研究。必要时，送有关专门委员会进行审查、提出意见。

第三，备案审查制度，我国针对不同性质和效力的规范性文件，建立了多套备案审查机制。备案审查包括合宪性审查、合法性审查及适当性审查，如表3-3。

表 3-3

行政法规	报全国人大常委会备案
地方性法规	1. 省级的（省、自治区、直辖市）：报全国人大常委会和国务院备案（自治区条例由全国人大常委会批准，因此不再备案）。 2. 市级的（设区的市、自治州）：由省级人大常委会报全国人大常委会和国务院备案。
行政规章	1. 部门规章和地方政府规章报国务院备案。 2. 地方政府规章应当同时报本级人大常委会备案。 3. 市级规章（设区的市、自治州）还应当同时报省、自治区人大常委会和政府备案。
自治和单行条例	1. 自治州、自治县的自治条例和单行条例。由省、自治区、直辖市的人大常委会报全国人大常委会和国务院备案。 2. 报送备案时，应当说明对法律、行政法规、地方性法规作出变通的情况。
授权立法	1. 应当报授权决定规定的机关备案。 2. 经济特区法规报送备案时，应当说明对法律、行政法规、地方性法规作出变通的情况。
党内法规及规范性文件	报中共中央办公厅及上级党组织备案审查。
军事法规及规范性文件	报中央军委法制局备案。
特别行政区立法机关制定的法律	报全国人大常委会备案。

第四，依法撤销和纠正违宪违法的规范性文件。依法撤销和纠正违宪违法的规范性文件。违宪的规范性文件主要通过合宪性审查机制予以撤销

和纠正。在我国，撤销和纠正违法的规范性文件的机制主要有：（1）行政复议制度。在行政复议过程中，申请人在对具体行政行为不服向复议机关提出复议申请的同时，有权附带地就作为该行政行为依据的规章以下的规范性文件的合法性，向复议机关提出审查请求。（2）行政诉讼制度。在行政诉讼过程中，原告在对行政行为不服向法院提起诉讼的同时，有权附带地就作为该行政行为依据的规章以下的规范性文件的合法性，向法院提出审查请求。法院有权就该规范性文件的合法性作出判断。在行政诉讼中，法院可依职权对规章的合法性进行审查。（3）备案审查制度。接收备案的国家机关或者组织有权对交来备案的规范性文件的合法性进行审查。（4）其他机制。基于上下级国家机关的关系，上级国家机关通常有权撤销或者改变下级国家机关制定的规范性文件。（5）改变或撤销违宪违法的规范性文件（如表 3-4）。①

表 3-4

全国人大	1. 改变或撤销全国人大常委会的法律及规定。 2. 撤销全国人大常委会批准的自治条例和单行条例。
全国人大常委会	1. 撤销国务院的行政法规及规定。 2. 撤销省级、设区市的人大及其常委会的地方性法规。 3. 撤销省级人大常委会批准的自治条例和单行条例。 4. 撤销被授权机关越权的法规。必要时可撤销授权。
国务院	改变或者撤销不适当的部门规章和地方政府规章。
省级人大	改变或者撤销其常委会制定的和批准的地方性法规。
地方人大常委会	撤销本级政府的规章。
省、自治区政府	改变或撤销下一级政府的规章。

① 《宪法学》编写组：《宪法学》，高等教育出版社 2020 年版，第 338 页。

第四章　学习民法典，
维护自身和尊重他人民事权利

第一节　民法基本原则与民事权利

一、民法的价值主线——民法的基本原则

民法是调整平等主体的自然人、法人和非法人组织之间的人身关系和财产关系的法律规范的总和。形式上的民法即民法典。民法基本原则，是指其效力贯穿民法制度始终，并指导民事立法、民事司法和民事活动的基本准则。法官适用民法规范不能偏离民法基本原则，属于授权条款性质的诚实信用原则、公序良俗原则可以直接适用，其他不能直接适用的平等原则、公平原则、合同自由原则也对民事司法有指导作用。在现行法律规范存在的情况下，由于民法基本原则仍然可以作为民事主体的行为准则，因此在间接的意义上也起着评价人们行为的作用。

（1）平等原则。平等原则，是《民法典》第4条规定的一条基本原则，是指民事主体平等地享有法律人格，平等地享有权利和承担义务，其民事权益平等地受法律保护的基本原则。

（2）自愿原则。自愿原则，又称意思自治原则，是《民法典》第5条

规定的一条基本原则，是指民事主体在法律允许范围内按照自己的意思设立、变更、终止民事法律关系，并自主承担由此产生的法律后果。法律地位平等是自愿原则的前提，自愿原则是法律地位平等的体现。自愿原则体现了民法的基本精神，奠定了民法作为市民社会基本法的基本地位。[1]

（3）公平原则。公平原则是《民法典》第6条规定的一条基本原则，是指民事主体从事民事活动，应当公正、平允、合理确定各方的权利和义务。[2] 公平原则要求在民事活动中要机会均等、互利互惠，兼顾双方利益，反对暴利、以强凌弱、乘人之危、巧取豪夺等不公平现象。

（4）诚实信用原则。诚实信用原则是《民法典》第7条规定的基本原则，是指民事主体在民事活动中应当讲究诚实、恪守信用，并依照善意的方式行使权利、履行义务。诚信原则产生了一系列的规则，如附随义务、情势变更、禁止权利滥用、缔约过失责任、权利失权等。

（5）公序良俗原则。公序良俗原则，是《民法典》第8条规定的一条基本原则，是指民事主体从事民事活动，不得违反法律，不得违背公共秩序与善良风俗。违背公序良俗的民事活动不受法律保护，否则就会影响和阻碍市民社会的健康有序发展。实践中，违反公序良俗的情形主要包括：危害国家公序、危害家庭关系、违反两性道德、射幸行为、侵犯人格尊严、违反竞争秩序、违反消费者与劳动权利保护、暴利行为等。[3]

（6）绿色原则。绿色原则，是《民法典》第9条新规定的一条基本原则，是指民事主体从事民事活动，应当有利于节约资源、保护生态环境。

二、权利客体和权利体系——民法的权利大厦

【案例】　著名作家魏荃泽委托甲公司为其拍摄一套艺术照。不久，魏

---

[1]　杨立新：《中国民法总则研究》，中国人民大学出版社2017年版，第154页。

[2]　王利明：《民法总则研究》，中国人民大学出版社2018年版，第113页。

[3]　梁慧星：《市场经济与公序良俗原则》，载《民商法论丛》第1辑，法律出版社1994年版，第57—58页。

荃泽发现乙网站有其多张半裸照片，受到众人嘲讽和指责。经查，甲公司未经魏荃泽同意将其照片上传到公司网站做宣传，邻居丙男下载后将魏荃泽头部移植至他人半裸照片，并将魏荃泽的姓名、身份证号码、家庭住址等信息上传到乙网站。魏荃泽找到丙男论理，还被他打伤住院多天。

有网民对魏荃译发动"人肉搜索"，在相关网站首次披露其曾用名、儿时相片、家庭背景、恋爱史等信息，并有人在网站上捏造魏荃泽曾与某明星有染的情节。

【问题】 本案中，甲公司、丙男和网民侵犯了魏荃泽什么权利？

民法的本位即民法的基本目的、基本作用、基本任务。[①]《民法典》第3条规定，民事主体的人身权利、财产权利以及其他合法权益受法律保护，任何组织或者个人不得侵犯。

民法慈母般地守护着每个人的权益，民法以权利为本位，就是要确认和保障每个人的合法民事权利和利益。民法规范，是以授权性规范为主，有别于行政法和刑法。民法是保护权利体系而建造的法律大厦，权利就是大厦的根基。民事权利包括人身权和财产权。人身权可分为人格权和身份权。财产权可分为物权、债权、知识产权、继承权、股权、其他权益等。

1. 人格权

民事主体享有广泛的人格权。人格权是作为民事主体必备的、以人格利益为内容，并为法律所承认和保护的民事权利。自然人的人格权分为一般人格权和具体人格权。

一般人格权是指自然人享有的，包括人身自由和人格尊严等内容的一般人格利益。自然人享有的具体人格权包括生命权、身体权、健康权、姓名权、肖像权、名誉权、荣誉权、隐私权、婚姻自主权等权利。法人、非

---

① 梁慧星：《民法总论》，法律出版社2017年版，第40页。

法人组织享有名称权、名誉权、荣誉权等权利。（1）生命权，是自然人享有的以生命维持和生命安全为内容的权利。生命权是人格利益的集中代表和体现，是最基本的人格权。（2）身体权，是指自然人对其肢体、器官和其他组织的完整依法享有的权利。（3）健康权，是自然人享有的以保持其身体和精神状况良好为内容的人格权。（4）姓名权，是自然人依法享有的决定、使用和变更自己的姓名并要求他人尊重自己姓名的一种人格权利。（5）名称权，是法人或非法人组织依法享有的名称使用权、名称转让权和其名称被冒用、盗用时的获得救济的权利。（6）肖像权，是指自然人享有的通过某种形式再现自己的形象和禁止他人使用自己肖像的权利。案例中，甲公司和丙男侵犯了魏荃泽的肖像权。（7）名誉权，是自然人、法人或非法人组织都享有的公正评价和保有、维护这种评价的一种人格权利。案例中，丙男、网民侵犯了魏荃泽的名誉权。（8）荣誉权，是自然人、法人或非法人组织对国家、社会团体或者其他社会组织包括国际组织等授予的荣誉享有的保有权和使用支配权。（9）隐私权是指个人就其私生活非属于公共空间的私人空间的私密性、私生活的安宁享有免受他人侵入和打扰的权利。[①] 案例中，网民还侵犯了魏荃泽的隐私权。（10）婚姻自主权，是指达到结婚年龄且依法具有结婚能力的自然人享有的婚姻自主权，包括结婚、离婚自主权。（11）个人信息保护权，自然人的个人信息受法律保护。案例中，丙男侵犯了魏荃泽的个人信息保护权。

2. 身份权

身份权是指自然人因婚姻、家庭关系等产生的人身权利，包括配偶权、亲权和亲属权。配偶权是指男女双方因登记结婚即结为夫妻而相互享有的身份权。亲权是指父母基于其父母身份对未成年人子女享有的身份权。亲属权是指除夫妻间的配偶身份权、父母与未成年子女间的身份权即

---

① 王利明：《中华人民共和国民法总则详解》，中国法制出版社 2017 年版，第 450 页。

亲权之外的亲属身份权，即夫或妻与其兄弟姐妹、祖父母、外祖父母之间的身份权。

3. 物权

民事主体享有广泛的财产权。《民法典》第 113 条规定，民事主体的财产权利受法律平等保护。第 114 条规定，民事主体依法享有物权。物权是权利人依法对特定的物享有直接支配和排他的权利，包括所有权、用益物权和担保物权。

4. 债权

《民法典》第 118 条规定，民事主体依法享有债权。债权是因合同、侵权行为、无因管理、不当得利以及法律的其他规定，权利人请求特定义务人为或者不为一定行为的权利。

5. 知识产权

根据《民法典》第 123 条规定，民事主体依法享有知识产权。知识产权是权利人依法就下列客体享有的专有的权利：作品；发明、实用新型、外观设计；商标；地理标志；商业秘密；集成电路布图设计；植物新品种；法律规定的其他客体。

6. 继承权

继承权是指自然人依法享有的继承他人合法财产的权利。

7. 股权和其他投资性权利

股权，是指民事主体因出资或者缴纳股款、认购股份等在依法登记设立的有限责任公司或者股份有限公司中取得股东地位并因此所依法享有的资产收益、参与重大决策和选择管理者等权利。其他投资性权利是指民事主体作为投资主体进行各类商业性投资的权利（如作为合伙人设立合伙企业）以及进行财产信托投资和进行基金投资等权利。

8. 其他民事权利和利益

以上权利和利益涉及法律对数据、网络虚拟财产的权利保护等。

三、权利如何行使——民事法律行为、代理制度和诉讼时效

（一）民事法律行为的概念

在现实生活中，网上购物、结婚收养、创办企业都离不开民事法律行为的实施。小到购买瓜果蔬菜，大至买房卖房，在人的一生中都不可能不实施民事法律行为。民事法律行为是民事主体通过意思表示设立、变更、终止民事法律关系的行为。

民事法律行为之所以能对民事主体产生法律约束力，正是因为其是民事主体按照自己的意思作出的。民事主体按照自己的意愿依法行使民事权利，不受干涉。这也是民事法律行为与事实行为最为根本的区别。事实行为即权利主体主观上并没有产生、变更或者消灭法律关系的意思，而是依照法律规定引起法律关系后果的行为。如无因管理行为、正当防卫行为、紧急避险行为、侵权行为、违约行为、遗失物的拾得行为以及埋藏物的发现行为均为事实行为。

民事法律行为可以基于双方或者多方的意思表示一致成立，也可以基于单方的意思表示成立。法人、非法人组织依照法律或者章程规定的议事方式和表决程序作出决议的，该决议行为成立。据此，民事法律行为可以分为单方民事法律行为、双方民事法律行为、多方民事法律行为和决议民事法律行为。

（二）代理的概念与分类

代理人在代理权限内，以被代理人名义实施的民事法律行为，对被代理人发生效力。代理是以扩张及补充私法自治为目的，依他人行为而取得权利或承担义务之制度。① 代理是一种特殊的民事法律关系，它由三方当事人构成。首先是本人，即被代理人；其次是代理人；最后是相对人（第

---

① 最高人民法院民法典贯彻实施工作领导小组主编：《中华人民共和国民法典总则编理解与适用》，人民法院出版社 2020 年版，第 808 页。

三人）。代理人与本人之间可能存在监护关系、委托合同关系、财产代管关系、劳动合同关系等。

民事主体可以通过代理人实施民事法律行为，依照法律规定、当事人约定或者民事法律行为的性质，应由本人亲自实施的民事法律行为，不得代理。代理主要适用于民事法律行为。代理还可以适用于下列行为：如代理申请注册商标、申报纳税行为，代理诉讼中的当事人进行各种诉讼行为（包括申请仲裁的行为）。

不适用代理的行为包括：（1）法律规定不得适用代理的行为不得适用代理，例如设立遗嘱不得代理，结婚、离婚不得代理；（2）当事人约定某些事项不得代理，则不得适用代理；（3）根据民事法律行为的性质，该种民事法律行为的性质不得适用代理的，也不能适用代理；（4）人身行为，如婚姻登记、收养子女等；（5）人身性质的债务，如受约演出不得代理。

法定代理是基于法律的直接规定而产生的代理。法定代理人没有代理权限范围的特殊限制，属于全权代理。法定代理人与被代理人之间往往存在某种特定的血缘或亲缘关系，法定代理都是无偿的。委托代理即基于被代理人的委托授权所发生的代理。委托代理的代理权产生基于两个行为：一是委托合同，二是委托授权行为。委托合同是双方民事法律行为，其内容是约定由受托人处理委托人的事务，因此委托授权书仅对委托人和受托人双方具有法律约束力，却不涉及第三人。在委托代理中，委托合同的成立和生效并不直接产生代理权，还需要委托人作出委托授权行为之后，代理权才产生。行为人没有代理权、超越代理权或者代理权终止后，仍然实施代理行为，未经被代理人追认的，对被代理人不发生效力。

四、权利的及时行使——诉讼时效

诉讼时效是指权利人经过法定期限不行使自己的权利，依法律的规定其胜诉权便归于消灭的时效制度。当权利人得知自己的权利受到侵犯后，必须在法律规定的诉讼时效期间内向法院提出保护其合法权益的请求。超过法定期限以后再提出请求的，除法律有特别规定的以外，人民法院不再予以保护，即权利人的胜诉权归于消灭，义务人可以不再履行义务。但义务人自愿继续履行的，不受诉讼时效限制，仍然有效。

人民法院不得主动适用诉讼时效的规定。诉讼时效的期间、计算方法以及中止、中断的事由由法律规定，当事人约定无效。当事人对诉讼时效利益的预先放弃无效。

诉讼时效分为一般诉讼时效和特殊诉讼时效两类。一般诉讼时效是指由民法统一规定的诉讼时效期限。《民法典》规定的一般诉讼时效期间为3年。

特殊诉讼时效是指各种单行法规规定的时效期限。《民法典》第594条规定："因国际货物买卖合同和技术进出口合同争议提起诉讼或者申请仲裁的时效期间为四年。"第191条规定："未成年人遭受性侵害的损害赔偿请求权的诉讼时效期间，自受害人年满十八周岁之日起计算。"

《民法典》第995条规定："人格权受到侵害的，受害人有权依照本法和其他法律的规定请求行为人承担民事责任。受害人的停止侵害、排除妨碍、消除危险、消除影响、恢复名誉、赔礼道歉请求权，不适用诉讼时效的规定。"

第二节　婚姻和继承法律制度

一、结婚的条件和婚姻效力

结婚，是指男女双方依照法律规定的条件和程序，确立夫妻关系的民事法律行为。结婚的条件，即结婚行为作为民事法律行为应当具备的要件，包括成立要件和生效要件。结婚行为的成立要件包括：（1）结婚行为的双方当事人必须是一男一女。（2）双方当事人具有结婚的意思表示，以确立婚姻关系为目的；必须由当事人亲自作出，不得代理。（3）登记，即结婚行为须经过登记才能成立。

结婚行为的生效要件包括：（1）已到法定婚龄的具有完全民事行为能力的人。（2）意思表示真实，结婚应当男女双方完全自愿，禁止任何一方对另一方加以强迫，禁止任何组织或者个人加以干涉。（3）不存在导致婚姻无效的法定事由，如重婚、未到法定婚龄。结婚年龄，男不得早于22周岁，女不得早于20周岁。直系血亲或者三代以内的旁系血亲禁止结婚。

可撤销婚姻，是指已成立的婚姻关系，因受胁迫而结婚的一方当事人，或因对方不如实告知身患重大疾病而结婚的一方当事人可以向有关机关请求撤销的婚姻。婚姻可撤销的事由包括因受胁迫而结婚和婚前未如实告知重大疾病两种。

无效婚姻，是指已经成立的婚姻但存在无效的法定事由，不发生法律效力的婚姻。婚姻无效的法定事由包括：当事人一方或双方重婚、当事人双方有禁止结婚的亲属关系、当事人一方或双方未到法定婚龄。无效婚姻中的无过错方有权请求有过错的一方承担损害赔偿。

二、婚姻中的人身关系和财产关系

【案例】 周艺（女）22岁那年，父母遭遇车祸双双去世。由于周艺是独生女，她依法继承了父母留下的全部财产：280平方米的房子、100万元的存款以及房子内的红木家具。第二年，周艺认识了男青年张小强，张小强出资200万元与他人共同设立有限责任公司，拥有公司60%的股份，是公司的董事长。两人相识相知，很快坠入爱河。第三年，周艺和张小强登记结婚。婚后，周艺的姑姑给周艺20万元作为结婚礼物。后来双方因生活琐事，多次发生矛盾，好强的周艺和张小强于 2020 年 4 月 6 日口头约定今后采取 AA 制，即各自赚钱归各自所有和支配，双方每月各自出 3 千元用于家庭日常开支。2021 年，周艺的一本畅销书签约了出版社，将于一年后出版，约定出版后得稿酬 30 万元。这之后一个月，张小强在出差时遭遇车祸，获得赔偿的医疗费、残疾赔偿金等共计 150 万元人民币。2021 年 8 月，周艺和张小强双方婚姻生活无法维系，同意离婚，但是双方对夫妻财产的划分无法达成协议。

【问题】 口头约定财产 AA 制有效吗？以上财产哪些是夫妻共同财产，哪些是个人财产？

（一）夫妻的人身关系

配偶权作为夫妻之间互为配偶的基本身份权，其内容很广泛，涉及夫妻人身关系的各个方面。根据《民法典》婚姻家庭编的有关规定，夫妻人身关系主要有下列内容（表 4-1）：

表 4-1

地位平等	夫妻在婚姻家庭关系中地位平等
夫妻姓名权	夫妻双方都有各自使用自己姓名的权利
平等从业权	夫妻双方都有参加生产、工作、学习和社会活动的自由，一方不得对另一方加以限制或者干涉
监护职责等	夫妻双方平等享有对未成年子女抚养、教育和保护的权利，共同承担对未成年子女抚养、教育和保护的义务
扶养权	夫妻有相互扶养的义务。需要扶养的一方，在另一方不履行扶养义务时，有要求其给付扶养费的权利
家事代理权	1. 夫妻一方因家庭日常生活需要而实施的民事法律行为，对夫妻双方发生效力，但是夫妻一方与相对人另有约定的除外
	2. 夫妻之间对一方可以实施的民事法律行为范围的限制，不得对抗善意相对人（内外有别）
相互继承权	夫妻有相互继承遗产的权利

（二）父母子女关系以及其他近亲属关系

父母子女关系，也称亲子关系，是指父母与子女的权利义务关系。既包括生父母和婚生子女关系、生父母和非婚生子女关系，又包括养父母和养子女关系、有扶养关系的继父母和继子女关系。基于医学的发展，亲子关系还包括父母和人工生育的子女关系。

婚生子女是在合法婚姻关系期间受孕或所生育的子女。非婚生子女是没有合法婚姻关系的男女所生育的子女。[①] 如未婚男女所生子女。非婚生子女享有与婚生子女同等的权利，任何组织或者个人不得加以危害和歧视。不直接抚养非婚生子女的生父或者生母，应当负担未成年子女或者不能独立生活的成年子女的抚养费。夫妻一方在负担能力范围内向非婚生子女支付抚养费，即使未与配偶达成一致，也不属于侵犯夫妻共同财产权的行为。

父母对子女抚养、教育、保护的义务。父母不履行抚养义务的，未成年子女或者不能独立生活的成年子女，有要求父母给付抚养费的权利。成年子女对父母负有赡养、扶助和保护的义务。子女应当尊重父母的婚姻权利，不得干涉父母离婚、再婚以及婚后的生活。父母和子女有相互继承遗产的权利，互为第一顺序的法定继承人。有抚养教育关系的继父母与继子女间为拟制血亲，适用父母子女之间权利义务关系的规定。继子女与继父或继母形成抚养教育关系后，与不和其共同生活的生父或生母间的权利义务关系仍然存在。[②]

其他近亲属关系，是指父母子女之外其他近亲属之间在法律上的权利义务关系，主要包括祖父母、外祖父母与孙子女、外孙子女关系以及兄弟姐妹关系。有负担能力的祖父母、外祖父母，对于父母已经死亡或者父母无力抚养的未成年孙子女、外孙子女，有抚养的义务。有负担能力的孙

---

① 最高人民法院民法典贯彻实施工作领导小组主编：《中华人民共和国民法典婚姻家庭继承编理解与适用》，人民法院出版社 2020 年版，第 206 页。

② 魏振瀛主编：《民法》，北京大学出版社 2021 年版，第 685—686 页。

子女、外孙子女，对于子女已经死亡或者子女无力赡养的祖父母、外祖父母，有赡养的义务。

兄弟姐妹是旁系血亲，是第二顺序的法定继承人。在特殊情形下，兄弟姐妹之间会发生扶养关系，即兄、姐对弟、妹的扶养义务，弟、妹对兄、姐的扶养义务。有负担能力的兄、姐，对于父母已经死亡或者父母无力抚养的未成年弟、妹，有扶养的义务。

收养，是指自然人依照法定的条件和程序领养他人的子女为自己的子女，从立法律拟制的亲子关系的民事法律行为。[①]收养行为的成立，不仅要求当事人意思表示达成一致，即形成收养的合意，可以自愿签订书面的收养合同或者收养协议（福利机构与收养人签署），[②]还要求当事人依法办理收养登记。收养应当向县级以上人民政府民政部门登记。收养关系自登记之日起成立。收养8周岁以上未成年人的，应当征得被收养人的同意。禁止借收养名义买卖未成年人。

（三）婚姻中的财产关系

一个家庭的财富包括物权（现金、动产、不动产、艺术品、珠宝古玩、贵金属）、股权、债权、知识产权中的财产性权益等。所有资产当中，房产（不动产物权）占了很大的比例。创办企业是财富增长最快的渠道，民法上表现为创办企业的投资协议以及拥有企业的各种资产（股权、动产、不动产、企业的商标、专利、著作权、商业秘密等权益），这在高净值家庭中占比较高。对外进行的各类投资，银行存款（储蓄合同）、保险产品（保险合同）；投资住宅、写字楼或商铺是房屋买卖合同，银行理财产品是委托理财合同、信托产品是信托投资合同，股票买卖、基金背后是公（私）募基金协议等。[③]

---

① 魏振瀛主编：《民法》，北京大学出版社2021年版，第720页。

② 收养协议不是收养行为的成立要件，不属于申请收养登记需要提交的必备材料，不是收养关系成立的必经程序。

③ 宋纪连：《民法典人生导图》，上海人民出版社2022年版，第83—84页。

1. 婚姻财产约定制

约定的夫妻财产制，是指夫妻以协议的方式，对婚前、婚后财产的归属以及占有、使用、收益和处分进行约定的财产制。约定的财产制优先适用，只有当事人没有约定、约定不明确或者约定无效时，才适用法定财产制。[①]夫妻之间依法达成的有关书面夫妻财产制约定协议，对双方当事人均具有约束力，双方当事人应当遵照执行。上述案例中，口头约定财产 AA 制是无效的。

男女双方就财产关系进行约定要符合民事法律行为的生效要件。约定的内容不得超出夫妻财产的范围，如不得规避养老育幼、国家税收等法律义务。约定的时间在婚前、结婚时和婚后均可。夫妻对财产关系的约定只有已告知交易相对人的，才对该相对人发生法律约束力。

2. 夫妻共同财产和个人财产

夫妻共同财产的范围包括：（1）工资、奖金、劳务报酬，司法实践中也包含各种福利性政策性收入、补贴；（2）生产、经营、投资的收益，一方以个人财产投资取得的收益；夫妻双方分割共同财产中的股票、债券、投资基金份额等有价证券以及未上市股份有限公司股份；（3）知识产权的收益，即婚姻关系存续期间，基于知识产权实际取得或者已经明确可以取得的财产性收益，如夫妻一方已经与他人订立了出版合同和专利转让合同，无论知识产权人是否已实际取得报酬，应属夫妻共同财产之列，归夫妻共有；（4）继承或者受赠的财产，但遗嘱或者赠与合同中确定只归一方的财产除外；（5）其他应当归共同所有的财产。案例中夫妻共同财产：稿酬 30 万元以及婚后双方得到的收入。

夫妻个人财产，是指夫妻在婚后实行共同财产制时，依据法律规定或夫妻双方约定，夫妻保有个人财产所有权的财产。[②]夫妻一方的个人财产的范围包括：（1）一方的婚前财产，以及婚前财产在婚后的转化和变形。

---

① 王利明主编：《民法（下册）》，中国人民大学出版社 2020 年版，第 420 页。

② 魏振瀛主编：《民法》，北京大学出版社 2021 年版，第 675 页。

（2）一方因受到人身损害获得的赔偿或者补偿。如医疗费、营养费、残疾辅助器具费、残疾赔偿金等；（3）遗嘱或者赠与合同中确定只归一方的财产；（4）特有财产包含专供夫或妻个人使用的物品，如夫妻双方各自的衣物、音乐教师的钢琴。（5）其他应当归一方的财产。案例中周艺的个人财产：婚前继承的 280 平方米的房子、100 万元的存款以及房子内的红木家具，姑姑给的 20 万元；张小强个人财产：婚前拥有公司 60% 的股份，医疗费、残疾赔偿金 150 万元。

（四）夫妻共同债务的认定

夫妻共同债务的类型。夫妻共同债务主要包括：（1）夫妻双方共同签名或者夫妻一方签字，另一方通过电话、微信、邮件等其他形式确认或事后追认等共同意思表示所负的债务，即"共债共签"。（2）一方为家庭日常生活需要所负的债务。[①]（3）为家庭共同生活所负债务，表现为家庭消费或者积累共同财产所负债务。实践中，夫妻一方所举债务用于个人生产经营，另一方虽未直接参与生产经营但分享了生产经营收益的，该债务也被认定为夫妻共同债务。

三、离婚

（一）双方协议离婚的条件和程序

离婚登记的完成，或者离婚判决书、调解书生效，男女双方的婚姻关系即被解除。离婚的法律后果即离婚在身份关系和财产关系等方面引起的

---

① "家庭日常生活需要"按照日常家事代理权的范围来确定，如正常的衣食住行消费、日用品购买、交通通信、医疗保健、文化消费，为支付有法定扶养义务的亲友的生活费、医疗费、教育费等。判断负债是否超出"家庭日常生活需要"，需要结合债务用途、债务金额、家庭收入状况、消费水平、夫妻感情状况、借贷双方的熟识程度、借款名义、当地经济水平和一般社会生活习惯等因素综合认定。

后果。在特定情形下，离婚还会产生离婚损害赔偿、经济补偿和经济帮助等法律后果。

协议离婚，即夫妻双方自愿同意离婚，并就子女抚养、财产分配、债务承担等离婚的法律后果达成协议，经过婚姻登记机关认可并办理离婚登记的离婚方式。夫妻双方自愿离婚的，应当签订书面离婚协议，并亲自到婚姻登记机关申请离婚登记。协议离婚是以夫妻离婚合意为本质特征，其并非只适用于单一的行政登记程序，包括登记离婚和诉讼调解离婚。我国的登记离婚制度只是协议离婚的一种类型。①

离婚协议是包括解除婚姻关系的身份形成行为，以及夫妻子女抚养、财产分配、债务承担的附随行为。身份行为为要式行为，未经登记不生效。案例中，离婚协议虽系双方自愿签订，但当事人并未依该协议登记离婚，原约定归一方所有的财产现仍应按双方共有财产分割。

协议离婚的成立要件包括：双方当事人都取得结婚证；双方均同意离婚；已经签订书面离婚协议；取得离婚登记。在形式上，离婚协议是要式法律行为，须以书面形式订立。在内容上，离婚协议包括夫妻双方自愿离婚的意思表示和对子女抚养、财产以及债务处理等事项协商一致的意见。

夫妻自愿离婚，必须男女双方共同到婚姻登记机关申请离婚登记，申请时，应持有离婚协议书、结婚证、与结婚登记相同要求的证件和证明材料。《民法典》新增了离婚冷静期的规定，第 1077 条规定："自婚姻登记机关收到离婚登记申请之日起三十日内，任何一方不愿意离婚的，可以向婚姻登记机关撤回离婚登记申请。"这项规定，给申请离婚登记的夫妻增加了 30 天的离婚冷静期。在 30 天离婚冷静期届满之后的 30 天内，自愿协议离婚的夫妻双方应当亲自到婚姻登记机关申请发给离婚证；未到婚姻登记机关申请的，视为撤回离婚登记申请。

---

① 马忆南：《婚姻家庭继承法学》，北京大学出版社 2011 年版，第 120 页。

（二）诉讼离婚的程序

婚姻自由包括结婚自由和离婚自由。如果一方想离婚，而另一方坚持不同意离婚时，只能通过诉讼离婚。法院对于离婚请求的审理，主要看夫妻双方的感情是否破裂。一般而言，如果没有明确证据证明夫妻双方感情破裂的，夫妻一方第一次起诉离婚，法院判离的可能性比较小。

当然，第一次起诉离婚没有获得法院同意并不意味着之后不能再次起诉离婚。经法院判决不准离婚后，双方又分居满一年，一方再次提起离婚诉讼的，应当准予离婚。诉讼离婚，即夫妻双方对是否离婚、离婚后子女抚养或财产分割等问题不能达成协议，由一方向人民法院提起离婚诉讼，人民法院依诉讼程序审理后，调解或判决解除婚姻关系的离婚方式。

夫妻一方要求离婚的，可以由有关组织进行调解或者直接向人民法院提起离婚诉讼。夫妻一方要求离婚的，可以先经当事人所在单位、群众团体、村民委员会或居民委员会、基层调解组织、婚姻登记机关等有关部门主持调解。诉讼外调解不是人民法院判决离婚的必经程序，当事人可以直接向人民法院提起离婚诉讼。

人民法院审理离婚案件，应当进行调解；如果夫妻双方感情确已破裂，调解无效的，人民法院应当准予离婚。人民法院审理离婚案件，符合《民法典》第 1079 条第 3 款规定"应当准予离婚"情形的，不应当因当事人有过错而判决不准离婚。[①] 因此，在离婚诉讼中，诉讼内调解是人民法院审理离婚案件的必经程序。

（三）感情破裂的标准和认定

夫妻感情确已破裂，是我国人民法院准予离婚的法定条件。从司法实践来看，只有全面了解婚姻基础、婚后感情、离婚原因、夫妻关系的现状

---

① 《最高人民法院关于适用〈中华人民共和国民法典〉婚姻家庭编的解释（一）》第 63 条。

以及当事人对待婚姻的态度后，才能对夫妻感情是否破裂或有无和好的可能作出正确的评估。

认定感情确已破裂的具体情形包括：（1）重婚或者与他人同居；（2）实施家庭暴力或者虐待、遗弃家庭成员；（3）有赌博、吸毒等恶习屡教不改，其他会严重影响夫妻感情的恶习；（4）因感情不和分居满 2 年；（5）一方被宣告失踪，另一方提起离婚诉讼；（6）经人民法院判决不准离婚后，双方又分居满 1 年，一方再次提起离婚诉讼。

四、继承的法律问题

（一）继承权概述和法定继承权

继承权是依据法律规定或有效遗嘱的指定，取得被继承人遗产的权利，包括继承权和受遗赠权。法定继承人范围之内的自然人称为继承人。被继承人通过遗嘱指定法定继承人之外的主体取得其遗产，该自然人被称为受遗赠人，享有受遗赠权。继承人之外的人因为扶养关系而依《民法典》第 1131 条取得遗产，为酌分遗产人，该权利不是继承权。

法定继承、遗嘱继承、遗赠、遗赠扶养协议之间的继承顺序是：遗赠扶养协议＞遗嘱继承、遗赠＞法定继承。

法定继承即继承人的范围、顺序以及遗产分配的基本规则由法律直接规定的继承方式。法定继承建立在严格的亲属身份关系上，并根据亲属的亲疏远近关系确定参与继承的先后顺序及遗产份额。

法定继承人包括第一顺序和第二顺序的继承人，也包括依法可以代位继承的代位继承人。第一顺序为被继承人的配偶、子女、父母。对公婆、岳父母尽了主要赡养义务的丧偶儿媳、女婿，是独立的第一顺序的法定继承人，其参与继承不影响其子女代位继承。第二顺序为被继承人的兄弟姐妹、祖父母、外祖父母。被继承人的兄弟姐妹先于被继承人死亡的，被继承人兄弟姐妹的子女代其位取得被继承人的遗产。

（二）如何进行遗嘱继承和遗产赠与

遗嘱是自然人对个人财产生前处分并在其死亡后生效的单方民事法律行为。包括遗嘱继承和遗赠。遗嘱是无相对人的单方民事法律行为，遗嘱人在死亡前可以随时撤回、变更其遗嘱处分。遗嘱于遗嘱人死亡时生效，遗嘱人死亡后遗嘱方能执行。继承开始后有遗嘱的，按照遗嘱继承或者遗赠办理，但有遗赠扶养协议的，按照协议办理。

遗嘱是要式法律行为，法定有六种遗嘱的形式，即自书遗嘱、代书遗嘱、打印遗嘱、录音录像遗嘱、口头遗嘱和公证遗嘱，并对每种遗嘱形式都提出了严格要求。除自书遗嘱、公证遗嘱之外，其他四种遗嘱形式都需要有两个以上见证人在场见证的要求。自书遗嘱由遗嘱人亲笔书写，签名，注明年、月、日。遗嘱人须亲笔书写全部遗嘱内容，并在遗嘱上签名，注明遗嘱书写的时间，具体到年月日。自然人在遗书中涉及死后个人财产处分的内容，确为死者的真实意思表示，有本人签名并注明了年、月、日，又无相反证据的，可以按自书遗嘱对待。[1] 遗嘱人留下的遗嘱只有遗嘱人个人私章，无法依据仅印有私章的事实认定代书遗嘱的效力。[2] 自书遗嘱仅书写了年、月，而未注明具体日期也会导致遗嘱无效。[3]

立有数份遗嘱，内容相抵触的，以最后的遗嘱为准。继承开始后，如果被继承人立有数份遗嘱，内容并不相互抵触的，各自执行不抵触的内容。数份内容相互抵触的遗嘱，最后订立的遗嘱视为对先前订立遗嘱内容的撤回，不论遗嘱的形式如何，合法有效的是后一份遗嘱，在继承开始后生效并执行。

---

① 《最高人民法院关于适用〈中华人民共和国〉继承编的解释（一）》第27条。
② （2014）成民终字第2925号。
③ （2014）沪二中民一（民）终字第613号。

（三）遗赠抚养协议和遗赠

遗赠，是指自然人可以立遗嘱将个人财产赠与国家、集体或者法定继承人以外的组织、个人，而于其死亡后发生效力的民事法律行为。立遗嘱的自然人称为遗赠人，遗嘱中指定受赠与的人为受遗赠人。[①]

在继承开始后，受遗赠人接受遗产须在知道受遗赠以后 60 日内表示接受，如到期未表示则视为放弃受遗赠。

（四）遗产如何处置

遗产是自然人死亡时遗留的个人合法财产。依照法律规定或者根据其性质不得继承的遗产，不得继承。遗产需要从家庭共有财产和夫妻共有财产中析出，可以成为继承权客体的财产权利，包括物权、债权、知识产权、继承权、股权、网络虚拟财产和其他投资性权利等。

依据法律规定不能继承的财产权利，如生前租用或借用他人的财产、指定了受益人的保险金等，以及被继承人人身有关的专属性债权，如父母对子女的赡养费请求权、被继承人的人身损害赔偿请求权等。死亡赔偿金、丧葬补助费、死亡抚恤金并不是被继承人死亡前的合法财产，而是基于被继承人死亡而给予被继承人亲属的抚恤、赔偿、丧葬费用，因此其并不属于遗产范围。

继承人清偿被继承人债务，以继承人没有放弃继承为前提。继承人以所得遗产实际价值为限清偿被继承人依法应当缴纳的税款和债务。超过遗产实际价值部分，继承人自愿偿还的不在此限。自愿清偿了后不得主张返还。

假如债务尚未清偿但遗产已经分割处理完毕，则应由取得遗产的继承人和受遗赠人按照一定顺序和比例清偿债务。

---

① 魏振瀛主编：《民法》，北京大学出版社 2021 年版，第 764 页。

无人继承又无人受遗赠的遗产的处理。对于这类遗产，首先应用于支付死者的丧葬费、缴纳税款和清偿债务，剩余部分若死者生前是集体所有制组织成员的，归其所在组织所有；否则，归国家所有，国家将其用于公益事业。

第三节　合同的法律制度

一、合同的概念和种类

【案例】 董敏法向甲房地产开发商购买了一套房屋，价款400万元。董敏法办理按揭手续，向乙银行抵押贷款280万元，分20年还清本息。董敏法将所购房屋在丙保险公司投保财产险。

【问题】 以上房屋按揭中有哪些合同？

合同是指平等民事主体之间设立、变更、终止民事权利义务关系的协议。依法成立的合同，受法律保护，仅对当事人具有法律约束力，但是法律另有规定的除外。当事人应当按照约定履行自己的义务，不得擅自变更或者解除合同。案例中：（1）董敏法与甲房地产开发商之间是商品房买卖合同关系；（2）董敏法与乙银行之间是借款合同和房屋抵押合同关系；（3）董敏法与丙保险公司之间是财产保险合同关系。

我国《民法典》规定了19类有名合同：

（1）买卖合同。买卖合同是出卖人转移标的物的所有权于买受人，买受人支付价款的合同。

（2）供用电、水、气、热力合同。供用电合同是供电人向用电人供电，用电人支付电费的合同。供用水、气、热力合同与此类同。

（3）赠与合同。赠与合同是赠与人将自己的财产无偿给予受赠人，受赠人表示接受赠与的合同。赠与人在赠与财产的权利转移之前可以撤销赠与，但具有救灾、扶贫等社会公益、道德义务性质的赠与合同或者经过公证的赠与合同，不能撤销赠与。

（4）借款合同。借款合同是借款人向贷款人借款，到期返还借款并支付利息的合同。借款合同的内容包括借款种类、币种、用途、数额、利率、期限和还款方式等条款。

（5）租赁合同。租赁合同是出租人将租赁物交付承租人使用、收益，承租人支付租金的合同。租赁合同的内容包括租赁物的名称、数量、用途，租赁期限，租金及支付期限和方式，租赁物维修等条款。

（6）融资租赁合同。融资租赁合同是出租人根据承租人对出卖人、租赁物的选择，向出卖人购买租赁物，提供给承租人使用，承租人支付租金的合同。

（7）承揽合同。承揽合同是承揽人按照定作人的要求完成工作，交付工作成果，定作人给付报酬的合同。承揽合同的内容包括承揽的标的、数量、质量，报酬，承揽方式，材料的提供，履行期限，验收标准和方法等条款。

（8）建设工程合同。建设工程合同是承包人进行工程建设，发包人支付价款的合同。建设工程合同包括工程勘察、设计、施工合同。

（9）运输合同。运输合同是承运人将旅客或者货物从起运地点运输到约定地点，旅客、托运人或者收货人支付票款或者运输费用的合同。运输合同包括客运合同、货运合同、多式联运合同。

（10）技术合同。技术合同是当事人就技术开发、转让、许可咨询或者服务订立的确立相互之间的权利和义务的合同。技术合同包括技术开发合同、技术转让合同、技术许可合同、技术咨询合同和技术服务合同。

（11）保管合同。保管合同是保管人保管寄存人交付的保管物，并返还该物的合同。寄存人应当按照约定向保管人支付保管费。

（12）仓储合同。仓储合同是保管人储存存货人交付的仓储物，存货人支付仓储费的合同。储存易燃、易爆、有毒、有腐蚀性、有放射性等危险物品或者易变质物品，存货人应当说明该物品的性质，提供有关资料。

（13）委托合同。委托合同是委托人和受托人约定，由受托人处理委托人事务的合同。委托人可以特别委托受托人处理一项或者数项事务，也可以全权委托受托人处理一切事务。

（14）行纪合同。行纪合同是行纪人以自己的名义为委托人从事贸易活动，委托人支付报酬的合同。行纪人处理委托事务支出的费用，由行纪人负担，但当事人另有约定的除外。

（15）中介合同。中介合同是中介人向委托人报告订立合同的机会或者提供订立合同的媒介服务，委托人支付报酬的合同。中介人应当就有关订立合同的事项向委托人如实报告，中介人促成合同成立的，委托人应当按照约定支付报酬。

（16）保证合同。《民法典》第681条规定："保证合同是为保障债权的实现，保证人和债权人约定，当债务人不履行到期债务或者发生当事人约定的情形时，保证人履行债务或者承担责任的合同。"

（17）保理合同。《民法典》第761条规定："保理合同是应收账款债权人将现有的或者将有的应收账款转让给保理人，保理人提供资金融通、应收账款管理或者催收、应收账款债务人付款担保等服务的合同。"

（18）物业服务合同。《民法典》第937条规定："物业服务合同是物业服务人在物业服务区域内，为业主提供建筑物及其附属设施的维修养护、环境卫生和相关秩序的管理维护等物业服务，业主支付物业费的合同。"

（19）合伙合同。《民法典》第967条规定："合伙合同是两个以上合伙人为了共同的事业目的，订立的共享利益、共担风险的协议。"合伙人应当按照约定的出资方式、数额和缴付期限，履行出资义务。合伙人的出资、因合伙事务依法取得的收益和其他财产，属于合伙财产。合伙合同终止前，合伙人不得请求分割合伙财产。

二、合同的订立和担保

1. 合同订立的程序

当事人订立合同，通常分为要约和承诺两个阶段。

（1）要约，是要约人希望和他人订立合同的意思表示。要约邀请是希望他人向自己发出要约的表示。拍卖公告、招标公告、招股说明书、债券募集办法、基金招募说明书、商业广告和宣传、寄送的价目表等为要约邀请。商业广告和宣传的内容符合要约条件的，构成要约。要约到达受要约人时生效。

（2）承诺，是受要约人同意要约的意思表示。《民法典》第488条规定："承诺的内容应当和要约的内容一致。受要约人对要约的内容作出实质性变更的，为新要约。有关合同标的、数量、质量、价款或者报酬、履行期限、履行地点和方式、违约责任和解决争议方法等的变更，是对要约内容的实质性变更。"合同的内容以承诺的内容为准。承诺生效时合同成立。承诺生效的地点为合同成立的地点。

2. 合同订立的形式

当事人订立合同，有书面形式、口头形式和其他形式。书面形式是合同书、信件、电报、电传、传真等可以有形地表现所载内容的形式。以电子数据交换、电子邮件等方式能够有形地表现所载内容，并可以随时调取查用的数据电文，视为书面形式。书面形式的合同，自双方当事人签名、盖章或者按指印时成立。在签名、盖章或者按指印之前，当事人一方已经履行主要义务，对方接受时，该合同成立。

3. 合同的必备条款

合同的内容由当事人约定，一般应当包括以下条款：（1）当事人的名称或者姓名和住所；（2）标的，即当事人的权利、义务共同指向的对象，包括物、行为和智力成果；（3）标的物的数量；（4）标的物的质量；（5）标的物的价款或者劳务报酬、智力成果的价款；（6）合同的履行期限、履行地点和方式；（7）违约责任；（8）解决争议的方法。当事人可以参照各类合同的示范文本订立合同。

4. 合同的担保

合同的担保是督促债务人履行债务、保障债权得以实现的法律手段。《民法典》规定了几种担保方式：定金、保证、留置、抵押、质押。（1）定金合同。定金是为确保合同履行，一方向对方支付的货币。给付定金的一方不履行合同的，无权请求返还定金。接受定金的一方不履行合同的，应当双倍返还定金。定金的数额由当事人约定，但不得超过主合同标的额的20%。《民法典》第586条规定："定金合同自实际交付定金时成立。"（2）保证合同。保证合同是主债权债务合同的从合同。主债权债务合同无效的，保证合同无效。保证合同必须以书面约定为凭。国家机关、学校、医院等不得作为保证人。

三、合同的效力和履行

【案例】 张公平欠赵六钱，张公平本意想赖账，所以就和好朋友钱七讲好，假装把自己的宝马汽车以低于市价的价格卖给钱七，并将车交给钱七。钱七的邻居王武看到钱七的新宝马汽车很喜欢，以为是钱七的，就问钱七可不可以把车子卖给他。钱七想黑吃黑，就把宝马汽车卖给了王武并交付。

【问题】 张公平和钱七间买卖合同是否有效？

（一）合同的效力

1. 合同的生效

（1）依法成立的合同，自成立时生效，但是法律另有规定或者当事人另有约定的除外。（2）依法律、行政法规的规定，合同的变更、转让、解除等情形应当办理登记、批准手续的，依照其规定。应当办理申请批准等手续的当事人未履行义务的，对方可以请求其承担违反该义务的责任。（3）采用合同书形式订立合同，在签字或者盖章之前，当事人一方已经履行主要义务且对方接受的，该合同有效。（4）无权代理人以被代理人的名义订立合同，被代理人已经开始履行合同义务或者接受相对人履行的，视为对合同的追认。

2. 无效合同

无效合同是指合同虽经当事人协商成立，但因违反法律的规定，从订立时起就没有法律效力。

有下列情形之一的，合同无效：（1）行为人与相对人以虚假的意思表示订立的；（2）行为人与相对人恶意串通，损害他人合法权益；（3）违背公序良俗的；（4）无民事行为能力人实施的；（5）违反法律、行政法规的强制性规定。上述案例中，在张公平和钱七两个人之间，由于虚假的意思表示（没有真正想卖车子的意思），买卖宝马的合同无效。但为了保护善意不知情的第三人王武，王武可善意取得宝马的所有权。

合同中的下列免责条款无效：（1）造成对方人身伤害的；（2）因故意或重大过失给对方造成财产损失的。

格式条款是当事人为了重复使用而预先拟定，并在订立合同时未与对方协商的条款。有下列情形之一的，该格式条款无效：（1）具有《民法典》总则编第六章民事法律行为第三节和《民法典》第506条规定的无效情形；（2）提供格式条款一方不合理地免除或者减轻其责任、加重对方责任、限制对方主要权利；（3）提供格式条款一方排除对方主要权利。

3. 可撤销的合同

因下列事由订立合同的，当事人有权请求人民法院或者仲裁机构变更或者撤销合同：（1）因重大误解订立的；（2）乘人之危，在订立合同时显失公平的；（3）一方或第三人以欺诈、胁迫的手段订立的。

当事人自知道或者应当知道撤销事由之日起1年内、重大误解的当事人自知道或者应当知道撤销事由之日起 90 日内，或当事人受胁迫自胁迫行为终止之日起 1 年内，应当行使撤销权。《民法典》第 152 条规定："当事人自民事法律行为发生之日起五年内没有行使撤销权的，撤销权消灭。"

4. 对合同无效或被撤销的处理

（1）无效的合同及被撤销的合同自始没有法律约束力。（2）合同部分无效，不影响其他部分效力的，其他部分仍然有效。（3）合同无效或者被撤销后，因该合同取得的财产，应当予以返还；不能返还或者没必要返还的，应当折价补偿。有过错的一方应当赔偿对方因此所受的损失；双方都有过错的，应当各自承担相应的责任。（4）合同的无效或撤销，由人民法院或仲裁机构确认。

（二）合同的履行

1. 合同实际履行原则

依法成立的合同，对当事人具有法律约束力。当事人应当按照合同的约定全面履行自己的义务，不得擅自变更或者解除合同。当事人应当遵循诚实信用原则，根据合同的性质、目的和交易习惯履行通知、协助、保密等义务。

2. 协议补充原则

合同生效后，当事人就质量、价款或者报酬、履行地点等内容没有约定或者约定不明确的，可以协议补充；不能达成补充协议的，按照合同有关条款或者交易习惯确定。

3. 可以中止履行的法定情形

应当先履行债务的当事人，有确切证据证明对方有下列情形之一的，可以中止履行：（1）经营状况严重恶化；（2）转移财产、抽逃资金，以逃避债务；（3）丧失商业信誉；（4）有丧失或者可能丧失履行债务能力的其他情形。中止履行的一方应当及时通知对方。对方提供适当担保时，应当恢复履行。中止履行后，对方在合理期限内未恢复履行能力并且未提供适当担保的，中止履行的一方可以解除合同。

四、合同的终止、解除和违约责任

【案例】 孙航以 23 万元的价格将一辆奔驰车卖给张公平。该车因里程表故障显示行驶里程为 4 万公里，但实际行驶了 8 万公里，市值为 16 万元。孙航明知有误，却未向张公平说明，张公平信以为真。

【问题】 张公平该如何保护自己的权益？

当事人协商一致，可以解除合同。当事人可以约定一方解除合同的事由。解除合同的事由发生时，解除权人可以解除合同。有下列情形之一的，当事人可以解除合同：（1）因不可抗力致使不能实现合同目的；（2）在履行期限届满前，当事人一方明确表示或者以自己的行为表明不履行主要债务；（3）当事人一方迟延履行主要债务，经催告后在合理期限内仍未履行；（4）当事人一方迟延履行债务或者有其他违约行为致使不能实现合同目的；（5）法律规定的其他情形。以持续履行的债务为内容的不定期合同，当事人可以随时解除合同，但是应当在合理期限之前通知对方。

合同解除后，尚未履行的，终止履行；已经履行的，根据履行情况和合同性质，当事人可以请求恢复原状或者采取其他补救措施，并有权请求赔偿损失。

违约是指合同当事人没有履行或者没有适当地履行自己依照合同应履行的合同义务。违反合同的形式主要有三种：全部不履行；不适当履行；迟延履行。《民法典》第 577 条规定："当事人一方不履行合同义务或者履行合同义务不符合约定的，应当承担继续履行、采取补救措施或者赔偿损失等违约责任。"可见，违约的情况不同，由此而产生的法律后果也不同。归纳起来，违约的后果主要有以下几种：（1）继续全面履行合同义务；（2）支付违约金；（3）赔偿损失，即在履行义务或者采取补救措施后，对方还有其他损失的，应当赔偿损失；（4）对违约责任没有约定或者约定不明确，受损害方可以合理选择请求对方承担修理、重作、更换、退货、减少价款或者报酬等违约责任；（5）替代履行，即可以请求违约方负担由第三人替代履行的费用；（6）定金担保。当事人既约定违约金，又约定定金的，一方违约时，对方可以选择适用违约金或者定金条款。案例中，孙航构成欺诈，张公平可以诉请法院撤销买卖合同，并要求孙航承担缔约过失责任；也可以不请求撤销合同而要求孙航承担违约责任。

合同发生纠纷时，当事人可以通过和解或者调解解决。当事人和解、调解不成的，可以依据事先达成的仲裁协议向仲裁机构申请仲裁。当事人事先没有订立仲裁协议或者仲裁协议无效的，亦可以直接向人民法院起诉。涉外合同的当事人可以根据仲裁协议向中国仲裁机构或者其他仲裁机构申请仲裁。当事人应当履行发生法律效力的判决、仲裁裁决、调解书，一方拒不履行的，另一方可以请求人民法院强制执行。

第四节　侵权行为的民事责任

一、侵权行为民事责任的概念

【案例】下班后，张公平和梁一思夫妻俩在附近商店买了东西回家，因都没戴头盔，骑电动车没骑多远，就被行道树上掉落的树枝砸中。张公平受伤较轻，梁一思受伤较为严重，处于半昏迷状态。由于近段时间来雨季多大风与降雨，行道树被吹断吹倒的较多。

【问题】张公平和梁一思是自认倒霉，还是找树的主人要求赔偿呢？

侵犯了二人哪些权利？

侵权行为的民事责任，是指民事主体因自我行为或由其监管的他人行为或由其管理的物件致使他人民事权益遭受侵害而应承担不利的民事法律后果。

侵权行为的民事责任具有以下特点：（1）强制性。民事责任作为法律责任之一，以国家强制力为保障，具有强制性。（2）财产性。民事责任以财产责任为主，以非财产责任为辅。（3）补偿性。补偿性是指民事责任以补足民事主体所受损失为限。但法律规定惩罚性赔偿的，依照其规定。案例中林木的所有人或管理人没有履行进行定期管理或采取正确的养护措施并及时排除安全隐患的义务，① 导致树枝砸人的发生，需要承担侵权责任。侵犯了二人的健康权。

二、侵权行为民事责任的构成要件

【案例】 中学生小强和小飞（13岁）练习课上发生打斗，在场老师陈某因玩手机未予制止。小飞踢中小强腹部，致其脾脏破裂。

【问题】 对于小飞的侵权行为，家长和学校各承担什么侵权责任？

侵权责任指民事主体因自我行为或由其监管的他人行为或由其管理的物件致使他人民事权益遭受侵害而应承担不利的民事法律后果。其中，实施侵权行为的主体为加害人，享有侵权责任请求权的主体为受害人。②

以行为人具有过错为要件，侵权责任可以分为一般侵权责任和特殊侵

---

① 《民法典》第 1257 条：因林木折断、倾倒或者果实坠落等造成他人损害，林木的所有人或者管理人不能证明自己没有过错的，应当承担侵权责任。

② 宋纪连：《民法典人生导图》，上海人民出版社 2022 年版，第 68 页。

权责任。一般侵权责任，即行为人因过错侵害他人民事权益而应承担的侵权责任。特殊侵权责任，即行为人侵害他人民事权益，无论其是否具有过错依法律的规定均应承担的侵权责任。案例中，小飞父母无论有过错与否，都要承担监护人的无过错替代责任，属于特殊侵权责任。但就本案的学校责任而言，学校只承担与其过错相应的赔偿责任，是一般侵权责任。

归责，是指行为人因其行为和物件致他人损害的事实发生以后，应依何种根据使其承担责任，此种根据体现了法律的价值判断。[①] 我国《民法典》侵权责任编确立了过错责任原则的一元归责原则体系。过错推定责任只是过错责任原则的举证规则的法定特殊形式。无过错责任为过错责任原则的法定例外，而公平分担损失责任是受害人和行为人对损害的发生都没有过错的，依照法律的规定由双方分担损失。

侵权责任的构成要件，即行为人的行为致使他人民事权益遭受损害，依照法律应承担侵权责任所必须具备的法定条件。行为人因过错侵害他人民事权益造成损害的，应承担侵权责任。一般侵权责任的构成要件包括加害行为、损害事实、因果关系和过错。特殊侵权责任，不以行为人过错为必要，因此在构成要件上仅包括加害行为、损害事实和因果关系。

（1）加害行为，即民事主体在人的意志支配下所实施的侵害他人民事权益的行为。加害行为是由法律直接规定产生法律效果的事实行为。加害行为是在人的意识支配下实施的行为。隐藏于内心的想害人的念头、不受人的意识所支配的行为，不具有可归责性，但行为人故意使自己陷入无意识状态从而侵害他人民事权益的除外，如醉酒后的伤害行为。

（2）损害事实，是民事权益遭受侵害的不利后果，分为财产性损害和非财产性损害。前者即有财产价值、能够用金钱加以衡量的损害；后者即人的精神、身体痛苦等不具有财产价值、难以用金钱加以衡量的损害。财产性损害用损害赔偿的方式，按照完全赔偿原则，依照损失发生时的市场

---

① 最高人民法院民法典贯彻实施工作领导小组主编：《中华人民共和国民法典侵权责任编理解与适用》，人民法院出版社 2020 年版，第 24 页。

价格或者其他合理方式计算，使受害人的财产状况恢复到未受侵害时的状态；而非财产性损害则不能用金钱加以衡量，不适用完全赔偿原则，赔偿额度只能依据法律的规定或者当事人的约定加以计算。而非财产损害还可以使用如赔礼道歉、恢复名誉等方式。

【案例】 小强是甲学校初二男生，因干扰隔壁班女生正常自习，该班老师将情况反映给了小强的班主任，班主任批评教育了小强，并通知其家长明天来学校处理此事。小强感觉大难临头，放学时在学校跳楼受重伤。

【问题】 班主任的做法和学生跳楼之间有因果关系吗？

（3）因果关系，即侵权行为与损害结果之间引起与被引起的关系。案例中班主任的做法和学生跳楼之间没有因果关系，学校无需承担责任。

（4）主观过错，即侵权行为人主观上具备的可责难性，包括故意和过失。故意是行为人明知自己的行为会损害他人民事权益，希望或者放任这种损害结果的发生，表现为直接故意与间接故意。过失分为疏忽的过失和轻信的过失。前者即行为人对其行为所导致的损害事实应预见而没有预见；后者即行为人已经预见其行为将导致损害事实，但轻信可以避免。

三、责任主体的特殊规定

【案例】 2020 年 9 月 28 日 10 时 46 分许，新城区公安分局接到昭君幼儿园学生家长的报警，称在孩子身上发现疑似针眼。警方调查取证。经查，白某某、樊某某系该幼儿园保育老师；石某某系该幼儿园老师。三名嫌疑人涉嫌虐待被监护人、看护人罪。

【问题】 保育老师虐待幼儿，谁应承担民事责任？

《民法典》第 1188 条规定："无民事行为能力人、限制民事行为能力人造成他人损害的，由监护人承担侵权责任。监护人尽到监护职责的，可以减轻其侵权责任。"

完全民事行为能力人因醉酒、滥用麻醉药品或者精神药品对自己的行为暂时没有意识或者失去控制造成他人损害的，应当承担侵权责任。

用人单位的工作人员因执行工作任务造成他人损害的，由用人单位承担侵权责任。用人单位承担侵权责任后，可以向有故意或者重大过失的工作人员追偿。

网络用户、网络服务提供者利用网络侵害他人民事权益的，应当承担侵权责任。法律另有规定的，依照其规定。权利人有权通知网络服务提供者采取删除、屏蔽、断开链接等必要措施。通知应当包括构成侵权的初步证据及权利人的真实身份信息。

宾馆、商场、银行、车站、机场、体育场馆、娱乐场所等经营场所、公共场所的经营者、管理者或者群众性活动的组织者，未尽到安全保障义务，造成他人损害的，应当承担侵权责任。

无民事行为能力人、限制民事行为能力人在幼儿园、学校或者其他教育机构学习、生活期间受到人身损害的，幼儿园、学校或者其他教育机构应当承担侵权责任；但是，能够证明尽到教育、管理职责的，不承担侵权责任。案例中，幼儿园作为用人单位承担替代责任。保育老师虐待幼儿产生的责任应由幼儿园承担侵权责任。

四、侵权行为的种类和侵权损害赔偿的原则

【案例】 2021 年 3 月 6 日，张公平三个月大的女儿小美由家人抱至楼下散步，下午 4 点半左右回家行至楼下入户大门处时，被该栋 26 层住户 10 岁的小慧从高空抛下的一个苹果砸中，致头部重伤。经法医鉴定，所受损伤为重伤二级，终身需大部分护理依赖。事发后，其女儿先后 7 次住院治疗。

【问题】 张公平和张小美如何保护自己的权利呢？小慧如何承担责任呢？

（一）侵权行为的种类

侵权行为主要包括：侵犯物权的行为、侵害自然人人身权（包括人格权、身份权）的行为、侵害知识产权的行为。侵权行为的民事责任包括：产品责任、机动车交通事故责任、医疗损害责任、环境污染和生态破坏责任、高度危险责任、饲养动物损害责任、建筑物和物件损害责任等。

《民法典》第1254条规定："禁止从建筑物中抛掷物品。从建筑物中抛掷物品或者从建筑物上坠落的物品造成他人损害的，由侵权人依法承担侵权责任；经调查难以确定具体侵权人的，除能够证明自己不是侵权人的外，由可能加害的建筑物使用人给予补偿。可能加害的建筑物使用人补偿后，有权向侵权人追偿。物业服务企业等建筑物管理人应当采取必要的安全保障措施防止前款规定情形的发生；未采取必要的安全保障措施的，应当依法承担未履行安全保障义务的侵权责任。发生本条第一款规定的情形的，公安等机关应当依法及时调查，查清责任人。"张公平和张小美可以通过诉讼来保护自己的权利。案例中，10岁女孩小慧作为侵权行为人，应对自己的行为承担责任。由于事发时，小慧才10岁，属于限制行为能力人。小慧的侵权赔偿责任首先要从个人的财产中予以负担。不足部分，由监护人赔偿。

（二）侵权损害赔偿的原则

侵害人向受害人赔偿损失，是侵害人承担侵权行为的民事责任的重要方式。因此，在处理侵权损害赔偿纠纷时，应当分清是非、明确责任、依法处理。一般说来，应遵循下列原则：

（1）完全赔偿的原则。侵害人对于给受害人造成的财产损失，应负责全部赔偿。

（2）公平、合理的原则。确定赔偿数额时，既要考虑当事人的过错程度和性质，也要适当考虑当事人的经济状况。

（3）对精神损害应适当给予赔偿的原则。根据不同的侵权行为，侵权人除了应承担全部财产责任外，还应承担停止侵害、消除影响、恢复名誉、赔礼道歉等其他民事责任。《民法典》第996条规定："因当事人一方的违约行为，损害对方人格权并造成严重精神损害，受损害方选择请求其承担违约责任的，不影响受损害方请求精神损害赔偿。"

（三）承担侵权责任的方式

侵权行为危及他人人身、财产安全的，被侵权人有权请求侵权人承担停止侵害、排除妨碍、消除危险等侵权责任。

《民法典》第1171条规定："二人以上分别实施侵权行为造成同一损害，每个人的侵权行为都足以造成全部损害的，行为人承担连带责任。"二人以上分别实施侵权行为造成同一损害，能够确定责任大小的，各自承担相应的责任；难以确定责任大小的，平均承担责任。

（四）侵权损害赔偿请求权

人格权侵权损害赔偿请求权，是指由于他人的非法行为侵害权利人的人格权时，造成他人财产损害和精神损害，权利人所享有的补偿其损失的债权请求权。从性质上看，侵权损害赔偿实际上是法律强制侵害人给受害人一笔金钱，目的在于弥补受害人所遭受的人格权损失，在特定情况下，也具有预防侵权行为、制裁侵权人的功能。

关于侵害人格权的财产损失赔偿。《民法典》第1182条规定："侵害他人人身权益造成财产损失的，按照被侵权人因此受到的损失或者侵权人因此获得的利益赔偿；被侵权人因此受到的损失以及侵权人因此获得的利益难以确定，被侵权人和侵权人就赔偿数额协商不一致，向人民法院提起诉讼的，由人民法院根据实际情况确定赔偿数额。"人格权在市场经济社会具有财产因素，有商品化的趋势，侵害姓名权、肖像权等人格权，其损害可采用加害人获利或假定的许可使用费的方式确定。[1]

《民法典》第1179条规定："侵害他人造成人身损害的，应当赔偿医疗费、护理费、交通费、营养费、住院伙食补助费等为治疗和康复支出的合理费用，以及因误工减少的收入。造成残疾的，还应当赔偿辅助器具费和残疾赔偿金；造成死亡的，还应当赔偿丧葬费和死亡赔偿金。"

精神损害赔偿即自然人人身权益遭受损害时，要求加害人对其遭受的精神损害承担的赔偿责任，这是对侵害人格权提供救济的特有方法。

表4-2　人身伤亡赔偿项目表

一般人身损害	医疗费、住院伙食补助费、营养费、误工费、护理费、交通费、住宿费等
致受害人伤残	医疗费、住院伙食补助费、营养费、误工费、护理费、交通费、住宿费
	残疾赔偿金（包含被扶养人生活费）、精神损害抚慰金、残疾生活辅助具费、定残后护理费等
致受害人死亡	医疗费、住院伙食补助费、营养费、误工费、护理费、交通费、住宿费
	死亡赔偿金（包含被扶养人生活费），精神损害抚慰金，丧葬费，受害人亲属办理丧葬事宜支出的交通费、住宿费和误工费等

《民法典》第1184条规定："侵害他人财产的，财产损失按照损失发生时的市场价格或者其他合理方式计算。"故意侵害他人知识产权，情节严重的，被侵权人有权请求相应的惩罚性赔偿。侵害自然人人身权益造成严重精神损害的，被侵权人有权请求精神损害赔偿。

---

① 王利明：《我国民法典中的人格权制度的构建》，载《法学家》2003年第4期。

第五章　掌握刑法基本常识，提高自我保护能力

第一节　犯罪与刑罚

一、犯罪的概念

我国《刑法》第 13 条规定："一切危害国家主权、领土完整和安全，分裂国家、颠覆人民民主专政的政权和推翻社会主义制度，破坏社会秩序和经济秩序，侵犯国有财产或者劳动群众集体所有的财产，侵犯公民私人所有的财产，侵犯公民的人身权利、民主权利和其他权利，以及其他危害社会的行为，依照法律应当受刑罚处罚的，都是犯罪，但是情节显著轻微危害不大的，不认为是犯罪。"这个定义是对我国社会上形形色色犯罪所作的科学概括，是认定犯罪、划分罪与非罪界限的基本依据。

从《刑法》第 13 条的规定可以看出，犯罪这种行为有以下三个基本特征：

（一）犯罪是危害社会的行为，即具有一定的社会危害性

行为具有一定的社会危害性，是犯罪最基本的特征。所谓社会危害性，即指行为对刑法所保护的社会关系造成或可能造成这样或那样损害的

特性。在社会主义社会，由于人民当家作主，国家和人民的利益是一致的，所以，犯罪的社会危害性也就是指对国家和人民利益的危害性，犯罪的本质就在于它危害了国家和人民的利益，危害了社会主义社会。如果某种行为根本不可能给社会带来危害，法律就没有必要把它规定为犯罪，也不会对它进行惩罚。某种行为虽然具有社会危害性，但是情节显著轻微危害不大的，也不认为是犯罪。

（二）犯罪是触犯刑律的行为，即具有刑事违法性

违法行为有各种各样的情况：有的是违反民事法律、法规，经济法律、法规，叫民事违法行为、经济违法行为；有的是违反行政法律、法规，叫行政违法行为。犯罪也是违法行为，但不是一般违法行为，而是违反刑法即触犯刑律的行为，是刑事违法行为。违法并不都是犯罪，只有违反刑法的才构成犯罪。例如，盗窃、诈骗少量财物，属于违反治安管理处罚法的行为；只有盗窃、诈骗公私财物数额较大的，才构成刑法中的盗窃罪、诈骗罪。一般的干涉婚姻自由，属于违反婚姻法的行为，而暴力干涉婚姻自由则是刑法所禁止的犯罪行为，等等。可见，只有当危害社会的行为触犯了刑法的时候，才构成犯罪。行为的社会危害性是刑事违法性的基础，刑事违法性是社会危害性在刑法上的表现。只有当行为不仅具有社会危害性，而且违反了刑法，具有刑事违法性，才可能被认定为犯罪。

（三）犯罪是应受刑罚处罚的行为，即具有应受惩罚性

任何违法行为，都要承担相应的法律后果。民事违法行为要承担民事责任，如排除妨碍、赔偿损失、返还财产、支付违约金等。行政违法行为要受行政处罚，如罚款、行政拘留等，或者要受行政处分，如警告、记过、降职、撤职、留用察看、开除公职等。对于违反刑法的犯罪行为来说，则要承担刑罚处罚的法律后果。犯罪是适用刑罚的前提，刑罚是犯罪的法律后果。因此，应受刑罚处罚也是犯罪的一个基本特征。这个特征表明，如果一个行为不应当受到刑罚处罚，也就意味着它不是犯罪。不应受惩罚和不需要惩罚是两个意思。不应受惩罚，是指行为人的行为根本不构成犯罪，当然就不存在应受惩罚的问题；而不需要惩罚，是指行为人的行为已经构成犯罪，本应惩罚，但考虑到具体情况，例如犯罪情节轻微，或者有自首、立功等表现，从而免予刑事处罚。免予刑事处罚说明，行为还是犯罪的，只是不给刑罚处罚罢了，它与无罪不应当受惩罚是性质不同的两码事，不能混淆。

二、犯罪构成

所谓犯罪构成，是指某一具体行为构成犯罪所必需的一切客观和主观要件的有机统一。每一种具体罪都有自己的犯罪构成，而每一种具体犯罪的构成，都是一系列要件的有机统一。所谓有机统一，就是说这些要件是有内在联系的，缺一不可。这些要件有表明犯罪客体、客观方面的，有表明犯罪主体、主观方面的，它们的有机统一就形成某种罪的犯罪构成。根据我国刑法，任何一种犯罪的成立都必须具备四个方面的构成要件，即犯罪客体、犯罪客观方面、犯罪主体、犯罪主观方面的构成要件。

（一）犯罪客体

犯罪客体是我国刑法所保护的，为犯罪行为所侵害的社会关系。行为之所以构成犯罪，首先就在于其侵犯了一定的社会关系，如果某一行为并未危害刑法所保护的社会关系，就不可能构成犯罪。任何一个犯罪行为都必定破坏了一定的社会关系，由此可以看出犯罪客体与犯罪对象的区别。犯罪对象是具体的人或物，一个犯罪行为可能并不对犯罪对象造成损害，比如小偷盗窃了一台电脑，小偷盗窃电脑的行为并没有破坏电脑这个犯罪对象，但它破坏了犯罪客体，即这台电脑的原有财产所有权关系。一般情况下，犯罪行为都是通过作用于犯罪对象从而对犯罪客体造成损害的。所以犯罪客体与犯罪对象的联系也是非常紧密的。把握犯罪客体有助于认识犯罪的本质特征，有助于正确认定犯罪的性质，分清罪与非罪、此罪与彼罪的界限。《刑法》分则将犯罪分为十大类，即依据犯罪侵犯客体的异质性进行分类的。若通过犯罪对象则无法对犯罪性质进行科学合理的界定。

（二）犯罪客观方面

犯罪客观方面，是指刑法所规定的、说明行为对刑法所保护的社会关系造成危害的客观外在事实特征。犯罪客观方面的内容旨在说明在什么样的条件下，通过什么样的行为，对犯罪客体即刑法所保护的社会关系造成了何种程度的侵害。在犯罪构成的四个共同要件中，犯罪客观方面处于核心地位。因为犯罪是一种危害社会的行为，危害行为这个客观方面的要件，是犯罪其他要件所依附的本体性要件。犯罪客观方面具体表现为危害行为、危害结果，以及行为的时间、地点、方法（手段）、对象。其中，危害行为是一切犯罪在客观方面都必须具备的要件，也是犯罪客观方面唯一的为一切犯罪所必须具备的要件；危害结果是大多数犯罪成立在客观方面必须具备的要件；特定的时间、地点、方法（手段）以及对象，则是某些犯罪成立而在犯罪客观方面必须具备的要件。传统的刑法理论通常将危害行为称为犯罪客观方面的必要要件，危害结果、特定的时间、地点、方法（手段）以及对象则称为犯罪客观方面的选择要件。

（三）犯罪主体

我国刑法中的犯罪主体，是指实施危害社会的行为并依法应负刑事责任的自然人和单位。其中，自然人主体是我国刑法中最基本、具有普遍意义的犯罪主体；单位主体在我国刑法中不具有普遍意义而且有其特殊性。我国刑法中的自然人犯罪主体，是指具备刑事责任能力，实施危害社会的行为并且依法负有刑事责任的自然人。刑事责任能力是人辨认和控制自己行为的能力，这种能力不是任何有生命的自然人都具备的，其受到自然人的年龄和精神状况等多种因素的制约与影响。因此，并非有生命的人类个体即每个自然人都可能成为犯罪主体，只有那些达到一定年龄、精神正常因而具备刑事责任能力的自然人，才能够成为犯罪的主体。根据人的年龄、精神状况等因素影响刑事责任能力有无和大小的实际情况，我国刑法将刑事责任能力分为以下三种：（1）完全刑事责任能力。年满18周岁、精神和生理功能健全而智力与知识发展正常的人，都是完全刑事责任能力人。（2）无刑事责任能力。不满12周岁的人和行为时因精神疾病而不能辨认或者不能控制自己行为的人。（3）限制刑事责任能力。已满12周岁不满18周岁的未成年人；又聋又哑的人因其听能、语能缺失的影响而可能不具备完全的刑事责任能力；盲人因其视能缺失的影响可能不具备完全的刑事责任能力；尚未完全丧失辨认或者控制自己行为能力的精神病人因其精神疾病的影响而可能不具备完全的刑事责任能力。

（四）犯罪主观方面

【案例】 朱某因婚外情产生杀害妻子李某之念。某日晨，朱某在给李某炸油饼时投放了可以致死的毒鼠强。朱某为防止其6岁儿子吃饼中毒，将其子送到幼儿园，并嘱咐其子等他来接。不料李某当日提前下班后将其子接回，并与其子一起吃油饼。朱某得知后，赶回家中，其妻、子已中毒身亡。

【问题】 本案中，朱某对其子的死亡是间接故意还是过失？

犯罪主观方面，是指犯罪主体对自己的行为及其危害社会的结果所抱的心理态度。它包括罪过（即犯罪的故意或者犯罪的过失）以及犯罪的目的和动机这几种因素。其中，行为人的罪过即其犯罪的故意或者过失心态，是一切犯罪构成都必须具备的主观要件之要素；犯罪的目的只是某些犯罪构成所必备的主观要件之要素，所以也称之为选择性主观要素；犯罪动机不是犯罪构成必备的主观要件之要素，它一般不影响定罪，而只影响量刑。一个人的犯罪主观方面只有表现于客观上的危害社会的活动，才能确定这个人犯罪；否则，单纯的犯罪主观方面不能构成犯罪；同样地，没有受犯罪主观方面支配的单纯的犯罪客观方面，也不能构成犯罪。犯罪主观方面相对其客观危害行为属于主观因素，但它是客观存在的情况，犯罪主观方面通过犯罪行为得以客观外化，总会通过实施犯罪行为中的一系列外在的客观活动表现出来。

犯罪故意是罪过的两种形式之一。所谓犯罪故意，是指行为人明知自己的行为会发生危害社会的结果，并且希望或者放任这种结果发生的主观心理态度。行为人明知自己的行为必然或者可能发生危害社会的结果，并且希望这种结果发生的心理态度，是犯罪的直接故意。行为人明知自己的行为可能发生危害社会的结果，并且放任这种结果发生的心理态度，是犯罪的间接故意。犯罪的直接故意与间接故意同属犯罪故意的范畴，从认识因素上看，两者都明确认识到自己的行为会发生危害社会的结果；从意志因素上看，两者都不排除危害结果的发生。这些相同点，说明和决定了这两种故意形式的共同性质。但是，犯罪的直接故意与间接故意又有着重要的区别。第一，从认识因素上看，两者对行为导致危害结果发生的认识程度上有所不同。犯罪的直接故意既可以是行为人明知自己的行为必然发生危害结果，也可以是明知自己的行为可能发生危害结果。而犯罪的间接故意只能是行为人明知自己的行为可能发生危害结果。第二，从意志因素上看，两者对危害结果发生的心理态度显然不同。直接故意是希望即积极追求危害结果的发生。间接故意对危害结果的发生则不是持希望即积极追求的心理态度，而是持放任的心理态度。在放任心理支配下，行为人就不会想方设法、排除障碍，积极追求或是努力阻止特定危害结果的发生。意志因素的不同，乃是两种故意区别的关键所在。例如，养花专业户李某为防止有人偷花，在花房周围私拉电网。一日晚，白某偷花不慎触电，经送医院抢救，不治身亡。李某对白某的死亡是间接故意，不是过失。李某明知在花房周围私拉电网，会导致偷花人触电死亡，但采取了听之任之的态度，没有采取任何避免措施，因此属放任死亡结果发生的间接故意。

罪过的另一种形式是犯罪过失。所谓犯罪过失，就是指行为人应当预见自己的行为可能发生危害社会的结果，因为疏忽大意而没有预见，或者已经预见而轻信能够避免的一种心理态度。犯罪过失有两种类型，一种是过于自信的过失，一种是疏忽大意的过失。过于自信的过失，是指行为人预见自己的行为可能发生危害社会的结果，但自信能够避免，以致发生这种结果的心理态度。

案例中，朱某对其子的死亡是过于自信的过失，不是故意。朱某预见其子可能会吃到油饼，对此，朱某没有放任结果发生，而是采取了避免措施（嘱咐其子等他来接），虽然最后还是发生了其子吃饼中毒死亡的结果，但这是朱某过于自信而考虑不周所导致，属于过失。

过于自信的过失心理与间接故意的心理，在认识因素上都预见到行为可能发生危害社会的结果，在意志因素上都不是希望危害结果的发生，因而两者容易混淆。但它们是性质截然不同的两种罪过形式，有着重要的区别。间接故意的心理虽然不希望危害结果的发生，但它对避免结果的发生不具有有理由的自信，而是听之任之；过于自信的过失不希望危害结果的发生，并有一定的理由相信自己能够避免结果的发生，这个理由是他能够凭借一定的自认为能够避免危害结果发生的因素，如行为人自身能力、技术、经验、知识、体力等因素，他人的行为预防措施，以及客观条件或自然力方面的有利因素等。疏忽大意的过失，是指行为人应当预见到自己的行为可能发生危害社会的结果，因为疏忽大意而没有预见，以致发生这种结果的心理态度。所谓"应当预见"，是指行为人在行为时负有预见到行为可能发生危害结果的义务。这也是疏忽大意的过失与意外事件的区别所在。这种预见的义务，来源于法律的规定，或者职务、业务的要求，或是公共生活准则的要求。法律不会要求公民去做他实际上无法做到的事情，而只是对有实际预见可能的人才赋予其预见的义务。所谓没有预见到，是指行为人在行为当时没有想到自己的行为可能发生危害社会的结果。这种主观上对可能发生危害结果的无认识状态，是疏忽大意过失心理的基本特征和重要内容。

三、刑罚

刑罚是刑法规定的由国家审判机关依法对犯罪人适用的限制或剥夺其某种权益的最严厉的强制性制裁方法。我国刑法明文规定了刑罚的种类，将刑罚分为主刑和附加刑。主刑有管制、拘役、有期徒刑、无期徒刑、死刑五种；附加刑有罚金、剥夺政治权利、没收财产和对犯罪的外国人驱逐出境四种。限制或剥夺犯罪人的某种权益，使其遭受一定的损失和痛苦，是刑罚的本质属性。

我国刑罚体系包括主刑和附加刑。

（一）主刑

主刑是对犯罪适用的主要刑罚方法。主刑的特点是：只能独立适用，不能附加适用。对一个罪只能适用一种主刑，不能适用两种以上的主刑。主刑具体包括管制、拘役、有期徒刑、无期徒刑和死刑五种。

1. 管制

管制，是指对犯罪人依法实行社区矫正的一种刑罚方法，是我国刑罚的五种主刑中唯一不剥夺犯罪分子自由的开放性刑种。管制虽然不剥夺犯罪分子的自由，但对犯罪分子的自由进行了限制，比如要按照执行机关规定报告自己的活动情况；遵守执行机关关于会客的规定；离开所居住的市、县或者迁居，应当报经执行机关批准等。管制的期限为 3 个月以上 2 年以下。

2. 拘役

拘役是短期剥夺犯罪分子的自由，就近执行并实行劳动改造的刑罚方法。拘役是一种短期自由刑，是主刑中介于管制与有期徒刑之间的一种轻刑。拘役的期限为 1 个月以上 6 个月以下。由公安机关就近在犯罪分子所在地的看守所执行。被判处拘役的犯罪分子每月可以回家一至两天；参加劳动的，可以酌量发给报酬。

3. 有期徒刑

有期徒刑是剥夺犯罪分子一定期限的人身自由，强迫其劳动并接受教育和改造的刑罚方法。有期徒刑的执行机关是监狱，被判处有期徒刑的犯罪分子，凡有劳动能力的一律实行无偿的强制劳动。有期徒刑的最低期限为 6 个月，最高期限为 15 年。数罪并罚时，有期徒刑总和刑期不满 35 年的，最高不能超过 20 年，总和刑期在 35 年以上的，最高不超过 25 年。

4. 无期徒刑

无期徒刑是剥夺犯罪分子的终身自由，强制其参加劳动并接受教育和改造的刑罚方法。无期徒刑是剥夺自由刑中最严厉的刑罚方法，在所有的刑罚方法中，其严厉程度仅次于死刑。无期徒刑剥夺犯罪分子终身自由，实行无期限的关押，但实际上并不是将所有被判处无期徒刑的犯罪分子都关押到死。根据刑法的规定，被判处无期徒刑的犯罪分子，在服刑期间的表现符合法定条件的，可以适用减刑或假释。此外，在国家发布特赦令的情况下，符合特赦条件的无期徒刑犯，可以被特赦释放。从我国执行无期徒刑的实际情况来看，大量的罪犯并没有被关押到死，而是回到了社会。所以说，判处无期徒刑并不意味断绝了犯罪分子的再生之路。根据《刑法》第 57 条的规定，被判处无期徒刑的犯罪分子，必须附加剥夺政治权利终身。

5. 死刑

死刑是剥夺犯罪分子生命的刑罚方法，包括死刑立即执行和死刑缓期两年执行两种情况。死刑是所有刑罚方法中最严厉的刑罚，故又被称为极刑。死刑只适用于罪行极其严重的犯罪分子。犯罪的时候不满 18 周岁的人和审判的时候怀孕的妇女不适用死刑，另外，《刑法》第 49 条第 2 款还规定："审判的时候已满 75 周岁的人，不适用死刑，但以特别残忍手段致人死亡的除外。"对于应当判处死刑的犯罪分子，如果不是必须立即执行的，可以判处死刑同时宣告缓期两年执行。这就是死刑缓期执行制度，简称死缓。死缓不是独立的刑种，而是死刑的一种执行制度，死缓是我国的独创。被适用死刑的犯罪分子因其在缓期两年执行期间的表现不同而有以下不同的结果：（1）在死刑缓期执行期间，如果没有故意犯罪，两年期满后，减为无期徒刑，如果有重大立功表现，两年期满以后，减为 25 年有期徒刑。（2）在死刑缓期执行期间，如果故意犯罪，且情节恶劣的，应报请最高人民法院核准后执行死刑。

（二）附加刑

附加刑，又称从刑，是补充主刑适用的刑罚方法。附加刑的特点是既可以附加主刑适用，也可以独立适用。在附加适用时，可以同时适用两个以上的附加刑。附加刑是相对于主刑的另一类刑罚方法，具体包括罚金、剥夺政治权利、没收财产和对犯罪的外国人驱逐出境四种。

1. 罚金

罚金是人民法院判处犯罪分子向国家缴纳一定数额金钱的刑罚方法。罚金主要适用于贪图财利或者与财产有关的犯罪，同时也适用于少数妨害社会管理秩序的犯罪。对于追求不法经济利益的犯罪分子判处罚金，予以一定数额金钱的剥夺，既可以剥夺犯罪分子继续犯罪的经济条件，也能对犯罪分子起到惩罚与教育的作用。

2. 剥夺政治权利

剥夺政治权利是剥夺犯罪分子参加国家管理和政治活动权利的刑罚方法。剥夺政治权利的内容，根据《刑法》第 54 条的规定，是剥夺犯罪分子以下权利：（1）选举权和被选举权；（2）言论、出版、集会、结社、游行、示威自由的权利；（3）担任国家机关职务的权利；（4）担任国有公司、企业、事业单位和人民团体领导职务的权利。剥夺政治权利适用的对象比较广泛，既可以适用于严重的犯罪，也可以适用于较轻的犯罪，既可以适用于危害国家安全的犯罪，也可以适用于普通刑事犯罪。

3. 没收财产

没收财产是将犯罪分子个人所有财产的一部或者全部强制无偿地收归国有的刑罚方法。没收财产只能附加适用，而不能独立适用，《刑法》第34条第2款所规定的"附加刑也可以独立适用"目前并不适用于没收财产。

4. 驱逐出境

驱逐出境是强迫犯罪的外国人离开中国国（边）境的刑罚方法。《刑法》第35条规定："对于犯罪的外国人，可以独立适用或者附加适用驱逐出境。"驱逐出境是附加刑的一种，但由于驱逐出境仅适用于犯罪的外国人（包括具有外国国籍的人和无国籍的人），不具有普遍适用的性质，因而刑法没有将其列在一般附加刑的种类之中，而是以专条加以规定，所以说驱逐出境是一种特殊的附加刑。

第二节 刑法基本原则及重要规定

一、刑法基本原则

何谓刑法基本原则？所谓刑法基本原则，是指贯穿全部刑法规范、具有指导和制约全部刑事立法和刑事司法的意义，并体现我国刑事法治基本精神的准则。依据上述界定，罪刑法定原则、适用刑法人人平等原则、罪责刑相适应原则应当属于我国刑法的基本原则，并已为我国现行《刑法》所确认。

（一）罪刑法定原则

罪刑法定原则的含义是：什么是犯罪，有哪些犯罪，各种犯罪的构成条件是什么，有哪些刑种，各个刑种如何适用，以及各种具体罪的具体量刑幅度如何等，均由刑法加以规定。对于刑法分则没有明文规定为犯罪的行为，不得定罪处罚。概括起来说，就是"法无明文规定不为罪，法无明文规定不处罚"。

刑法规定的罪刑法定原则要付诸实现，有赖于司法机关的执法活动。从我国的司法实践来看，切实贯彻执行罪刑法定原则，必须注意以下两方面问题：第一，正确认定犯罪和判处刑罚。对于刑法明文规定的各种犯罪，司法机关必须以事实为依据，以法律为准绳，认真把握犯罪的本质特征和犯罪构成的具体要件，严格区分罪与非罪、此罪与彼罪的界限，做到定性准确，不枉不纵，于法有据，名副其实。对各种犯罪的量刑，亦必须严格以法定刑及法定情节为依据。第二，正确进行司法解释。对于刑法规定不够具体的犯罪，最高司法机关通过进行司法解释，指导具体的定罪量刑活动，这对于弥补立法的不足，统一规范和指导司法实务，具有重要的意义。但是，进行司法解释不能超越其应有的权限，无论是扩张解释，还是限制解释，都不能违反法律规定的真实意图，更不能以司法解释代替刑事立法。否则，就会背离罪刑法定原则。

（二）适用刑法人人平等原则

适用刑法人人平等原则是宪法确立的法律面前人人平等原则在刑法中的体现。适用刑法人人平等原则的含义是：对任何人犯罪，不论犯罪人的家庭出身、社会地位、职业性质、财产状况、政治面貌、才能业绩如何，都应追究刑事责任，一律平等地适用刑法，依法定罪、量刑和行刑，不允许任何人有超越法律的特权。

适用刑法人人平等原则具体体现在定罪、量刑和行刑三个方面：

第一，定罪上一律平等。任何人犯罪，无论其身份、地位等如何，一律平等对待，适用相同的定罪标准。不能因为被告人地位高、功劳大而使其逍遥法外、不予定罪；也不能因为被告人是普通公民就妄加追究、任意定罪。

第二，量刑上一律平等。犯相同的罪且有相同的犯罪情节的，应做到同罪同罚。虽然触犯相同的罪名，但犯罪情节不同，比如有的具有法定从重处罚的情节，有的具有法定从轻、减轻或者免除处罚的情节，从而同罪不同罚，这是合理的、正常的，并不违背量刑平等原则，因为对任何犯罪来说，都有这样一个具体情况具体分析、针对不同情况实行区别对待的问题。但如考虑某人权势大、地位高或财大气粗而导致同罪异罚，则是违背量刑平等原则的，因为这等于承认某人享有超越法律的特权。

第三，行刑上一律平等。在执行刑罚时，对于所有的受刑人平等对待，凡罪行相同、主观恶性相同的，刑罚处罚也应相同，不能考虑权势地位、富裕程度，使一部分人搞特殊，对另一部分人则加以歧视。掌握法律规定的减刑、假释的条件标准也应体现平等，谁符合条件，谁不够条件，都要严格以法律为准绳，不搞亲疏贵贱。当然，罪行轻重不同、主观恶性不同、改造表现不同而给予差别处遇，这是行刑平等的应有之义，这不仅不违反行刑平等的原则，恰恰是行刑平等的实质体现。

（三）罪责刑相适应原则

《刑法》第 5 条规定："刑罚的轻重，应当与犯罪分子所犯罪行和承担的刑事责任相适应。"这条规定的就是罪责刑相适应原则。罪责刑相适应原则的含义是，犯多大的罪，就应承担多大的刑事责任，法院也应判处其相应轻重的刑罚，做到重罪重罚，轻罪轻罚，罪罚相称，罚当其罪；在分析罪重罪轻和刑事责任大小时，不仅要看犯罪的客观社会危害性，而且要结合考虑行为人的主观恶性和人身危险性，把握罪行和罪犯各方面因素综合体现的社会危害性程度，从而确定其刑事责任程度，适用相应轻重的刑罚。

刑事责任是连接犯罪和刑罚的中间环节。犯罪是承担刑事责任的前提，没有犯罪就不会承担刑事责任；刑事责任是刑罚的前提，不负刑事责任就不应受刑罚。虽然从表面看，犯罪要受到刑罚处罚，但犯罪究竟要不要受刑罚处罚，要受到多大程度的刑罚处罚，对这个问题的回答不能停留在罪行本身上，而要看犯罪之后应负的刑事责任。刑罚是量化的概念，刑罚对犯罪行为进行量化，只有通过刑事责任才能实现，也就是说，只有先将犯罪行为转化为刑事责任，然后对刑事责任进行量化，才能对犯罪行为作出一个恰如其分的量刑判决。刑法对任何一种罪名的刑罚处罚规定都是有裁量伸缩空间的，因为任何一种犯罪行为都是由具体的人在具体的时空中因具体的情景而实施，实施的过程、后果及社会影响都是有差别的，而这种具体性和差别化就关系到刑事责任的承担问题。因此，刑法对具体犯罪行为的刑罚处罚规定针对的不是犯罪行为本身，而是犯罪分子在实施犯罪行为后的刑事责任。正是因为刑事责任的承担要考虑诸多情形，不能一概而论，所以刑法对具体犯罪行为的刑罚处罚规定必须要留出一定的裁量空间，供审理法官衡量犯罪分子应负的刑事责任大小之用。

因此，罪责刑相适应原则较传统的罪刑相适应原则在表述上更为科学，对法官在准确量刑上提出更严要求。

二、正当防卫

【案例】 崔某是一家小超市的老板。一天午后，王某与张某等五人酒后来到崔某的超市，一进门先扬言说超市里的东西他们全要了，紧接着就随手抓起货架上的物品一通乱砸。崔某见状，连忙跑到厨房拿出一把菜刀，把王某等人赶了出去。但王某等人并不罢休，拿起砖块、木板扔向崔某，崔某躲避不及，被砸中肩头。崔某立即手持菜刀紧追王某等人，追赶过程中，崔某用菜刀砍伤王某脸颊、砍伤张某腹部，二人伤情均为轻伤二级。

【问题】 本案中，崔某的行为属正当防卫还是防卫过当？

正当防卫是指为了使国家、公共利益、本人或者他人的人身、财产和其他权利免受正在进行的不法侵害，而对不法侵害者实施的制止其不法侵害且未明显超过必要限度的行为。正当防卫对不法侵害者造成损害的，不负刑事责任。正当防卫明显超过必要限度造成重大损害的，应当负刑事责任，但是应当减轻或者免除处罚。

对正在进行行凶、杀人、抢劫、强奸、绑架以及其他严重危及人身安全的暴力犯罪，采取防卫行为，造成不法侵害人伤亡的，不属于防卫过当，不负刑事责任。

根据《刑法》的规定，只有同时具备下列五个要件才能构成正当防卫。

（一）起因条件

正当防卫的起因必须是具有客观存在的不法侵害。"不法"一般指法令所不允许的，其侵害行为构成犯罪的行为，也包括一些侵害人身、财产，破坏社会秩序的违法行为。不法侵害必须现实存在。如果防卫人误以为存在不法侵害，那么就构成假想防卫。假想防卫不属于正当防卫。

（二）时间条件

不法侵害正在进行的时候，才会对合法权益造成威胁性和紧迫性，因此才可以使防卫行为具有合法性。不法侵害的开始时间，一般认为从不法侵害人开始着手实施侵害行为时开始，但是在不法侵害的现实威胁十分明显紧迫且待其实施后将造成不可弥补的危害时，可以认为侵害行为已经开始。例如有人为了杀人而侵入他人住宅的，即使尚未着手实施杀害行为，但也被视为不法侵害行为已经开始。不法侵害的结束时间，一般认为当合法权益不再处于紧迫现实的侵害威胁的时候，视为不法侵害已经结束。具体表现为：不法侵害人被制服，丧失了侵害能力，主动中止侵害，已经逃离现场，已经无法造成危害结果且不可能继续造成更严重的后果。

（三）主观条件

正当防卫要求防卫人具有防卫认识和防卫目的。防卫认识即防卫人对正在进行的不法侵害的认识，它包括对不法侵害的诸多事实因素的认识，比如明确认识不法行为的存在、不法侵害正在进行、不法侵害的紧迫性等。防卫目的即防卫人以防卫手段制止不法侵害，以保护合法权益的心理愿望。凡正当的防卫意图都必须以保护合法权益、制止不法侵害为目的。防卫目的是确定防卫意图的关键。正当防卫的目的包括两个层次：第一层次是制止不法侵害，第二层次是通过制止不法侵害，保护合法权益。

（四）对象条件

正当防卫只能针对侵害人本人进行防卫。由于侵害是由侵害人本人造成的，因此只有针对其本身进行防卫，才能保护合法权益。即使在共同犯罪的情况下，也只能对正在进行不法侵害的人进行防卫，而不能对没有实行侵害行为的同伙进行防卫。如针对第三人进行防卫，则有可能构成故意犯罪。

（五）限度条件

防卫行为必须在必要合理的限度内进行，否则就构成防卫过当。例如，甲欲对乙进行猥亵，乙的同伴丙见状将甲打倒在地，之后又用重物将甲打死。这就明显超过了正当防卫的必要限度。必须注意的是，并非超过必要限度的，都构成防卫过当，只有"明显"超过必要限度且造成重大损害的，才是防卫过当。针对严重危及人身安全的暴力犯罪所进行的防卫，造成不法侵害人伤亡的，不构成防卫过当。

案例中，崔某的行为属正当防卫。判断崔某的行为是否属正当防卫，有两个疑问点：一是王某、张某等五人空手，而崔某手拿菜刀；二是崔某手持菜刀进行了追赶，并在追赶中将人砍伤。就第一点而言，王某等有五人，且进行不法侵害，来势汹汹，若崔某亦赤手对抗，根本不足以自我防卫。因此，崔某拿来菜刀自卫，是合适的，没有超出必要限度。就第二点而言，崔某是在驱赶无效、王某等人不法侵害升级的情况下进行追赶的。因此，崔某追赶砍人的行为仍属必要的自我防卫。从伤情上看，也没有达到重伤以上的严重后果。因此，崔某的行为属正当防卫，不是防卫过当。

三、紧急避险

【案例】　为了庆祝妻子生日，陈某邀请朋友到家吃晚饭，自己也喝了不少酒。到夜里 11 时许，妻子准备上楼休息时突然倒地，口吐白沫，昏迷不醒。陈某连忙叫女儿拨打 120 急救电话，120 回复，附近没有急救车辆，要从别处调车，具体到达时间不能确定。因为情况紧急，家人和邻居又都没有驾照能开车，出租车也一时联系不到，陈某只得自己开着私家车将妻子送到附近的医院抢救，随后被警方当场查获，经鉴定，陈某属醉酒驾车。

【问题】　本案中，陈某醉酒驾驶的行为构成危险驾驶罪吗？

紧急避险，是指为了使国家、公共利益、本人或者他人的人身、财产和其他权利免受正在发生的危险，不得已而采取的损害另一较小合法权益的行为。刑法规定紧急避险不负刑事责任，有利于鼓励公民在必要的情况下，通过损害较小合法权益的手段，来保全较大的合法权益，尽一切可能减少自然灾害、不法侵害等危险带给社会的损害，从而也有利于公民树立维护公共利益、整体利益的观念。

刑法对紧急避险规定了以下条件：

（一）主观条件

紧急避险的主观条件即行为人必须有正当的避险意图。正当避险意图是指避险人对正在发生的危险有明确的认识，并希望以避险手段保护较大合法权益的心理状态。不能为了保护某种非法利益而实施所谓的紧急避险。

（二）起因条件

只有合法权益遭受损害危险时，才可以实施紧急避险。所谓危险，是指某种有可能立即对合法权益造成危害的紧迫事实状态。危险必须是客观事实的存在，而不是假想、推测的存在。如果实际上并不存在危险，行为人却由于对事实的认识错误，误认为危险存在，因而实行了所谓的紧急避险，刑法理论上称之为假想避险。假想避险不是紧急避险。

（三）时间条件

紧急避险的时间条件，是危险正在发生或迫在眉睫，对合法权益形成了紧迫的、直接的危险。危险正在发生，是指已经发生的危险将立即损害合法权益，或正在造成合法权益损害而尚未结束。紧急避险只能在危险已经出现而又尚未结束的时间条件下进行，否则就不是紧急避险。

（四）对象条件

紧急避险针对的是第三者的合法权益。紧急避险的本质特征，就是为了保全一个较大的合法权益，而将其面临的危险转嫁给另一个较小的合法权益，即损害某一较小合法权益保全另一较大合法权益。因而，紧急避险行为所指向的对象，不是危险的来源，而是第三者的合法权益。损害第三者的合法权益，主要指财产权、住宅不可侵犯权等，不包括第三人的生命权和健康权。一般情况下，不允许用损害他人生命和健康的方法保护另一种合法权益。

（五）限度条件

紧急避险不能超过必要的限度，造成不应有的损害。这是紧急避险的限度条件。所谓紧急避险的必要限度，是指紧急避险造成的损害必须小于所避免的损害。换言之，为了保护一个合法权益而损害的另一个合法权益，不能等于、更不能大于所保护的权益。如何衡量两个合法权益的大小？一般而言，权衡合法权益大小的基本标准是：人身权利大于财产权利，人身权利中的生命权为最高权利，财产权利的大小可以用财产的价值大小来衡量。但这并非绝对性的准则。在处理具体案件时，应具体情况具体分析，作出切合实际的判断。

（六）限制条件

紧急避险只能在不得已的情况下才能实施，这是紧急避险的客观限制条件。紧急避险从总体上说是有益于社会的行为，因为它保全了较大的合法权益。但它毕竟不可避免地要给无辜的第三者造成合法权益的损害。因此，刑法对紧急避险规定了特别的严格限制条件——只能在迫不得已的情况下实施。就是说，只有在行为人没有任何其他方法排除危险的情况下，才允许选择损害第三者合法权益的方法。如果当时尚有其他方法可以避险，例如有条件逃避、报警求援、寻求他人帮助，或者直接对抗危险、进行正当防卫等，行为人却不采取，而给无辜的第三者造成了不必要的损害，则其行为不能成立紧急避险，构成犯罪的应承担相应的刑事责任。

（七）禁止条件

《刑法》第21条第3款规定，紧急避险中"关于避免本人危险的规定，不适有于职务上、业务上负有特定责任的人"。这是紧急避险的禁止条件。也就是说，法律不允许职务上、业务上负有特定责任的人对个人面临的危险实行紧急避险。例如，军人必须服从命令参加战斗，面对战死沙场的危险；消防队员必须奋勇扑火，面对烧伤的危险；医生、护士在治疗疾病时，必须面对病菌感染的危险；等等。但需要指出的是，在职务上或业务上负有特定责任的人，在保全国家、公共利益、他人的人身、财产和其他权利免遭正在发生的危险侵害时，可以实施紧急避险；在本人的人身、财产和其他权利遭受危险侵害时，只要避险行为与所承担的特定责任不相冲突，也可以实施紧急避险。

上述七个条件，是紧急避险成立的必备要件，缺一不可。

案例中，陈某醉酒驾驶的行为不构成危险驾驶罪。妻子突发重症，情况紧急，为救妻子的生命，陈某在其他方式均没有条件立即送妻子就医的无奈之下，迫不得已在明知自己已喝酒的情况下驾驶车辆，且未造成损害，符合紧急避险的各项条件，属于紧急避险，不承担刑事责任。

第三节　未成年人犯罪的特征及成因

2022 年 6 月 1 日，最高人民检察院发布《未成年人检察工作白皮书（2021）》。其中数据显示，我国未成年人犯罪数量出现反弹。2021 年检察机关受理审查逮捕、受理审查起诉未成年犯罪嫌疑人数较 2017 年分别上升 30.6%、24.2%。而 2017 年的数据显示，2016 年我国未成年人犯罪人数比 2010 年减少 47.6%，当时有研究指出，在未成年人犯罪人数大幅下降的阶段，未成年人犯罪的形式和手段却出现了更具社会危害性的"变异"。而 2017—2021 年未成年人犯罪人数的大幅反弹，更进一步说明了未成年人犯罪的复杂性，预防未成年人犯罪形势依旧十分严峻。

一、未成年人犯罪特征

未成年犯的年龄集中在 14—18 周岁，这个年龄段的未成年犯占未成年犯总数的 90% 以上，而这个年龄段又以 15—16 岁居多。未成年犯性别集中度差别十分明显，男性与女性的比例为 9∶1。但从来源地上看，城市未成年犯人数与农村未成年犯人数几乎没有差别。未成年犯中初中文化程度占 60% 以上，可见，未成年人犯罪主要在初中学习阶段以及初中学习阶段后辍学时期。从未成年犯的家庭经济状况来看，经济条件一般及以下的占 90% 以上，家庭富裕的未成年人犯罪比例较小，尤其在非常富裕的家庭，未成年人犯罪比例小于 1%。此外，在未成年人犯罪行为上，具有以下几个特征：

（一）犯罪动机随意性

犯罪动机随意性是未成年人犯罪与成年人犯罪的一个重要区别，也是未成年人犯罪的突出特点。未成年人蓄谋犯罪的较少，大多是一时冲动，临时起意。在一份针对 1360 名未成年犯的调查中显示，因一时冲动而违法犯罪的有 463 人，占 34%；早有预谋而实施犯罪的有 128 人，占 9.4%；因疏忽大意而犯罪的有 74 人，占 5.4%；受人唆使而犯罪的有 184 人，占 13.5%；因受人胁迫、被迫所为而致犯罪的有 53 人，占 3.9%；而不懂法、不知道自己在犯罪的有 458 人，占 33.7%。从这组调查数据可以看出，绝大多数的未成年犯并不是抱着故意犯罪的目的去实施犯罪，而是被动的或不自觉地实施了犯罪行为。这种犯罪动机的随意性，从未成年犯所针对的犯罪对象的广泛性和犯罪地点的随机性也可以得到佐证。与人们的直觉不同，未成年犯针对的犯罪对象并不是只有比他们弱小的人群，而是各个年龄段都有，其中成年人比例与未成年人差不多，且陌生人居多。作案地点也是随机而定，并没有经过精心的挑选或事先踩点。

（二）人员作案团伙化

两人或两人以上结伙犯罪，也是未成年人犯罪的一个明显特征。在一份针对 1438 名未成年犯的调查中显示，独自实施犯罪行为和由两人共同完成犯罪行为的有 250 人和 241 人，分别占 17.4% 和 16.8%；而有 818 人的犯罪行为是由三人以上共同实施完成的，其比例为 56.9%；有 129 人的犯罪是参与有组织的犯罪集团进行的，占比 9%。从这组调查数据可以看出，未成年人单打独斗式的犯罪和参与有严密组织的黑社会性质的犯罪集团均占少数，大多是三五人结群，聚在一起，在某种偶发事件或某种情绪的激化下，共同实施了犯罪行为。为什么未成年人单打独斗式的犯罪和参与有严密组织的黑社会性质的犯罪较少，最有可能的原因是，就前者而言，未成年人在实施犯罪行为方面，毕竟存在心智、意志、经验、体力等方面的单薄，需要与他人合力来增强这方面的力量；就后者而言，一个未成年人需要更多的"历练"才有"资格"进入有严密组织的黑社会性质的犯罪集团，等他们具备了这样的"资格"，往往已经跨入了成年人的行列。所以大多数的未成年犯只能在自发形成的团伙中实行违法犯罪活动。

（三）侵财犯罪占主要

未成年人犯罪类型是多样的，但无论怎样，侵犯财产型的犯罪始终是未成年人犯罪的最主要类型。根据 2001 年、2010 年两次全国未成年人犯罪抽样调查，居于前五位的未成年人犯罪类型均为抢劫、强奸、盗窃、故意伤害致人重伤死亡、故意杀人，以抢劫、盗窃为主的侵财犯罪占全部未成年人犯罪的绝大多数。《2010 年我国未成年犯抽样调查分析报告》显示，侵犯财产罪占未成年人犯罪总数的 80% 以上，其中抢劫近 60%，盗窃近 20%。这个数据在 2021 年稍有变化，据最高人民检察院发布的《未成年人检察工作白皮书（2021）》显示，2021 年检察机关受理审查起诉未成年犯罪嫌疑人数居前五位的分别是盗窃罪 19061 人、聚众斗殴罪 9049 人、强奸罪 7591 人、抢劫罪 7186 人、寻衅滋事罪 6902 人，分别占受理审查起诉人数的 25.8%、12.2%、10.3%、9.7%、9.3%，五类犯罪人数共 49789人，占比达 67.3%。这组数据与十年前相比，虽然前五位犯罪类型有了变化，即聚众斗殴罪与寻衅滋事罪取代故意伤害致人重伤死亡与故意杀人罪，但盗窃罪与抢劫罪仍稳居前五，其中盗窃罪高居第一位。可见，尽管未成年人犯罪种类在变多，抢劫罪与盗窃罪在犯罪类型的占比上有所冲淡，但以抢劫罪与盗窃罪等侵财型为主要类型的未成年人犯罪的基本特征并未发生改变。

（四）犯罪方式翻新快

未成年人好奇心强，爱赶时髦，接受新鲜事物特别快。这一特性体现在未成年人犯罪上就是未成年人犯罪是紧跟时代潮流的。随着大量的新潮的娱乐场所出现，毒品的品种花样百出，未成年人涉毒犯罪不断增多。未成年人沾染毒品后，往往又扮演毒品传递者的角色，主要以贩毒为主，负责收钱、送货，或者向上线购买少量毒品后转手卖出，赚取差价。网络犯罪成为未成年人犯罪的主要趋势，利用计算机伪造、诈骗犯罪增多。据中国预防青少年犯罪研究会对未成年犯的抽样调查，80%的未成年人犯罪与网络有关。未成年人通过网络聊天等平台在虚拟世界中相互结识并组成团伙实施犯罪。开始出现未成年人利用计算机伪造发票、通过网络冒充国家机关工作人员招摇撞骗、伪造国家机关证件、印章等犯罪行为。

二、未成年人犯罪成因

（一）不健康家庭原因

家庭是影响未成年人行为选择和价值趋向的核心因素。在所有的未成年人犯罪原因分析中都能找到不健康家庭的影响因素。在这些不健康家庭的影响因素中，留守儿童家庭的影响因素和打工流动家庭的影响因素对未成年人犯罪的作用力最大，超出了离婚家庭的影响因素，其他造成未成年人犯罪的不健康家庭的影响因素还有溺爱家庭和虐待家庭等。究其原因，是由于留守儿童和打工流动家庭中的未成年人往往无法得到正常的父母教育，在缺乏父母一方或双方的监护和教育情况下，未成年人容易因疏于管教而产生认识偏差和受到社会不当影响，进而走上犯罪的道路。

（二）网络媒介原因

随着网络的发达普及，未成年人受到网络的影响问题日益突出。互联网具有内容复杂和难以监管的特点，因此可能负面影响未成年人的成长经历。有统计表明，目前接近 50% 的案件犯罪原因存在受到网络不当内容影响和教唆的现象，这表明互联网已经成为导致青少年犯罪的重要原因：一方面，网络成为犯罪的信息诱发渠道，网络上的负面信息如暴力色情内容可能诱发犯罪，未成年人也可能从网络上获取犯罪方法；另一方面，网络成为犯罪的联系渠道和沟通方式，团伙犯罪人通过网络中如聊天室、QQ 等联系渠道相互结识勾结。

（三）法律意识淡薄

绝大多数的未成年犯是法盲。未成年犯大多文化程度低，加之学校普遍存在法治教育不到位、效果不佳等问题，所以未成年犯的法律知识十分欠缺，法律意识淡薄，对什么是犯罪、犯罪后应受到何种惩罚都不清楚。大多数未成年犯在实施犯罪时，甚至都不知道自己是在犯罪。加强对未成年人的法治教育，普及法律知识尤其是刑法和民法基本常识，在防范未成年人犯罪方面会起到很大的作用。

第四节　教育未成年人自觉抵制违法犯罪

冰冻三尺，非一日之寒。未成年人走到犯罪这一地步，必定经历了一个相当长的过程，且这一过程并非没有征兆、无迹可寻。事实上，未成年人走向犯罪，是一个逐渐演化、逐步升级的过程。研究表明，未成年人不良行为与犯罪行为之间存在高度相关性。2010 年中国预防青少年研究会主持进行了"全国未成年犯抽样调查"。调查以问卷调查为主，辅以个案访谈，涉及全国 10 个省、直辖市，调查对象为未成年犯管教所在押未成年犯，共获得有效问卷 1224 份。同时在相同地区抽取普通中学学生为对照组，获得有效样本 925 个。比较结果如表 5-1：

表 5-1　未成年犯与普通中学生的不良行为比较（%）

不良行为	未成年犯	普通中学生	不良行为	未成年犯	普通中学生
夜不归宿	83.8	3.8	看黄色书刊	40.6	1.5
离家出走	62.2	2	浏览色情网站	52.1	2
吸烟	100	2.5	玩网络暴力游戏	68.1	8.5
喝酒	78.7	9.2	玩网络色情游戏	26.1	1.2
逃学、旷课	81.2	3	和不良青少年交往	82.8	3.6
赌博	44.5	1.4	强行索要财物	46.4	0.9
打架斗殴	78.1	4.5	小偷小摸	29.7	1.3
看黄色录像	54.3	1.8	总体平均百分比	61.9	3.2

　　从预防未成年人犯罪的角度看，如果未成年人尚处于不良行为阶段，就对其进行有效的干预，那么很多的未成年人犯罪行为就能在其萌芽时得到遏制。但实际上事情并不这么简单。一个未成年人既然出现了不良行为，就表明其背后存在诸多的消极因素和负面影响，比如不健康的家庭环境、网络不良信息毒害、学校教育对其不起作用、受到不良朋辈的影响，等等。而对这些消极因素和负面影响，如果仍依靠导致其产生或对其无可奈何的各种主体去承担消除或改善的重任，他们显然是不能胜任的。比如一个平时不关心子女，动辄打骂子女的家长，其子女出现了不良行为，试问，这样的家长又如何能矫正其子女的不良行为呢？因此，在未成年人出现不良行为后进行矫治，虽是预防未成年人犯罪的必要举措，但并非最佳时机，因为在这个阶段进行矫治已经明显困难重重。应该继续前移，要在导致未成年人出现不良行为的进程中去寻找纠偏的最佳时机。未成年人走向犯罪有一个演化的过程，同样地，未成年人出现不良行为也有一个劣势累积的过程，如果在未成年人劣势开始累积的时候就进行有效干预，那么对未成年人出现不良行为就能起到很好的预防作用。

根据心理过程理论，不良行为的出现只是一个外显的结果，之所以会出现不良行为，究其原因，是其内在的思想观念、道德情操、意志品质，都已经存在某种程度的偏差。在未成年犯中，普遍存在人生观错误、价值观扭曲、道德品质低劣、法制观念淡薄等问题。他们最崇拜的人是明星、网红、有钱有势的人；他们好逸恶劳、贪图享乐、追求不劳而获；他们是非混淆、正邪不分、唯利是图。在有不良行为的未成年人身上，上述问题虽然没有未成年犯严重，但或多或少、或轻或重都已经产生甚至开始恶化。毕竟，未成年犯是从有不良行为的未成年人演变而来的，而这种演变的内在路径就是思想道德的堕落历程。

有不良行为或容易出现不良行为的未成年人，他们往往存在下列思想道德上的问题：一是缺乏理想，胸无大志，不关心国事，没有科学精神，反而热衷迷信、占卜算卦等；二是缺乏责任心，功利化倾向明显，做事讲报酬，受金钱至上观念支配；三是缺乏同情心，自私冷漠，以自我为中心，不谦让、不宽容，不顾及他人感受，取笑别人的缺点；四是缺乏独立性，依赖他人，自理能力差，不爱劳动，不珍惜劳动成果；五是盲目攀比、炫耀，大手大脚，追求高档的物质消费。未成年人出现思想道德上的问题，如果家长和教师不予以重视，听之任之，那么问题就会不断恶化，不可避免地在行为上表露出来。通常情况下，家长和教师大多是在未成年人行为上出现重大过错时才意识到问题的严重性，这个时候亡羊补牢，虽为时未晚，但事倍功半，如果平时密切关注未成年人思想道德方面的动态，发现有不好苗头，就予以及时纠偏，则可起到事半功倍的效果。

因此，预防未成年人犯罪当从预防未成年人不良行为开始，而预防未成年人不良行为则从化解未成年人思想道德问题开始。只有这样，才算真正从源头治理，所费甚少而收效甚巨。化解未成年人思想道德问题，其实质仍是教育问题。《预防未成年人犯罪法》将预防未成年人犯罪工作分为四个阶段，即预防犯罪的教育阶段、对不良行为的干预阶段、对严重不良行为的矫治阶段、对重新犯罪的预防阶段。这四个阶段即四道防线，循恶化进程而依次设置。该法将预防犯罪的教育作为预防未成年人犯罪的第一道防线，即体现了从源头治理的思想理念。该法第 15 条规定："国家、社会、学校和家庭应当对未成年人加强社会主义核心价值观教育，开展预防犯罪教育，增强未成年人的法治观念，使未成年人树立遵纪守法和防范违法犯罪的意识，提高自我管控能力。"第 16 条规定："未成年人的父母或者其他监护人对未成年人的预防犯罪教育负有直接责任，应当依法履行监护职责，树立优良家风，培养未成年人良好品行；发现未成年人心理或者行为异常的，应当及时了解情况并进行教育、引导和劝诫，不得拒绝或者怠于履行监护职责。"第 17 条规定："教育行政部门、学校应当将预防犯罪教育纳入学校教学计划，指导教职员工结合未成年人的特点，采取多种方式对未成年学生进行有针对性的预防犯罪教育。"上述规定中，核心要义就是"教育"二字。从教育的责任主体来看，涵盖了从国家、社会到学校、家庭方方面面所有的主体，可谓十分广泛。从教育的内容来看，主要有价值观教育、道德品质教育、法治教育、纪律教育等。教育关键在于实效。主体设置得再多，如果对未成年人的教育起不到应有的效果，那也是没有多大意义的。反之，如果教育有效果，一个主体就可胜任了。未成年人应该首先被父母教好；也有父母教不好，被老师教好的；还有父母教不好、老师教不好，而被警察、检察官、法官等教好的，但这样的事例极少。因此，不管是何种教育责任主体，一定要在教育的实效性上下功夫，否则，所谓的"教育"可能适得其反。

《道德与法治》课教师，是众多未成年人教育责任主体之一，但无疑是主要的一种主体。从理论上讲，任何一种教育责任主体都有可能在对未成年人的教育上取得成功。《道德与法治》课教师，更应当仁不让，树立信心，发挥课程的独特优势，在预防未成年人犯罪工作方面体现出应有的价值。下面针对未成年人犯罪的四个关键点，基于源头治理的理念，从思想道德教育入手，谈谈初中《道德与法治》课在预防未成年人犯罪方面的相关问题。

一、警惕厌学，激发学生学习动力

认真学习是学生的本分。学生应该将主要的时间和精力投入到学习中去，在学习中积累知识，提高能力、增强本领，建立信心、实现价值、找到归属，而这一切反过来又能够提供源源不断的精神动力，促使学生持续将主要的时间和精力投入到学习中去，从而形成一个良性循环。但厌学的学生，由于厌恶学习进而逃避学习，其本来应该用于学习的时间和精力就多余出来了。为了打发这些"多余"出来的时间和精力，偏离了正途的厌学学生就很容易接受错误的观念、沾染不良的习气，最终就会出现不良行为甚至走上违法犯罪的道路。当然并不是说所有的厌学学生都会走上邪路，但走上邪路的学生都是从厌学起步的。因此，作为教师，要十分警惕学生的厌学问题。

初中学生厌学的原因多种多样。有教师教学上的问题，有学业负担过重的问题，也有家庭教育不当的问题等，但作为《道德与法治》课教师，要更多地看到厌学学生自身的原因，因为《道德与法治》课教师无法改变学校、其他教师教学和学生家庭教育的状况，但可以对所任课的班级学生产生影响。再者，学生自身原因是内因，真正解决问题必须从内因入手。学生厌学问题从根本上说是学习动力不足的问题。学习动力不足是学习目的不明确或学习目的卑下所导致的。而学习目的不明确或学习目的卑下又与人生目的不明确有着必然的联系。因此，解决初中学生厌学问题要从人生目的的深度去认识与看待，这才是解决此问题的根本之道。《道德与法治》课教师要引导学生树立高尚的人生目的，要有抱负、有理想。具体的做法可以形式多样，比如，让学生说说心中的偶像，发动学生讨论应该做一个什么样的人，怎样的人生才是无愧于自己生命的人生，介绍一些伟大人物少年立志的故事，等等。

二、谨慎交友，引导学生结交益友

物以类聚，人以群分。友谊是人的一种基本需要，积极交友是青少年心理健康的表现。但交友是一柄双刃剑，因为所交的朋友可能是益友，也可能是损友。因此，必须把未成年人交友看作是一件重大、复杂的事情，而不能掉以轻心。无数的未成年人犯罪案例指出结交不良朋辈是未成年人犯罪的极为显著的催化因素。未成年人进入不良朋辈圈后，行为会发生同化、扩张和升级。促使其原本程度较轻的不良行为在进入圈内后发生类型上的扩张和程度上的升级，或使原本并没有不良行为的未成年人在进入圈内后迅速被同化感染。

初中是友谊感发展最为迅速的阶段，因此，引导初中学生树立正确的交友观非常关键。毋庸讳言，当前中小学生在交友上存在令人忧虑的不良现象。比如在选择朋友上，趋向于功利化；在交往上，重物质轻精神；在相处上，自利心厚而利他心薄。抱着这样的动机和方式去交友，不可能交到真正的朋友，《道德与法治》课教师要让学生明白什么是真正的朋友，如何做才能交到真正的朋友。

首先要让学生明白，朋友有益友、损友之分。孔子说："益者三友，损者三友。友直、友谅、友多闻，益矣；友便辟、友善柔、友便佞，损矣。"即是说，益友有三种，正直、耿直的人，诚实、大度的人，见多识广的人；损友有三种：惯走歪门邪道的人，善于阿谀奉承的人，惯于花言巧语的人。《礼记》中说，同门曰朋，同志曰友，朋友聚居，讲习道义。可见，朋友所谓益、损，是从道德品质来说的，而促进自身的道德品质是交友的出发点和落脚点。

其次要让学生明白，交友的真正目的是促进自己与朋友共同进步。这种进步是在德、智、体等方面全面发展，在朝着积极向上目标前进的过程中，朋友是与自己一起努力、互相帮助的人。那种只讲哥们义气，不分是非对错的所谓朋友，是臭味相投，甚至狼狈为奸，而不是志同道合。

最后，要让学生明白，交友是双向的，要互相学习、互相帮助、互相尊重。"三人行，必有我师也。"要多发现朋友身上可学的地方，发现朋友身上的长处，一点一滴地学，实实在在地学到手，就会更加珍重朋友。互学是友谊的基石，互学做得好，彼此的情感才会更加坚实地加深。而情感加深了，互学的吸引力就更强了。朋友之间互相帮助，要取人之长，补己之短，最终共同提高。朋友要并肩而行，一方落后了，要及时鼓励其迎头赶上，彼此你追我赶，齐头并进。朋友之间要相互尊重。朋友之间相处久了，容易随便，会有轻慢之心，这是需要警惕的。朋友之间关系再亲密，也要得体有分寸，在称呼上，在言行举止上，都要有一定的礼貌。

三、远离网瘾，引导学生合理上网

网络对未成年人的影响有利有弊。一方面，网络为未成年人获取知识、自我表达、娱乐和社交提供了便捷途径，对其生活和成长发挥着越来越大的影响。另一方面，互联网给未成年人带来了潜在风险，网络色情、暴力、恐怖等有害信息可能会直接唆使未成年人犯罪。因此，教育未成年人如何使用好网络具有极其重要的现实意义和战略意义。

增强未成年人科学、文明、安全、合理使用网络的意识和能力，是防止未成年人沉迷网络和抵制网络不良信息侵害的根本保障。《道德与法治》课教师要引导学生认清网络的正反两面的影响，提高其在网络空间活动的自控能力，真正地把网络当作学习、生活的有益工具，而不是逃避现实的避难所。教师可以组织学生辩论网络对初中生来说"利大于弊"还是"弊大于利"，如何做才能得其利而去其弊。把这些问题真正地想明白辨清楚，从而逐渐形成辨别和抵御网络不良因素的自觉意识，理性地运用网络信息为自身的发展服务，利用网络开展健康有益的活动。

四、不做法盲，教育学生知法守法

法律意识淡薄，也是未成年人犯罪的一个重要原因。调查显示，未成年犯在实施犯罪时"不知道是犯罪，也不知道会受到惩罚"的高达79%。因此，增强未成年人的法律意识，是预防未成年人犯罪的一条重要途径。初中阶段是未成年人培养法律意识、形成法治观念的重要窗口期，学校是落实未成年学生法治教育的主渠道和主阵地。《道德与法治》课应承担起对学生的经常性的有计划的法律知识教学和法律意识培养，从实效性上下功夫，切实提高学生的法律意识和法治观念。

对初中学生进行法治教育，既要重视法律意识的培养，也要重视法律知识的学习，两者相辅相成。对初中学生进行法治教育，在内容上，《刑法》是一个重点。在教学方法上，要虚实结合、事例生动。尽量联系社会上遵纪守法和违法犯罪的正反两个方面的事例以及学生中一些模糊认识、不良行为，讲清法律条文，使学生由具体到抽象理解法律条文概念，增强学生的法治意识。同时对法律的主要条文，让学生熟记，甚至背诵下来。

第六章　熟悉未成年人保护法，维护未成年人合法权益

第一节　未成年人权利

未成年人享有哪些权利？我国《未成年人保护法》第3条第1款规定：国家保障未成年人的生存权、发展权、受保护权、参与权等权利。该法并没有罗列未成年人的所有的具体权利，而是将未成年人所享有的种种权利高度概括为上述之四大类。这四大类未成年人权利是国际社会根据联合国《儿童权利公约》列举的几十项儿童权利所作的概括。1991年，全国人民代表大会常务委员会批准我国加入联合国《儿童权利公约》。我国制定的《未成年人保护法》就是根据公约的规定，开宗明义地规定了未成年人这四类权利。尽管在《未成年人保护法》总则中没有罗列具体的未成年人权利，但是在第二章至第七章的未成年人各类保护中，可以看到法律提到的广泛的未成年人具体权利。但也很明显，这些广泛的未成年人具体权利并没有得到清晰的归纳整理。本节参照一些研究者的观点，试图将未成年人的各项具体权利作一清单式的整理，以便全面知悉未成年人的各项具体权利。

一、未成年人的生存权

人的生存权就是人能够生存下去的权利。生命的存活和延续是人之生

存最为基本的形式。生存权的实现就是获得基本生存条件、满足基本生活需求的权利。当然，随着经济的发展和社会的进步，人们对生活也有了质量上的更高要求。从生存权的内容上看，未成年人与成年人并无不同，但未成年人由于其所处年龄阶段所决定的特定身心状态，使得他们在获取物质生活条件上有所依赖，身体和心理方面还较脆弱，易受伤害，因此，未成年人的生存权需受到特殊的保护。未成年人的生存权内涵可以从两个方面来理解，一是生命健康权，二是福利和社会保障权。

（一）生命健康权

生命健康权，是指自然人所享有的维持生命存续、维护生命安全利益、维持生理机能正常、维护健康利益的一种基本权利。生命是自然人的最高人格利益，是其他人格权和人格利益的基础。健康以身体为物质载体，以心理为精神指向，破坏身心的完整性，通常会导致对健康的损害。未成年人的生命健康权相较于成年人而言，受到他人以及不确定因素侵害的风险更大。

1. 生命安全权

未成年人的生命安全权指的是未成年人免受生命安全风险的影响和侵害，其生命安全受到国家、社会、学校和家庭的保障，不仅可以良好地维持其生命状态，还可以获得健康成长机会的一系列的权利。相较于成年人，由未成年人的身体心理的成长发育等诸多因素所决定的意思能力、行为能力等各个方面还处于尚未成熟的阶段，无论是能力还是经验，面对现实生活中各式各样的风险和错综复杂的挑战，未成年人都处于明显的不利地位。因而赋予未成年人以生命安全权的保障，最大限度地确保未成年人的存活，这是未成年人生存权的第一要义。

2. 人格尊严权

未成年人的人格尊严权指的是未成年人的人格尊严受到尊重、个体价值受到承认的一系列权利。尊重和保障未成年人的人格尊严，对于未成年人自身的个体和社会意识的萌发、独立人格的养成、人格魅力和力量的提升以及人格自由的最终实现都具有重要意义。未成年人人格尊严权的义务主体包括其父母、监护人、与之发生关系的任何其他组织和个人、社会和国家等；而受到尊重和保护的人格尊严，不仅关系未成年人的身心健康，也关系未成年人自身的发育成长，以及其对于家庭、社会、国家的融入和参与。一般意义上说，人格尊严权的具体内容主要包括姓名权、肖像权、名誉权、荣誉权和隐私权等。

3. 卫生健康权

所谓健康，是指人体发育良好，机理正常，有健全的心理和社会适应能力。卫生则是指能够防止疾病，有益于健康。因此，未成年人的卫生健康权指的是未成年人依据国际人权标准和我国法律法规规定所享有的与其个人的身心健康相关联的、由国家和社会的医疗保健福利和服务所保障的一系列的权利。

4. 生活水准权

未成年人的生活水准权指的是未成年人有权享有的一系列满足其基本物质需要和精神生活需要的权利。未成年人的基本生存以及更高的生活水平必然需要一定的生活条件作为支撑，它主要包括未成年人在衣食住行等各个领域的基本需求以及适足的卫生保健、疾病控制、身心照料等主要内容。

（二）福利和社会保障权

公民的福利和社会保障权作为一类针对特定主体、具有普遍性价值和意义的综合性的基本权利，是生存权的应有之义。作为受到倾斜性保护的一类特定的社会弱势群体，未成年人的生存权也要求国家、社会根据未成年人的身心特点和成长规律对其利益和需求予以特别的保护和更加完备的考虑。尤其是在福利和社会保障权等领域，因为它和未成年人保持生存的基本要求相联系，与未成年人在家庭之外的社会抚育和社会成长相联系，因此也就具有了更加特殊的意义。从社会作为保障未成年人权利实现义务主体的角度，未成年人所享有的福利和社会保障权主要包含以下内容：

1. 替代性照料权

未成年人的替代性照料权，主要指的是在家庭照料无法实现的情况下，由寄养、监护、育儿机构、托儿服务部门等符合相关主管部门所规定的标准的义务主体来承担照料的义务，提供相应的照料服务。替代性照料权的义务主体，无论是育儿机构还是托管场所等，其享有照料的权利都是在维持未成年人的物质需要和精神需求的范围之内提供相应的服务，并不具有未成年人父母基于其亲权所享有的绝大部分权利。

2. 社会福利权

社会福利权也就是社会救助权，亦即从国家和社会获取满足其最低生活需要的物质援助和社会服务的权利。未成年人社会福利权的具体内容包括物质福利权、教育文化福利权、卫生健康福利权以及在社会救助意义上由特定的未成年人群体，比如残疾儿童、孤儿、女童、农村留守儿童所享有的社会救助权。

3. 社会保障权

未成年人的社会保障权包括未成年人的社会保险权，而后者专门指的是从国家或社会强制建立的社会保险基金获取津贴用以维持基本生活水平的权利。一般意义上来说，社会保险包括的范围比较广泛，而和未成年人相关的主要是疾病保险和医疗保险权。在《未成年人保护法》中，未成年人的社会保障权则是从广泛的社会福利权的意义上来予以确认和规定的，其中缺乏与社会保险相关的专门内容，而未成年人享有的社会保险则分别被纳入新型农村合作医疗制度和城镇居民基本医疗保险制度之中，在《社会保险法》中予以明确保障。

二、未成年人的发展权

未成年人发展权是指未成年人享有的充分发展其全部体能和智能的综

合性权利，包括通过接受正规和非正规的教育，参加文化、社会、经济、政治等活动，享有充分的休闲、娱乐、信息等，从而促进其身体、心理、精神、道德等全面发展。主要包括受教育权、享有休息、娱乐和文化生活的权利。

（一）受教育权

未成年人受教育权的内容包括接受教育的权利、平等开放和平等利用教育设施、选择教育自由、建立和指导教育机构的自由、保护学生免受不人道的惩戒措施和学术自由等。由此可以大致将其概括为如下三方面内容：平等接受教育的权利、选择教育的自由和其他与受教育权相关的权利。

1. 平等接受教育的权利

受教育权指的是个人通过国家和社会设立的学校和其他教育机构接受教育、获得知识和技能从而身心、能力和人格得到发展的权利。平等（非歧视）是现代法律的基本精神和人权的本质要求，因此接受教育的权利同时意味着平等接受教育的权利，这既包括获得教育机会的平等，也包括教育过程的平等、获得和享有教育设施的平等。

2. 选择教育的自由

虽然受教育权是一项典型的社会权利、积极权利，但是同时具有自由权性质。父母或其他监护人享有为孩子选择非公立的学校的自由。虽然父母或其他监护人对于未成年人所应受的教育种类有优先选择的权利，但未成年人有权参与选择自己如何接受教育的决策过程，父母应按照其年龄和心智成熟程度对于未成年人的意见给予适当考虑。

3. 与未成年人受教育权相关的其他权利

以维护学生人格尊严的方式执行学校纪律，禁止体罚。不论公立学校还是私立学校，都应当采取符合维护未成年人人格尊严的方式来实施学校纪律，而且国家应当制定相应政策鼓励学校采取非暴力的、文明的方法保护未成年人免受不人道的待遇。

（二）休息和闲暇权

休息一般指人们暂时停止工作、学习或活动，通过睡觉、静养等方式消除疲劳、恢复体力和脑力的行为。闲暇是指人们扣除用来工作和谋生活动、睡眠时间、个人和家庭事务活动时间后剩余的时间。闲暇指的是自由时间，即不指定用途的时间，在这一时间中不进行正式教育、不工作、不承担家庭责任、不履行其他维持生计的职能或参加个人以外的其他人指导的活动。换言之，这是主要由未成年人按照自己的意愿自由处置的时间，可以用于休息、从事游戏或娱乐等活动。

（三）游戏和娱乐权

爱玩耍是孩子的天性。特别是对于低龄未成年人（儿童）的成长发展来说，游戏具有不可或缺的意义。游戏的关键特征包括趣味性、不确定性、挑战性、灵活性和非生产性，这些因素结合在一起，促进了游戏激发的快乐感。而快乐感对未成年人的成长至关重要，未成年人对生活的热情和信心需要快乐感提供源源不断的支撑。游戏对儿童自发产生发展动力至关重要，对大脑的发育发挥重要作用，尤其是在幼年时期。处于生长发育中的孩子的自然需要，神经系统、骨骼、肌肉、关节的生长需要大量的运动刺激，儿童自发性游戏中的翻、滚、爬、攀、跳、钻、投等动作技能为儿童提供了平衡、运动、触觉等感觉运动的机会，并使他们的力量、勇气和意志在自发的竞技和较量中获得锻炼。

娱乐活动对未成年人的成长也具有重要意义。儿童在自愿参加的娱乐活动或体验中能得到精神的愉悦和心理的满足，能够从中实现一些个人或社会价值。未成年人的娱乐活动形式多样，包括音乐、美术、手工活动、社区活动、体育运动、竞赛等。

（四）文化权利

全面增进和尊重未成年人的文化权利，对于维护人的尊严和在一个多样化的文化世界里个人和社群之间的积极的社会互动，至关重要。《儿童权利公约》第31条第1款对于未成年人的文化权利具体表述为"有权……自由参加文化生活艺术活动"，由于艺术活动也可以包括在广义的"文化生活"概念中，因此这一项权利一般都被概括为未成年人的文化权利。

文化和艺术表现形式可在家中、学校、街头和公共场所进行，可通过舞蹈、节日、手工、庆祝活动、仪式、戏剧、文学、音乐、电影、展览、数字平台和网络等方式实现。参加文化和艺术活动不仅有利于帮助未成年人形成对自身文化的理解，也帮助他们理解其他文化，因为这种活动为他们提供了扩大视野以及从其他文化和艺术传统中学习的机会，有利于相互理解和欣赏多样化。

三、未成年人的受保护权

未成年人的受保护权就是未成年人有免遭侵害的权利。在未成年人的诸项权利中，对未成年人的成长来说，其意义是有大有小的，有些权利至关重要，比如生命健康权、受教育权等，有些权利则相对次要一些。本节所列的受保护权的内容主要针对那些重要的、易受到侵害的权利。

（一）身体健康受保护权

身体健康受保护权，是指未成年人的生命和身体健康免受侵害和威胁的权利。主要包括免受不法行为侵害权和免受不法物品侵害权。

1. 免受不法行为侵害权

免受不法行为侵害权是未成年人的身心健康免受各类不法行为侵害的

权利，不法侵害行为是该权利的危险来源，同时也是威胁未成年人受保护权的主要来源。在实践中，侵害未成年人身心健康的不法行为侵害主要来源于以下几类主体：（1）未成年人的父母和其他监护人。（2）儿童照料机构。（3）学校及其他教育机构。（4）除了父母、教师、同学等日常生活、学习中的熟人外，未成年人的身体健康与人身安全有时会受到来自社会与陌生人的威胁。

2. 免受不法物品侵害权

未成年人的身体健康不仅面临着来自家庭、学校、社会的不法侵害行为的威胁，还会受到各类物品的损害，其中最具代表性的有两类，一是毒品与精神麻醉药品，二是烟酒。其他如不安全的儿童食品、玩具用品等。未成年人吸食毒品的危害众所周知。目前，吸毒现象在我国的未成年人群体中并不常见，但还有一些虽然没有被明确列入毒品目录，但是具有强烈成瘾性的麻醉品被滥用的情况存在，需要引起警惕。

（二）心理健康受保护权

【**案例**】 2020 年 10 月至 2021 年 6 月，邹某某（男）在"小红书""触漫"等网络 App 中将自己伪装成小女孩，通过私信聊天添加多名被害人为微信、QQ 好友，以处闺蜜、发红包、送游戏皮肤等借口，诱骗被害人拍摄自身裸露照片、视频，通过视频观看被害人洗澡等方式对多名儿童实施猥亵。

【**问题**】 邹某某的行为是否构成犯罪？

心理健康受保护权，是指未成年人的思维意志与精神性格免受不良信息与外部侵害行为的影响，从而保持健康、积极的心理状态的权利。

1. 人格尊严免受侵害权

侵害未成年人人格尊严的形式主要包括以下几种：（1）侮辱、诽谤。所谓侮辱，是指使用暴力或者以其他方法，公然贬损他人人格，破坏他人名誉的行为。诽谤，是指故意捏造并散布虚构的事实，从而贬损他人人格，破坏他人名誉的行为。（2）虐待。虐待，是指以伤害或贬损人格为目的，长期、持续地以残暴狠毒的手段对待受害者，往往表现为殴打、冻饿、有病不给予治疗等，虐待的对象一般为家庭成员。

2. 免受性侵害权

性侵害是一种同时损害未成年人身体健康和心理健康的复合型侵害行为，尤其对未成年人的心理健康造成极为恶劣的影响，甚至会给受害的未成年人留下一生都无法消除的可怕阴影。狭义的性侵特指强奸，广义的性侵包括强奸、猥亵、强迫性交易、未经同意拍摄色情图片或视频等。案例中，邹某某的行为已构成猥亵儿童罪，最终被法院判处有期徒刑9年。

随着移动互联网的全面覆盖和通信软件的快速发展，利用网络空间实施的非接触型猥亵儿童犯罪行为逐渐增多。由于网络空间的跨地域性和虚拟性，使得网络猥亵儿童行为具有较强的隐蔽性，特别是青少年心智发育不成熟，识别风险、自我保护的意识和能力相对薄弱，更容易成为网络违法犯罪的侵害对象。

家庭、学校和有关部门要在教育、关爱、保护未成年人方面各司其职，在网络安全教育和性教育体系等方面做好协同，为未成年人的身心健康发展营造安全的线上线下空间。

3. 免受不良信息侵害权

免受不良信息侵害权，是指未成年人作为信息受众，有权不受到淫秽、暴力、恐怖、邪教、诈骗等信息的侵扰与毒害。（1）色情淫秽信息。"淫秽信息"是指具体描绘性行为或者露骨宣扬色情的诲淫性的各类文字、图片、视频等信息，但有关人体生理、医学知识的科学信息，以及虽然包含色情内容但具有重要艺术价值的文学、艺术作品不属于淫秽信息。典型的色情淫秽物品有黄色小说、色情图片、色情电影或包含色情淫秽情节的电影、电视剧，色情音频与色情物品（如雕塑、情趣物品等）等。色情淫秽信息是对未成年人心理健康危害最大的一类有害信息。长期接触色情淫秽信息，不仅会对未成年人的心理健康产生负面影响，诱发强烈的性冲动与性幻想，还会引发手淫、自慰、早恋等行为，甚至会催生性行为尝试、怀孕乃至性犯罪等严重问题。（2）恐怖信息。恐怖信息一是指恐怖主义、极端主义信息，二是指恐怖惊骇信息。恐怖惊骇信息包括恐怖电影、恐怖漫画、恐怖小说、灵异故事以及带有恐怖惊骇情节的文学作品、纪录片等。无论何种意义上的恐怖信息均会严重侵害未成年人的心理健康，应成为免受不良信息侵害权的排除对象。（3）暴力信息。包含暴力、血腥元素的信息也会对未成年人的心理健康产生消极影响。这种消极影响包括两个方面，一是会使接触这些信息的未成年人产生恐惧、惊吓、恶心等心理，瓦解其对社会安全感以及对公平、正义、法治的信赖；二是会诱导未成年人的暴力倾向，引发校园欺凌、打架斗殴甚至严重的暴力犯罪问题。

【案例】　李某上五年级时，母亲去世。其父再婚后，李某逐渐接纳了继母，两人关系和谐，人们都以为她们是亲母女。李某上初中后不久，继母生病卧床，李某对她照顾得非常细心周到。班主任林某得知此事后，以李某的真实姓名写了一篇表扬性报道，刊登在校报上。一段时间后，李某发觉周围的同学经常对她指指点点，给她造成严重的心理压力。

【问题】　班主任老师是否侵犯了李某的隐私权？

4. 隐私、名誉、荣誉受保护权

除人格侮辱、性侵害与不良信息外，对未成年人隐私、名誉和荣誉的侵害也会在一定程度上影响未成年人的心理健康。所谓隐私，是指自然人的私人生活安宁和不愿为他人知晓的私密空间、私密活动、私密信息。私密性和不愿为他人知晓，是隐私的两个特征。未成年人有不愿公开的隐私，是未成年人独立意识和自尊意识的体现，暴露未成年人的隐私，是对未成年人自尊心的践踏，亦是对其人格的不尊重，会对未成年人心理产生消极影响。名誉，是对民事主体的品德、声望、才能、信用等的社会评价。荣誉，是指公民或法人所享有的，因自己的突出贡献或特殊劳动成果而获得的光荣称号或其他肯定性评价。侵犯未成年人的名誉或荣誉，同样会对未成年人心理健康造成危害。

案例中，班主任老师侵犯了李某的隐私权。虽然李某是作为正面典型被宣传的，但李某作为未成年人，她的母亲是继母的事情并不希望他人知道。虽然，李某的母亲是继母的事情也不仅仅只有李某自己的家人知道，但李某的班主任以公开的形式进行宣扬，侵犯了李某的隐私权，对李某的心理造成了伤害。

（三）人身自由受保护权

所谓人身自由，是指自然人可以凭借自己的意志和决定自由行动，其人身自由不受非法限制或者剥夺的权利。在现实生活中，侵害未成年人人身自由的形式主要有非法拘禁、拐卖、劳役剥削等。

1. 免受非法拘禁权

非法拘禁，是指将受害人控制在某一个封闭空间中，从而持续剥夺其人身自由的行为。涉及未成年人的非法拘禁，往往与传销活动、非法矫治以及性侵活动有关。人身自由是宪法赋予每个公民的基本权利，未成年人的人身自由权不容侵犯。

2. 免受拐卖权

拐卖，是指以强迫或诈骗等方式非法控制他人人身自由，并将之转卖牟利的行为。作为一种极其严重的刑事犯罪，拐卖活动不仅严重侵害未成年人的人身自由受保护权，与此同时亦使被拐卖者脱离原生家庭的生活环境，对其心理和身体健康均会产生不良影响。

3. 免受劳役剥削权

劳役剥削，是指将未成年人限定在某一特定场域范围内，对其科以繁重的劳役以供犯罪者剥削。对未成年人的劳役剥削主要有两种类型：童工劳动与强制劳役，前者是一种有偿的经济剥削，后者则是一种无偿奴役，很多情况下前者会向后者转化。儿童奴役劳动在一些经济欠发达的国家和地区，仍大量存在。

四、未成年人的参与权

事实证明，儿童的参与对其健康成长非常重要。儿童在涉及自己的事务中享有参与权，这不仅有助于问题的解决，还是一种能力的训练，有助于提升儿童的主体意识和民主能力，儿童在未成年人阶段的参与，是一个学习如何参与公共生活、如何承担公民责任的过程，通过各类参与活动，儿童对公共事务的理解、对自我权利的认识、对公共规则的把握等能力会得到提升，从而为其未来走向社会、践行公民责任打下基础、积累经验。

（一）家庭事务的参与

家庭是最小的社会组织，是儿童成长最重要、最基本的社会环境。因此，尊重和保障儿童的参与权，应当首先从家庭开始。让未成年子女参与家庭事务的决定，首先，父母要深刻认识到未成年子女参与家庭事务决定的重要意义。在家庭事务中听取未成年子女的意见，这是父母对未成年子女的尊重，是父母爱子女的表现。在与未成年子女有关的事务上，让其参与商议，既有助于问题的解决，也可以培养未成年子女的责任意识和担当精神。能使其关心家庭，树立家庭主人翁意识，并体会到自己在其中的作用和价值。其次，父母让未成年子女参与家庭事务的商议和决策，要真心实意地让其发挥作用，要重视孩子的意见，如果孩子的意见和建议有道理，要给予肯定，并充分吸纳。最后，父母要记得在任何一件与未成年子女有关的事务上，都要与未成年子女商议，听取其意见。

（二）学校事务的参与

培养学生的参与意识和参与能力，是学校教育的重要任务之一。相比于家庭而言，未成年人在学校的参与途径和参与机会要更为丰富多样。学校可以组建学生会等各类学生组织，引导学生参与学校事务；学校可以设立校长信箱、校长接待日等制度，给学生与学校管理者对话的机会；学校可以创办内部的校报校刊、广播站、校园网站，为学生表达观点、参与讨论提供各种平台；在班级事务中，教师更要重视学生的参与权，制定班规、选举班干部、举办重要活动，都应当由全体学生参与讨论并作出决定。

（三）公共事务的参与

未成年人不仅对家庭和学校事务有参与权，同时对村庄、社区、市政乃至国家甚至全球事务，也应当积极参与，发出儿童自己的声音。因此，公共事务领域也需要给儿童发表意见创造条件，鼓励他们思考政策问题，在此过程中，把他们培养成有政治觉悟、有责任心的公民。网络时代，为未成年人参与权的实现提供了更丰富的资讯和更便捷的渠道。因此，小到社区，中到国家，大到全球，在进行决策尤其是涉及儿童的决策时，都可以利用网络信息技术，让更多的儿童了解，让更多的儿童参与，不断提升决策的科学性和合理性。

（四）诉讼活动中的参与

涉及未成年人的诉讼，未成年人当然有权参与其中。首先是间接参与，即由其监护人代理其参与诉讼，必要时候还要为其提供法律援助；其次是直接参与，即在某些情况下，未成年人需要在诉讼中直接表达自己的意愿。在涉及未成年人的案件中，让未成年人以各种形式参与其中并充分表达意见，这既是保护未成年人的应有之义，也是实现司法公正的必然要求。

第二节 未成年人保护

一、家庭保护

良好的家庭监护最有利于未成年人的健康成长。家庭监护的状况直接影响着未成年人的身心发展质量。《未成年人保护法》第二章全章从第15条到第24条共10条，围绕未成年人的父母或者其他监护人如何履职尽责作出了全面规定。

第15条规定："未成年人的父母或者其他监护人应当学习家庭教育知识，接受家庭教育指导，创造良好、和睦、文明的家庭环境。共同生活的其他成年家庭成员应当协助未成年人的父母或者其他监护人抚养、教育和保护未成年人。"该条是关于家庭保护职责的总括性规定。家庭教育需要知识和能力，也需要智慧和技巧，为人父母者不一定懂教育、会教育，因此，父母或者其他监护人要自觉学习家庭教育知识，主动接受家庭教育指导，尽快使自己成为一个合格的家庭教育者。子女是家庭环境的写照，未成年人的健康成长，离不开良好、和睦、文明的家庭环境。因此，创造良好、和睦、文明的家庭环境是未成年人的父母或者其他监护人的基础性工作，也是做好家庭教育的基本要求。该条第二款特别指出，共同生活的其他成年家庭成员如祖父母、外祖父母，不属于监护人，没有监护权。这些成年成员应当尊重监护人的监护权，不应当干涉和影响监护人依法履行监护职责，但应当协助对未成年人进行教育、照料和抚养。

第16条规定："未成年人的父母或者其他监护人应当履行下列监护职责：

（一）为未成年人提供生活、健康、安全等方面的保障；

（二）关注未成年人的生理、心理状况和情感需求；

（三）教育和引导未成年人遵纪守法、勤俭节约，养成良好的思想品德和行为习惯；

（四）对未成年人进行安全教育，提高未成年人的自我保护意识和能力；

（五）尊重未成年人受教育的权利，保障适龄未成年人依法接受并完成义务教育；

（六）保障未成年人休息、娱乐和体育锻炼的时间，引导未成年人进行有益身心健康的活动；

（七）妥善管理和保护未成年人的财产；

（八）依法代理未成年人实施民事法律行为；

（九）预防和制止未成年人的不良行为和违法犯罪行为，并进行合理管教；

（十）其他应当履行的监护职责。"

第17条规定："未成年人的父母或者其他监护人不得实施下列行为：

（一）虐待、遗弃、非法送养未成年人或者对未成年人实施家庭暴力；

（二）放任、教唆或者利用未成年人实施违法犯罪行为；

（三）放任、唆使未成年人参与邪教、迷信活动或者接受恐怖主义、分裂主义、极端主义等侵害；

（四）放任、唆使未成年人吸烟（含电子烟，下同）、饮酒、赌博、流浪乞讨或者欺凌他人；

（五）放任或者迫使应当接受义务教育的未成年人失学、辍学；

（六）放任未成年人沉迷网络，接触危害或者可能影响其身心健康的图书、报刊、电影、广播电视节目、音像制品、电子出版物和网络信息等；

（七）放任未成年人进入营业性娱乐场所、酒吧、互联网上网服务营业场所等不适宜未成年人活动的场所；

（八）允许或者迫使未成年人从事国家规定以外的劳动；

（九）允许、迫使未成年人结婚或者为未成年人订立婚约；

（十）违法处分、侵吞未成年人的财产或者利用未成年人牟取不正当利益；

（十一）其他侵犯未成年人身心健康、财产权益或者不依法履行未成年人保护义务的行为。"

上述两条分别从正、反两方面详细规定了未成年人的父母或者其他监护人履行监护职责的积极作为和禁止行为。监护人的监护职责到底有哪些，很多监护人实际上并不清楚，这导致监护人有随意监护的错误认识。比如，很多监护人认为给子女提供丰富的物质生活就是尽了监护职责，只照顾起居生活，关注身体健康、人身安全等问题，较少关注孩子的学习、思想道德教育、心理健康等方面的情况，忽视了对子女进行精神上关心和指引。因此，将监护人的监护职责具体化十分有必要。上述两条将日常生活中的情况都考虑到了，非常详细。还设定了兜底项，以保障其发展性、开放性。

第18条规定："未成年人的父母或者其他监护人应当为未成年人提供安全的家庭生活环境，及时排除引发触电、烫伤、跌落等伤害的安全隐患；采取配备儿童安全座椅、教育未成年人遵守交通规则等措施，防止未成年人受到交通事故的伤害；提高户外安全保护意识，避免未成年人发生溺水、动物伤害等事故。"未成年人的人身安全问题是需要高度关注的重大、突出问题。我国每年因意外伤害而死亡的儿童超过20万，平均每天有540多个儿童意外死亡，意外伤害死亡占儿童死亡数量的三分之一。因此，《未成年人保护法》在第16条第1款、第4款概括性规定监护人履行安全保障和安全教育的义务后，又于该条专门就未成年人的安全问题予以细化和强化。根据该条的规定，父母或者其他监护人对未成年人的安全保障义务主要在以下三个方面：一是家庭环境安全，二是交通安全，三是户外活动安全。

第19条规定："未成年人的父母或者其他监护人应当根据未成年人的

年龄和智力发展状况，在作出与未成年人权益有关的决定前，听取未成年人的意见，充分考虑其真实意愿。"该条是保障未成年人家庭领域参与权的规定。未成年人参与权的权益落脚点在于未成年人能够在一定程度上影响决策与选择的内容。因此，未成年人真实意愿应得到监护人的充分考虑。

第 20 条规定："未成年人的父母或者其他监护人发现未成年人身心健康受到侵害、疑似受到侵害或者其他合法权益受到侵犯的，应当及时了解情况并采取保护措施；情况严重的，应当立即向公安、民政、教育等部门报告。"该条是关于监护人及时采取保护措施和强制报告义务的规定。该条用了"及时""立即"等词语，旨在要求监护人第一时间去发现、处理未成年人的伤害事件。未成年人受侵害的案例表明，未成年人受到侵害后，往往选择沉默，不愿跟家长说明情况，这就使得侵害持续很长时间或者反复发生，最终常造成更为严重的后果。针对这些突出问题，该条作出针对性规定，主要包含以下三方面内容：一是监护人应当密切关注未成年人的身心状况和变化，保持良好的沟通，以便第一时间能够发现未成年人身心健康受到侵害、疑似受到侵害或者其他合法权益受到侵犯的情况。比如，未成年人遭受性侵害、欺凌时，往往都会表现出变得沉默寡言、学习成绩下滑、注意力不集中、精神恍惚、性格大变等迹象。父母或者其他监护人发现这些苗头时，应当多加观察和注意。二是监护人应当及时了解情况并采取后续保护措施。父母或者其他监护人发现相关情况时，应当采取适当的方式及时向未成年人或者所在学校了解情况，细致倾听未成年人的陈述和想法。当未成年人不愿意交流时，应当耐心等待和疏解。了解情况后，发现有身体受到伤害的，应当及时采取救助措施，必要时应当进行身体检查和就医。此外，侵害往往会给未成年人的心理造成不同程度的创伤，父母或者其他监护人应当留意未成年人的心理变化，帮助其接受心理辅导。三是敢于、善于运用法律武器维护未成年人的合法权益，侵害情况严重的应当立即报告，不得隐瞒不报。

二、学校保护

学校是未成年人重要的成长场所。未成年人在学校学习文化知识，接受素质教育，是其从家庭走向社会的过渡阶段。一方面，学校教育不仅影响着未成年人未来的发展，而且对其人格塑造具有不可替代的作用。另一方面，校园安全状况直接关系着未成年人在校期间的人身安全和健康。为充分保障未成年人在学校这一场域内的各项权利，《未成年人保护法》设专章围绕育人、安全保障这两个基本点规定了学校保护未成年人的职责。

（一）育人方面的规定

1. 中小学的教育职责

（1）促进未成年学生全面发展。中小学应当全面贯彻国家的教育方针，实施素质教育，提高教育质量，坚持以学生为中心，注重培养未成年学生独立思考能力、创新能力和实践能力，促进未成年学生全面发展。（2）注重思想道德与法治教育。学校应当按照国家课程标准和地方课程设置要求，根据学生群体和年龄特点，开展思想道德教育、法治教育、生命教育、劳动教育、勤俭节约教育、安全教育、健康教育、青春期教育，进行社会生活指导、心理健康辅导。（3）平等关爱有困难学生。学校应当关心、爱护未成年学生，不得因家庭、身体、心理、学习能力等情况歧视学生。对家庭困难、身心有障碍的学生，应当提供关爱；对行为异常、学习有困难的学生，应当耐心帮助。（4）落实控辍保学职责。学校应当建立和完善辍学学生劝返复学工作。（5）保障学生休息娱乐锻炼时间。学校应当与未成年学生的父母或者其他监护人互相配合，保证未成年学生的睡眠、娱乐和体育锻炼时间，不得加重其学习负担。学校应当在教育行政部门的指导下对不同季节中小学、幼儿园早晨上课时间作出合理安排，保证未成年学生充足的睡眠时间。具备条件的中小学校应当结合实际建立健全课后服务制度。课后服务工作要遵循教育规律和学生成长规律，安排学生做作业、自主阅读、体育、艺术、科普活动，以及娱乐游戏、拓展训练，开展社团及兴趣小组活动，观看适宜未成年人的影片，等等。

2. 幼儿园的保教职责

幼儿园应当科学开展保育、教育工作，遵循幼儿身心发展规律，面向全体幼儿，尊重个体差异，坚持以游戏为基本活动，保教结合，寓教于乐，促进幼儿在体质、智力、品德等方面和谐发展。防止和纠正幼儿园教育"小学化"倾向。

（二）安全保障方面的规定

1. 建立校园安全管理制度

学校安全是办学的底线。学校要切实承担起校内安全管理的主体责任，依法健全安全管理制度，保障未成年人的人身和财产安全。具体包括：健全门卫制度，建立校外人员入校的登记或者验证制度。校内安全定期检查制度和危房报告制度。落实消防安全制度和消防工作责任制。建立用水、用电、用气等相关设施设备的安全管理制度。建立食堂物资定点采购和索证、登记制度与饭菜留验和记录制度。建立实验室安全管理制度，并将安全管理制度和操作规程置于实验室显著位置。建立危险化学品、放射物质的购买、保管、使用、登记、注销等制度。建立学生安全信息通报制度，将学校规定的学生到校和放学时间、学生非正常缺席或者擅自离校情况以及学生身体和心理的异常状况等关系学生安全的信息，及时告知其监护人。有寄宿生的学校应建立住宿学生安全管理制度，配备专人负责住宿学生的生活管理和安全保卫工作。建立安全工作档案，记录日常安全工作、安全责任落实、安全检查、安全隐患消除等情况。

2. 对未成年人进行安全教育

健全学校安全教育机制，将提高学生的安全意识和自我防护能力作为素质教育的重要内容。在教育中要增加反欺凌、反暴力、反恐怖行为，防范针对未成年人的犯罪行为等内容。根据学生群体和年龄特点，有针对性地开展安全专题教育，定期组织应对地震、火灾等情况的应急疏散演练。积极联系相关部门和单位参与学校安全教育，广泛开展"安全防范进校园"等活动。

3. 完善安保设施，建立学校安保队伍

学校应当设置高度不低于 2 米的围墙或其他实体屏障，出入口设置门卫值班室，配备必要的防卫性器械和报警、通信设备，并建立使用保管制度。学校应当按照相关规定，根据实际需要，配备必要的安全保卫力量。学校要与社区、家长合作，有条件的可以建立学校安全保卫志愿者队伍，在上下学时段维护学校及校门口秩序。

4. 禁止使用危险校舍和设施

学校应当建立健全校舍安全保障长效机制，保证学校的校舍、场地、教学及生活设施等符合安全质量和标准。发现存在安全隐患的，应当停止使用，及时维修或者更换；维修、更换前应当采取必要的防护措施或者设置警示标志。学校无力解决或者无法排除的重大安全隐患，应当及时书面报告主管部门和其他相关部门。禁止在危及未成年人人身安全、身心健康的校舍和其他设施、场所中进行教育教学活动。

5. 防范集体活动可能导致的人身伤害

学校组织学生参加的集体劳动、教学实习或者社会实践活动，应当符合学生的心理、生理特点和身体健康状况。学校以及接受学生参加教育教学活动的单位必须采取有效措施，为学生活动提供安全保障。学校组织学生参加大型集体活动，应当采取下列安全措施：成立临时的安全管理组织机构；有针对性地对学生进行安全教育；安排必要的管理人员，明确所负担的安全职责；制定安全应急预案，配备相应设施。

6. 建立校车安全管理制度

校车是指依照《校车安全管理条例》取得使用许可，用于接送接受义务教育的学生上下学的七座以上的载客汽车。校车安全管理制度具体包括以下制度：（1）校车安全管理责任书制度。学校应当与校车服务提供者签订校车安全管理责任书，明确各自的安全管理责任，落实校车运行安全管理措施。（2）校车使用许可制度。（3）校车设施配备和维修制度。（4）校车驾驶人管理制度。（5）校车通行安全制度。（6）校车乘车安全制度。（7）校车安全教育制度。

三、社会保护

未成年人的成长是一个不断社会化的过程。随着年龄的增长，未成年人与社会的接触越来越多，参与和开展的社会活动越来越深入。为保障未成年人的合法权益，社会各主体都应当为其创造有益的社会条件和环境，使他们在社会中实现更好的成长和发展，有机会参与社会事务。《未成年人保护法》主要从发挥社会积极因素和消除社会消极因素两个方面规定了社会各主体的职责。

（一）发挥社会积极因素

1. 基层群众性自治组织设专人专岗负责未成年人保护工作

居民委员会、村民委员会应当设置专人专岗负责未成年人保护工作，协助政府有关部门宣传未成年人保护方面的法律法规，指导、帮助和监督未成年人的父母或者其他监护人依法履行监护职责，建立留守未成年人、困境未成年人的信息档案并给予关爱帮扶。居民委员会、村民委员会应当协助政府有关部门监督未成年人委托照护情况，发现被委托人缺乏照护能力、怠于履行照护职责等情况，应当及时向政府有关部门报告，并告知未成年人的父母或者其他监护人，帮助、督促被委托人履行照护职责。

2. 对未成年人的社会照顾和优惠

爱国主义教育基地、图书馆、青少年宫、儿童活动中心、儿童之家应当对未成年人免费开放；博物馆、纪念馆、科技馆、展览馆、美术馆、文化馆、社区公益性互联网上网服务场所以及影剧院、体育场馆、动物园、植物园、公园等场所，应当按照有关规定对未成年人免费或者优惠开放。

3. 鼓励创作有益未成年人的文化产品

国家鼓励创作、出版、制作和传播有利于未成年人健康成长的图书、报刊、电影、广播电视节目、舞台艺术作品、音像制品、电子出版物和网络信息等。新闻媒体应当加强未成年人保护方面的宣传，对侵犯未成年人合法权益的行为进行舆论监督。新闻媒体采访报道涉及未成年人事件应当客观、审慎和适度，不得侵犯未成年人的名誉、隐私和其他合法权益。

4. 未成年人用品质量须安全可靠

生产、销售用于未成年人的食品、药品、玩具、用具和游戏游艺设备、游乐设施等，应当符合国家或者行业标准，不得危害未成年人的人身安全和身心健康。上述产品的生产者应当在显著位置标明注意事项，未标明注意事项的不得销售。

（二）消除社会消极因素

1. 禁止违法信息

禁止制作、复制、出版、发布、传播含有宣扬淫秽、色情、暴力、邪教、迷信、赌博、引诱自杀、恐怖主义、分裂主义、极端主义等危害未成年人身心健康内容的图书、报刊、电影、广播电视节目、舞台艺术作品、音像制品、电子出版物和网络信息等。任何组织或者个人出版、发布、传播的图书、报刊、电影、广播电视节目、舞台艺术作品、音像制品、电子出版物或者网络信息，包含可能影响未成年人身心健康内容的，应当以显著方式作出提示。禁止制作、复制、发布、传播或者持有有关未成年人的淫秽色情物品和网络信息。

2. 禁止不利于未成年人的广告和广告行为

任何组织或者个人不得刊登、播放、张贴或者散发含有危害未成年人身心健康内容的广告；不得在学校、幼儿园播放、张贴或者散发商业广告；不得利用校服、教材等发布或者变相发布商业广告。

3. 禁止涉未成年人违法犯罪

禁止拐卖、绑架、虐待、非法收养未成年人，禁止对未成年人实施性侵害、性骚扰。禁止胁迫、引诱、教唆未成年人参加黑社会性质组织或者从事违法犯罪活动。禁止胁迫、诱骗、利用未成年人乞讨。

4. 不适宜未成年人场所限制和注意义务

学校、幼儿园周边不得设置营业性娱乐场所、酒吧、互联网上网服务营业场所等不适宜未成年人活动的场所。营业性歌舞娱乐场所、酒吧、互联网上网服务营业场所等不适宜未成年人活动场所的经营者，不得允许未成年人进入；游艺娱乐场所设置的电子游戏设备，除国家法定节假日外，不得向未成年人提供。经营者应当在显著位置设置未成年人禁入、限入标志；对难以判明是否是未成年人的，应当要求其出示身份证件。

5. 宾馆接待未成年人住宿须核实身份

旅馆、宾馆、酒店等住宿经营者接待未成年人入住，或者接待未成年人和成年人共同入住时，应当询问父母或者其他监护人的联系方式、入住人员的身份关系等有关情况；发现有违法犯罪嫌疑的，应当立即向公安机关报告，并及时联系未成年人的父母或者其他监护人。

6. 烟、酒、彩票限制措施

学校、幼儿园周边不得设置烟、酒、彩票销售网点。禁止向未成年人销售烟、酒、彩票或者兑付彩票奖金。烟、酒和彩票经营者应当在显著位置设置不向未成年人销售烟、酒或者彩票的标志；对难以判明是否是未成年人的，应当要求其出示身份证件。任何人不得在学校、幼儿园和其他未成年人集中活动的公共场所吸烟、饮酒。

7. 刀具等危险器具限制措施

禁止向未成年人提供、销售管制刀具或者其他可能致人严重伤害的器具等物品。经营者难以判明购买者是否是未成年人的，应当要求其出示身份证件。

8. 不得侵犯未成年人通信自由和通信秘密

任何组织或者个人不得隐匿、毁弃、非法删除未成年人的信件、日记、电子邮件或者其他网络通讯内容。除下列情形外，任何组织或者个人不得开拆、查阅未成年人的信件、日记、电子邮件或者其他网络通讯内容：（1）无民事行为能力未成年人的父母或者其他监护人代未成年人开拆、查阅；（2）因国家安全或者追查刑事犯罪依法进行检查；（3）紧急情况下为了保护未成年人本人的人身安全。

四、网络保护

随着网络时代和信息时代的到来，未成年人生活、学习、娱乐的方式越来越多地依靠网络进行。据共青团中央、中国互联网络信息中心《2020年全国未成年人互联网使用情况研究报告》显示，2020年，我国未成年网民达1.83亿人，互联网普及率为94.9%，小学生在学龄前就接触互联网的比例达33.7%。保障未成年人的网络权益，在整个未成年人保护体系中日益重要。保障未成年人的网络权益，从内因看，需要各方不断努力提高未成年人的网络素养，增强未成年人科学、文明、安全、合理使用网络的意识和能力，使其不断提高在网络空间的防御能力和自我保护能力。从外因看，未成年人网络保护需要政府、学校、家庭和社会各方面共同负责，协同发力，尤其是网络产品和服务提供者，要发挥其直接的作用和独特的优势。《未成年人保护法》主要从培养和提高未成年人网络素养、预防和干预未成年人沉迷网络、未成年人个人信息保护、网络欺凌防治等方面规定了各方主体的责任。

（一）培养和提高未成年人网络素养

网络素养，指的是人的基本素养中应具备的网络素质及道德规范，未成年人也应具备网络信息辨别能力和网络规范及道德修养等网络素养教育的整体规划和知识。应教会未成年人理性地运用网络信息为自身的发展服务，利用网络开展健康有益的活动，以满足其学习、生活之需。

国家、社会、学校和家庭应当加强未成年人网络素养宣传教育，培养和提高未成年人的网络素养，增强未成年人科学、文明、安全、合理使用网络的意识和能力，保障未成年人在网络空间的合法权益。国家鼓励和支持有利于未成年人健康成长的网络内容的创作与传播，鼓励和支持专门以未成年人为服务对象、适合未成年人身心健康特点的网络技术、产品、服务的研发、生产和使用。网信部门及其他有关部门应当加强对未成年人网络保护工作的监督检查，依法惩处利用网络从事危害未成年人身心健康的活动，为未成年人提供安全、健康的网络环境。网信部门应会同公安、文化和旅游、新闻出版、电影、广播电视等部门根据保护不同年龄阶段未成年人的需要，确定可能影响未成年人身心健康网络信息的种类、范围和判断标准。

（二）预防和干预未成年人沉迷网络

沉迷网络指的是对网络具有强迫性的、不受控制的依赖，并且达到一旦中断就会产生严重的情感、精神或心理反应的程度。网络沉迷表现为过度或无节制地投入网络使用，对网络使用有强烈的渴求，以及由于某些网络使用行为带来的损伤和痛苦。相对于成年人群体，未成年人身心处于成长发育的关键时期，网络沉迷所带来的负面影响对于他们的伤害更大、更深远。研究发现，网络沉迷的未成年人对于很多不良行为表现出更高的容忍度，如逃学、抽烟、喝酒和各种暴力行为。网络沉迷的未成年人在与他人相处方面也更加困难，更加不愿意与他人接触交往，造成一些中小学生沉迷游戏、行为失范、价值观混乱等问题。未成年人长时间沉溺于游戏通常会逐渐忽略学习，变得与现实生活中的人相疏离，有的完全沉浸在网上的虚拟世界，严重影响他们的学习进步和身心健康，甚至出现人身伤亡、违法犯罪等恶性事件。

1. 政府的职责

新闻出版、教育、卫生健康、文化和旅游、网信等部门应当定期开展预防未成年人沉迷网络的宣传教育，监督网络产品和服务提供者履行预防未成年人沉迷网络的义务，指导家庭、学校、社会组织互相配合，采取科学、合理的方式对未成年人沉迷网络进行预防和干预。

2. 社会的职责

学校、社区、图书馆、文化馆、青少年宫等场所为未成年人提供的互联网上网服务设施，应当安装未成年人网络保护软件或者采取其他安全保护技术措施。智能终端产品的制造者、销售者应当在产品上安装未成年人网络保护软件，或者以显著方式告知用户未成年人网络保护软件的安装渠道和方法。

3. 学校的职责

学校应当合理使用网络开展教学活动。未经学校允许，未成年学生不得将手机等智能终端产品带入课堂，带入学校的应当统一管理。学校发现未成年学生沉迷网络的，应当及时告知其父母或者其他监护人，共同对未成年学生进行教育和引导，帮助其恢复正常的学习生活。

4. 家庭的职责

未成年人的父母或者其他监护人应当提高网络素养，规范自身使用网络的行为，加强对未成年人使用网络行为的引导和监督。未成年人的父母或者其他监护人应当通过在智能终端产品上安装未成年人网络保护软件、选择适合未成年人的服务模式和管理功能等方式，避免未成年人接触危害或者可能影响其身心健康的网络信息，合理安排未成年人使用网络的时间，有效预防未成年人沉迷网络。

5. 网络产品和服务提供者的职责

网络产品和服务提供者不得向未成年人提供诱导其沉迷的产品和服务。网络游戏、网络直播、网络音视频、网络社交等网络服务提供者应当针对未成年人使用其服务设置相应的时间管理、权限管理、消费管理等功能。网络游戏经依法审批后方可运营。国家建立统一的未成年人网络游戏电子身份认证系统。网络游戏服务提供者应当要求未成年人以真实身份信息注册并登录网络游戏。网络游戏服务提供者应当按照国家有关规定和标准，对游戏产品进行分类，作出适龄提示，并采取技术措施，不得让未成年人接触不适宜的游戏或者游戏功能。网络游戏服务提供者不得在每日22时至次日8时向未成年人提供网络游戏服务。网络直播服务提供者不得为未满16周岁的未成年人提供网络直播发布者账号注册服务；为年满16周岁的未成年人提供网络直播发布者账号注册服务时，应当对其身份信息进行认证，并征得其父母或者其他监护人同意。

（三）未成年人个人信息保护

未成年人个人信息被非法处理通常是当前未成年人个人信息面临各种安全隐患的风险源。一方面，未成年人个人信息蕴含着巨大的商业利益，这诱发使用各种手段收集、窃取未成年人个人信息，导致海量的未成年人个人信息流入公民个人信息黑灰产业链，面临被二次加工和非法买卖，使得大规模的信息滥用和信息犯罪成为可能。另一方面，未成年人的面部信息、生活习惯、个人喜好、行踪轨迹等隐私内容暴露在网络之下后，很容易诱发利用未成年人个人信息的违法犯罪，直接威胁未成年人及其监护人的人身和财产安全，对未成年人的心理健康和成长发育造成潜在的负面影响。故《未成年人保护法》对加强未成年人个人信息保护作出了具体要求。

1. 合法、正当和必要的原则

信息处理者通过网络处理未成年人个人信息的，应当遵循合法、正当和必要的原则。根据《民法典》第1034条的规定，个人信息是以电子或者其他方式记录的能够单独或者与其他信息结合识别特定自然人的各种信息，包括自然人的姓名、出生日期、身份证件号码、生物识别信息、住址、电话号码、电子邮箱、健康信息、行踪信息等。个人信息的处理包括个人信息的收集、存储、使用、加工、传输、提供、公开等。遵循合法、正当和必要的原则，就是要求在合法、正当的前提下不得过度处理个人信息。比如，不得收集与其提供的服务无关的未成年人个人信息；不得超过实现其收集、使用目的所必需的期限；应当以最小授权为原则，严格设定信息访问权限，控制未成年人个人信息知悉范围；等等。

2. 知情同意补全规则

处理不满 14 周岁未成年人个人信息的，应当征得未成年人的父母或者其他监护人同意，但法律、行政法规另有规定的除外。网络运营者收集、使用、转移、披露未满 14 周岁未成年人个人信息的，应当以显著、清晰的方式告知其监护人，并应当征得监护人的同意。同时，当特定的告知事项发生实质性变化时，应当再次征得未满 14 周岁未成年人监护人的同意。

3. 通知更正删除个人信息规则

未成年人、父母或者其他监护人要求信息处理者更正、删除未成年人个人信息的，信息处理者应当及时采取措施予以更正、删除，但法律、行政法规另有规定的除外。即未成年人、父母或者其他监护人通知删除个人信息时不用解释和提供任何理由，只要未成年人或其监护人认为确有必要时，即可要求信息处理者更正、删除未成年人个人信息。

4. 未成年人私密信息提示和保护

隐私权的一项重要功能就是保护自然人的私密信息。隐私是自然人的私人生活安宁和不愿为他人知晓的私密空间、私密活动、私密信息。自然人的私密信息的范围十分广泛，凡是自然人不愿意为他人知晓的信息，无论是婚姻信息、财产信息、健康信息、家庭住址、病历资料、犯罪记录、个人人生经历、嗜好、日记、私人信件以及其他个人不愿公开的信息等，都可以纳入私密信息的范围。由于未成年人对私密信息自我保护意识较弱，缺乏必要的敏感和警觉，而且一旦泄露或者公开后，会对其造成不可弥补的负面影响。因此，对未成年人私密信息保护应作出更高的要求。《未成年人保护法》规定：当未成年人通过网络发布私密信息，网络服务提供者发现后应当及时提示，告知这些私密信息可能给其带来的影响，请其慎重考虑，并采取必要的保护措施，如通过技术手段暂缓发布、暂时屏蔽或者隐匿、通知其监护人，等等。

（四）网络欺凌防治

任何组织或者个人不得通过网络以文字、图片、音视频等形式，对未成年人实施侮辱、诽谤、威胁或者恶意损害形象等网络欺凌行为。遭受网络欺凌的未成年人及其父母或者其他监护人有权通知网络服务提供者采取删除、屏蔽、断开链接等措施。网络服务提供者接到通知后，应当及时采取必要的措施制止网络欺凌行为，防止信息扩散。

五、政府保护和司法保护

政府保护是指政府及其有关部门应当保障和促进未成年人在家庭、学校、社会等领域享有的权利。《未成年人保护法》"政府保护"这一章里，分别规定了政府保护的工作机制、家庭教育促进、义务教育保障、学前教育和婴幼儿照护服务发展、职业教育和特殊教育促进、校园安全及周边治安保障、适合未成年人活动场所的促进、卫生保健服务、困境未成年人分类保障、民政监护、未成年人保护热线、社会支持服务等措施。司法保护是指当未成年人涉入各类诉讼活动时，公安机关、人民检察院、人民法院和司法行政部门应当采取措施给予特殊保护、优先保护。《未成年人保护法》"司法保护"这一章，根据全面综合未成年人司法保护的理念，按照我国未成年人司法的全貌，规定了四大类内容：（1）所有诉讼活动中保护未成年人的一般性要求和制度，包括办案专门化、办案方式特殊性、个人作息和隐私保护、法律援助、司法救助、检察机关的法律监督、检察机关督促支持起诉和提起公益诉讼。（2）特定家事案件中对未成年人的保护措施。（3）刑事案件中对未成年人的保护措施，包括询问讯问的特殊规则、被害人综合保护措施、违法犯罪未成年人的处理方针与原则等。（4）办理涉及未成年人案件的特殊性，需要以提出建议的方式督促改进未成年人保护社会治理，开展未成年人法治宣传教育工作，引导和规范社会专业力量提升办案质效。限于篇幅，"政府保护"和"司法保护"的具体内容从略。

第七章　了解环境保护法律，树立生态文明观念

第一节　环境问题的危害与生态危机的根源

一、环境问题的危害

由于人类活动或自然因素引起的环境质量下降对人类及其他生物的正常生存与发展所造成的影响和破坏，称为环境问题。由自然因素如地震、火山喷发等引起的环境问题，称为第一类环境问题；由人为因素引起的环境问题如环境污染和生态破坏等，称为第二类环境问题。半个多世纪以来，人类活动对环境的影响急剧增加，出现了不少全球性的环境问题。这里所介绍的具有全球性的环境问题是指第二类环境问题。人类面临的全球性环境问题可归纳为以下十项。

（一）臭气层耗损

地球大气平流层中的臭氧层，能吸收滤掉太阳光中过多的有害紫外线，尤其是能有效吸收可严重杀伤人和其他生物的波长为 200—300 nm 的紫外线，从而减少对地球生物的伤害，使地球生物正常生长和世代繁衍。大气平流层中的臭氧层是保护地球生命的天然屏障。但是，人类的活动使

大气中的某些化合物含量增加，逐渐耗损和破坏臭氧层，例如氯氟烃类化合物（CFCs）、聚四氟乙烯和其他耗损臭氧的物质破坏了平流层中的臭氧分子，使臭氧浓度降低，从而令射向地球表面的有害紫外线辐射增加。有资料估计，臭氧层中臭氧浓度减少 1% 会使地面增加 2% 的紫外辐射量，导致皮肤癌的发病率增加 2%—5%。同时给野生动物和水生生物等地球生物带来灾难。自 20 世纪 50 年代中期以来，每年 9—10 月南极大陆空气柱臭氧总量急剧下降，形成臭氧层空洞，到 1991 年此空洞已扩展到整个南极大陆上空，深可装下珠穆朗玛峰。同时，北极上空出现的臭氧层空洞面积也有南极地区的五分之一大。据预测，人类如果不采取措施保护大气臭氧层，到 2075 年，由于太阳紫外线的危害，全世界将有 1.54 亿人患皮肤癌，其中 300 多万人死亡；将有 1800 万人患白内障；农作物将减产 7.5%；水产品将减产 2.5%；材料的损失将达 47 亿美元；光化学烟雾的发生率将增加 30%。这将危及人类的生存和发展。

（二）温室效应及全球变暖

地球大气的温度是由阳光照到地球表面的速率和吸热后的地球将红外辐射线散发到空间的速率间的平衡决定的。适于地球生命存在的湿润而温暖的气候是由于大气中的温室气体，如二氧化碳、甲烷、氟氯烃气体、水蒸气及其他吸收红外线的气体，阻挡了地球辐射热的散发，起到地球大气的吸热保温作用（温室效应）的结果。但是，由于人类活动，尤其是大量化石燃料的燃烧，使大气层的组成发生了惊人的变化。红外吸热的温室气体在大气中的浓度正以空前的速度增加，从而导致全球气候变暖。在过去 100 年间，全球平均地面气温已上升了 0.3—0.6 ℃，在 20 世纪 40 年代北半球高纬和极地温升幅度曾达 2.4 ℃。地球气温上升会引起海水膨胀和陆地冰雪融化，使海平面上升，沿岸地区遭海浸等危害。在过去的 100 年，全球海平面升高了 10—20 cm。温室效应还可引起全球气候变化，如高温、干旱、洪涝、疾病、暴风雨和热带风加剧，土壤水分变化，农牧、湿地、森林及其他生态系统变化等一系列不良后果。

（三）酸沉降危害加剧

大气中所有酸性物质转移到大地的过程统称为酸沉降。通常将 pH 值低于 5.6 的湿性酸沉降称为酸雨。酸雨的形成主要是化石燃料燃烧产生的硫氧化物和氮氧化物等大气酸性污染物溶入雨水所致。造成酸雨的大气酸性污染物不仅影响局部地区，而且能随气流输运到远离其发生源数千里以外的广大地区，成为穿越国界长距离移动的大气污染问题。酸雨最早发现于欧洲和北美地区，20 世纪 50 年代以来，在世界空间分布逐年扩大，几乎遍布各大洲；降水 pH 值最低可达 3.0 左右，并曾测到过 pH 值小于 2 的酸雨，比柠檬汁还酸。酸沉降危害严重，被称为"空中死神"。酸雨直接降落到植物叶面而使植被和农作物受害或枯死；使土壤酸化引起有害金属元素溶出伤害植物根部；使江河湖泊酸化，导致鱼类和两栖动物丧失繁育能力，使水生生物减少；同时，酸雨腐蚀各种建筑材料和古迹，并直接影响人体健康。

（四）生物多样性减少

生物多样性是维护自然生态平衡和人类赖以继续生存和发展的生态基础。生物多样性包括遗传多样性、物种多样性和生态多样性。自地球出现生命以来，约经历了三四十亿年漫长进化的进程，并已出现过类似恐龙灭绝的事件 6 次，使 52% 的海洋动物家族、78% 的两栖动物家族和 81% 的爬行动物家族消失。进入 21 世纪后，据测算，地球上现存的生物种数大约在 500 万到 3000 万种，其中哺乳动物 4300 多种，爬行动物 6000 多种，两栖动物 3500 多种，鸟类约 9000 种，鱼类 23000 多种，而海洋生物和热带雨林生物就有可能超过 3000 万种。由于人类活动，森林大量砍伐，草原开垦，湿地干涸，使生物多样性遭到极大破坏。据近 2000 年以来的统计，大约有 110 多种兽类和 130 多种鸟类已经灭绝；全世界约有 25000 种植物和 1000 多种脊椎动物处于灭绝的边缘。近来，生物物种消失加速，生态系统趋于简化，每天约有 50—100 种物种灭绝，这是自恐龙消失以来最快的物种灭绝时代，而地球上现存的野生生物种类一旦灭绝，就没有再出现的可能。

（五）森林锐减

森林是地球生物圈的重要组成部分，是陆上最大生态系统，是人类赖以生存的基础。森林不仅提供木材和林副产品，更重要的是它具有涵养水源、保持水土、防风固沙、调节气候、保障农牧业生产、保存森林生物物种、维持生态平衡和净化环境等生态功能。在历史上，地球曾有 76 亿公顷的森林，到 19 世纪降为 55 亿公顷；进入 20 世纪以后，森林资源受到严重破坏，并仍在迅速减少。全球每年砍伐和焚烧森林 2000 多万公顷，世界热带雨林面积已减少三分之一。

（六）土壤退化

土壤退化是指土壤在物理、化学和生物学方面的性能变劣而导致其生产力降低的变化过程。沙漠化和土壤侵蚀是导致土壤退化的重要原因。据联合国环境规划署《全球沙漠展望》，全球沙漠已占全部干旱地区生产面积的 70%（约 36 亿公顷），相当于地球土地总面积的四分之一。全世界每年约有 600 万公顷的土地继续出现沙漠化或有沙漠化危险。纯经济效益为零或负值的土地面积，每年以 2100 万公顷的速度持续增加；放牧的约 8 成（31 亿公顷）、依赖降雨的农田约 6 成（3.35 亿公顷）和灌溉农田的 3 成（0.4 亿公顷）土地因沙漠化已超过中等程度而受害。土壤侵蚀指土壤表土因风和雨而损失的现象。全世界每年因土壤侵蚀损失土地 700 万公顷，每年经过河流冲入海洋的表土达 240 亿吨。同时，土壤侵蚀、盐碱化、水涝和土壤肥力丧失等现象几乎在所有国家都日趋增加。

（七）淡水资源危机

安全的淡水是维持地球生命的基本要素。全球淡水储量约 3.5 亿亿立方米，占地球水储量的 2.53%。与人类生活密切的河流、湖泊和浅层地下水只有 104.6 万亿立方米，占全部淡水储量的 0.34%。大约 70%—80% 的淡水资源用于灌溉，不足 20% 的用于工业，6% 用于家庭。由于淡水资源分布不均，随着人口激增和工农业生产的发展，缺水已成为世界性问题。进入 21 世纪后，全世界有 100 多个国家缺水，严重缺水的达 40 多个，占全球陆地面积的 60%。发展中国家至少有四分之三的农村人口和五分之一的城市人口得不到安全卫生的饮用水；有 80% 的疾病和三分之一的死亡率与受到污染的水有关。水污染加重了水资源危机。水污染不仅影响人类对淡水的使用，而且还会严重影响自然生态系统和对生物的危害。全世界每年向江河湖泊排放各类污水约 4260 亿吨，造成 55000 亿立方米的水体被污染，占全球径流总量的 14% 以上；全世界河流稳定流量的 40% 受到污染。

（八）海洋环境污染

地球上海洋面积为 3.62 亿平方公里，占地球表面的 70.9%；海水体积为 13.7 亿立方千米，占地球表面总水量的 97% 以上。世界上 60% 的人生活在 60 平方公里宽的沿岸线上。海洋拥有地球上最丰富的生物资源、矿物资源、化学资源和动力资源。海洋给人类提供食物的能力约为陆地上所能种植的全部农产品的 1000 倍，而现在人类对海洋的利用不足 1%。但是，海洋污染已不容忽视，特别是沿岸海域的污染，已直接影响海洋生态和人类生活。污染的 70% 来自陆地，每年约有 4.1 万立方千米污水，携带 200 亿吨污染物通过江河进入海洋；另有 10% 的污染来自船只，每年大约有 640 万吨船舶垃圾和 150 万吨石油流入海洋；船舶航行中的事故性排放及海底油田的开发和自然因素、人为战争等造成的海洋污染，可能对局部海洋在一定时间内造成严重危害。此外，对海洋资源的过量开采也对海洋环境造成危害。

（九）固体废料的污染

固体废料包括工业固体废弃物、生物垃圾、化粪池和污水渣等。进入 21 世纪后，全世界每年产生各种废料约 100 亿吨。具有毒性、易燃性、腐蚀性、传染性、反应性和放射性的废弃物，称为危险废料。危险废料主要产生于发达国家，每年约 4 亿吨，其中美国占 3 亿吨。最危险的废料是放射性废料和剧毒化学品废料。世界各地核电站每年产生的核废料约 1 万立方米。固体废料，尤其是危险废料通过各种途径污染水域、土壤和空气环境，直接或间接危害人类健康和地球生态系统。

（十）有毒化学品污染

20 世纪 90 年代以来，世界上大约有 500 万种化学品和 700 万种化学物质，并有 7 万种以上的化学品投放市场，其中对人体健康和生态环境有明显危害的约有 3.5 万种，具有致癌、致畸、致突变的有 500 余种。同时，每年要有几万种新的化学物质和几千种化学品问世，其中约有六分之一投入市场。化学品一经生产出来，在没有自然或人为消解的情况下，最终必然进入环境，并在全球迁移，分别进入各生物介质，对全球带来危害或潜在危害。实际上化学品已对全球的大气、水体、土壤和生物系统造成污染和毒害。自 20 世纪 50 年代以来，涉及有毒化学品的污染事故也日益增多，造成严重恶果。化学污染源除工业外，还有车辆尾气、农药化肥、香烟烟雾等。

二、生态危机的根源

引发生态危机的根源众多，但概括起来，主要有市场根源、认识根源、科技根源、人性根源等。

（一）生态危机的市场根源

在经济市场化形式下，经济发展通过市场参与得以实现。并且，由于市场的单向追求性必然造成环境破坏。所谓市场的单向追求性就是在市场经济中，人们开发利用资源进行生产的目的在于追求收益的极大化。

生产者关心的是生产成本，而对因生产所造成的大气污染、生态平衡破坏和资源毁坏等社会成本疏于甚至根本不予考虑。对能产生高市场收益的资源开发、配置与加工富有效率，并能产生巨大的激励作用；相反，对能产生较高社会效益和环境效益的资源开发效率低下。非商品性生态资源，如物种的多样性、森林的水土保持功能以及生态系统的多样性联系等，与其他资源相比，具有开发周期长且需要耗费大量的人力、财力和物力，成本高的特点，非一般个人或企业所能承担。因而，个人和企业都不愿涉足这些领域。相反，由于对商品性资源的过度开发和利用所造成的废物对生态资源破坏的累积效应不断强化，由此所导致的生态危机日益严重。

（二）生态危机的科技根源

科技不仅是人们谋求发展的手段，而且也是导致环境问题的根源，科技是一把双刃剑，既可为善，也可为恶。科技造就了规模宏大的人工自然，其创造物无一不是通过科学技术从天然自然中吸取低熵的物质和能量而得以产生，同时却把高熵的废物垃圾扔给大自然。长期以来，功利主义的科技发展观导引着科技发展的方向。那些能产生较高经济效益、促进经济发展效果突出的科技优先得到发展，反之，则发展迟缓。技术发展往往将注意力集中到能产生较高经济效益的生产技术，而很少关注能带来较好社会效益和生态效益的环保技术，这在客观上也不利于自然生态的保护。

（三）生态危机的认识根源

现代众多的环境问题在很大程度上缘于人们认识上的短视和盲区，表现在人地关系问题上，就是对自然的片面认识的人类中心论；表现在人与社会发展关系问题上，就是一种片面的发展观。

"人类中心论"过分地强调人的作用，而忽视了自然、忽视人的生存本质。在对待人与自然的关系问题上，强调人类统治自然，征服自然，声言"对自然的否定就是通往幸福之路"。该论多持人类价值中心的立场，认为人是价值世界的中心，自然界的价值在于它为人类服务。在这一观念的指导下，近代西方人大举向自然进行征服，西方人的物质生活质量大大提高。随后，在世界范围内人们纷纷仿效西方，为追求丰富的物质享受，无限制地攫取自然资源。导致环境恶化的另一认识根源是人们所持的片面发展观。它认为衡量国家或社会进步与发展的标准仅仅以人均国民生产总值以及经济增长的幅度为标准，把发展直接等同于经济指标的增长，重经济指标、轻环境治理。一些人为了短期的经济利益，不惜以牺牲环境利益为代价进行生产和开发。

（四）生态危机的人性根源

从人性的角度看，生态危机的根源在于人类的欲望膨胀。不受节制的欲望是一个无底洞，永远也填塞不满，并会越来越大。鉴于欲望的这种性质和特征，古希腊哲学家柏拉图反复强调一定要用理性来节制欲望，并把欲望是否受理性节制视为一个人是不是正义的人、一个国家是不是理想的国家的评判标准。欧洲中世纪基督教甚至实行禁欲主义，企图彻底压制欲望。欧洲文艺复兴将欲望从神学的束缚中解放出来，启蒙运动则大张旗鼓为欲望张目。近代以来，随着欧洲科学技术的发展，人类从自然界获取资源的能力大大增强，这使当时的世人觉得攫取丰饶的物质财富来满足自由生长的欲望是完全可以做到的。欲望的不断被满足给人带来极大的快乐感和自由感。近代以来的欧洲，就这样完全沉浸在这种乐观主义的气氛中。满足不断膨胀欲望的直接方式就是高消费，即提前消费、奢侈消费、炫耀性消费。大量消费刺激大量生产，同时大量排放，造成了资源枯竭、环境污染、生态失衡，引发严重的环境问题，直至生态危机的爆发。

生态危机的根源可以从不同的角度进行分析，但人性的根源是最为深层的根源。"人类中心论"的思想实质上是当时的人们为欲望的合理性辩护，而资本主义经济的繁荣和科学技术的发展，乃至资本主义社会制度的确立和巩固，则为满足欲望提供了强大的保障力量。而所有这一切都需要从自然界攫取大量的资源。因此，从近代欧洲将欲望解放，任其肆意生长的那时起，生态危机的爆发是必然的。

第二节　我国环境保护的成就与不足

一、我国环境保护的成就

在 1983 年召开的第二次全国环境保护会议上，党中央宣布保护环境是必须长期坚持的基本国策，明确了"经济建设、城乡建设和环境建设要同步规划、同步实施、同步发展，做到经济效益、社会效益、环境效益的统一"的整体方针。1994 年，《中国 21 世纪议程》的通过标志着可持续发展成为国家战略，资源的合理利用与环境保护与社会可持续发展、经济可持续发展成为发展的三大内容。2015 年，党的十八届五中全会进一步对环境保护和经济、社会发展之间的科学关系进行了概括和总结，形成了"创新、协调、绿色、开放、共享"的新发展理念。党的十八届五中全会以后，党中央对于绿色发展的理解进一步深化，更具系统性的生态文明思想逐步形成。2017 年，党的十九大报告指出"我们要建设的现代化是人与自然和谐共生的现代化，既要创造更多物质财富和精神财富以满足人民日益增长的美好生活需要，也要提供更多优质生态产品以满足人民日益增长的优美生态环境需要"，要"像对待生命一样对待生态环境"。半个世纪以来，随着党和国家对环境保护的不断重视，环境保护措施全面深入推进，我国环境保护工作取得巨大成就。

（一）水土治理取得良好进展

水土流失指的是受自然或人为因素影响，雨水无法就地消纳、顺势下流、冲刷土壤，导致水和土壤同时流失的现象。严重的水土流失不但会削弱土地生产力、造成生态环境恶化，还会加剧水旱等自然灾害发生，严重威胁国家饮水安全、食品安全、生态安全、经济安全和社会安全等。我国是多山国家，也是全球黄土分布最广的国家和人口总数最多的国家。受地形地质特征的影响，以及人为因素干扰（对土地的过度开发和不合理利用），我国成为全球水土流失最为严重的国家之一。

我国历来重视水土保持工作，几十年来，在水土保持上的工作力度一直在不断加强。1973—2019 年，当年水土流失治理面积从 35090 千公顷提高到 137324.5 千公顷，年平均治理面积约为 74228.84 千公顷，当年水土流失治理面积年均增速为 3.05%。

在党中央的努力和带领下，我国水土流失治理工作取得良好进展。根据水利部提供的我国全覆盖的水土流失动态监测数据显示，2019 年全国共有水土流失总面积 271.08 万平方公里，与 2018 年相比，全国水土流失总面积减少 2.61 万平方公里，减幅 0.95%。与 2013 年水利部发布的第一次全国水利普查水土保持情况公报中 294.9 万平方公里的全国土壤侵蚀总面积相比，全国水土流失总面积减少了 23.82 万平方公里，减幅达到 8.1%。《中国环境统计年鉴》和《中国财政年鉴》中相关数据显示，我国土地沙化面积从 2004 年的 17396.63 万公顷下降到 2017 年的 17211.75 万公顷，农业综合开发土地沙化治理从 2004 年的 49.85 万亩提高到 2017 年的 414.42 万亩。

（二）植被保护工作成效显著

植物资源除了具有丰富的经济价值，对于涵养土壤、储存淡水、调节气候和保障生物多样性等更是具有重要作用。20 世纪 80 年代，在长江、黄河流域因为上游地区植被破坏，发生一系列特大洪水之后，党中央发动了全国范围内的植树造林运动，植被保护工作迈入新的阶段。改革开放以后，在党中央的不懈努力和推动下，中央和各级地方政府对林地、草原、森林、野生植被等植被资源建立了更加严格的管理和保护机制并取得了显著成效。统计数据显示，我国森林总面积从 1992 年的 12863 万公顷上升到 2019 年的 22044.62 万公顷，年均增速 2.11%。森林覆盖率也从 1992 年的 13.4% 上升到 2019 年的 22.96%。根据历年《中国统计年鉴》可知，我国林业用地面积从 1993 年的 26289 万公顷上升到 2019 年的 32591.12 万公顷，年均增速约为 0.9%。根据联合国粮农组织发布的《全球森林资源评估（2020）》显示，1990—2020 年，全球共有 4.2 亿公顷的森林遭到人为毁坏，但同时期在退耕还林、封山育林、植树造林等政策的推动下，我国的森林覆盖面积实现了全球最高净增长。

（三）污染防治力度不断增强

随着以资源、环境换取经济的粗放式发展道路弊端的日益凸显，我国政府对于污染防治的力度也随之不断增强。主要体现在以下几个方面：首先，污染防治工作内容不断丰富。新中国成立后，党和政府对于污染防治的认识和工作重心主要落在防治工业发展中"三废"（废水、废气和固体废弃物）排放对环境的污染上，关键在于解决"三废"排放与河流生态系统保护之间的矛盾。随着资源、环境和经济之间的矛盾日益激化，政府和群众对环境保护和污染防治的认识进一步深化和加强。污染防治开始突破原来基本等同工业污染防治的局限，纳入了农业污染防治、近海海域污染防治、生活污染防治等内容，工业污染防治也在原来的"三废"防治的基础上纳入了噪声防治等其他内容。其次，污染防治力度不断提高。国家统计局数据显示：2000 年我国环境污染治理投资总额 1014.9 亿元，2017 年这一投资总额上升到 9538.95 亿元，增幅达到 839.9%，年均增长约 15%；2000 年城镇环境基础设施建设投资总额为 515.5 亿元，2017 年这一投资总额上升为 6085.8 亿元，增幅达到 1080.6%，年均增速约为 17.3%；2000 年工业污染源治理投资总额为 234.79 亿元，2017 年这一投资总额上升为 681.53 亿元，增幅 190.3%，年均增速约为 9.1%。工业污染治理主要包括废气治理、废水治理、固体废物治理、噪声治理和其他治理五个方面。从投资情况来看，废气治理、废水治理是工业污染治理的两大重点。2004 年工业污染治理完成投资额约为 308 亿元，其中废水治理投入 105.6 亿元、废气治理投入 142.8 亿元、固体废物治理投入 22.6 亿元、噪声治理投入 1.3 亿元，其他治理 35.7 亿元。2019 年工业污染治理完成投资总额为 615.2 亿元，其中废水治理投入 69.9 亿元、废气治理投入 367.7 亿元、固体废物治理投入 17.1 亿元、噪声治理投入 1.4 亿元，其他治理 159.1 亿元。再次，污染防治方式不断丰富。新中国成立初期，工业污染防治的手段主要集中在通过环保配套措施建设和产业链延伸，促进"三废"的循环利用上。改革开放以后，针对污染排放的收费（如排污费）、基于财政支付的生态补偿制度（公益林补偿、禁牧补助、污染整治专项资金等）、市场化手段（环境保护税、碳排放权交易、用能权交易等）等方式陆续推出，我国污染防治措施从原先相对单一的事后治理向包括事前保护、事中控制和事后治理的全链条防治方向不断演变。最后，污染防治取得很好成效。2001—2010 年间，工业二氧化硫、工业废水、工业粉尘和工业烟尘排放达标率都呈提升趋势。其中工业二氧化硫排放达标率从 61.3% 提升到 97.9%，工业废水排放达标率从 85.2% 提升到 95.32%，工业粉尘排放达标率从 50.2% 提升到 91.4%，工业烟尘排放达标率从 67.3% 提升到 90.6%。

（四）资源清洁利用情况大大改善

加强对自然资源的合理开发利用是加强生态环境保护、促进生态文明建设的必然要求。

从新中国成立初期强调加大对自然资源的开发利用，到改革开放以后强调加强对自然资源的有效利用和清洁利用，党和政府对资源节约和环境保护的认识不断深化，在推动经济和社会可持续发展方面付出了许多的努力。水利资源方面。改革开放以后，政府在水利资源有效利用上的努力开始向水资源优化配置方面转变，如南水北调、灌溉节水、智慧水利等。水利部水利发展统计公报数据显示，2018 年，我国在建水库及枢纽工程 1033 座、开展河湖水系连通项目 71 项、新增农村水电站 194 座，新增节水灌溉面积 2022 千公顷、高效节水灌溉面积 156 千公顷。2018 年我国全年用水量 6015.5 亿立方米，万元国内生产总值用水量和万元工业增加值用水量分别为 66.8 立方米和 41.3 立方米。与 2017 年相比，全年用水量减少 27.9 亿立方米，万元国内生产总值用水量和万元工业增加值用水量分别下降 6.6% 和 6.9%。能源资源方面，党和政府的努力主要体现在两个方面。一是提高对传统化石能源的利用效率，《中国能源统计年鉴》中数据显示，我国万元国内生产总值能源消费量从 1980 年的 13.14 吨标准煤下降到 2018 年的 0.56 吨标准煤，降幅达到 95.7%。具体能源品种的使用效率表现上，万元国内生产总值煤炭消费量、万元国内生产总值焦炭消费量、万元国内生产总值石油消费量、万元国内生产总值原油消费量、万元国内生产总值燃料油消费量和万元国内生产总值电力消费量则分别从 1980 年的 13.30 吨、0.94 吨、1.91 吨、2.01 吨、0.67 吨和 0.66 万千瓦时下降到 2018 年的 0.47 吨、0.05 吨、0.07 吨、0.07 吨、0.01 吨和 0.09 万千瓦时。二是加强对核能、太阳能、风能、生物质能等可再生能源的开发和利用，对可再生能源的利用既可以降低化石能源消耗，又可减少能源资源利用过程中的污染排放。从可再生能源发电情况来看，我国水电、光伏、风电和核电增幅十分明显，特别是 2010 年以后出现了爆发式增长。从可再生能源发电装机规模来看，截至 2019 年年底，我国风电、太阳能累计装机规模全球第一。此外，2019 年清洁能源占能源消费总量比重比 2012年提高了 8.9 个百分点，达到 23.4%。

（五）生态环境质量得到极大提升

在党的领导和全社会的共同努力下，我国生态环境质量得到了极大的提升。生态环境部各年中国生态环境状况公报中披露的数据显示：（1）大气方面。2019 年 337 个监测地级及以上城市中，平均达标天数比例为 82%，平均超标天数比例为 18%；PM2.5、PM10、二氧化硫、二氧化氮和一氧化氮浓度分别为 36 微克 / 立方米、63 微克 / 立方米、11 微克 / 立方米、27 微克 / 立方米和 1.4 毫克 / 立方米。而 2013 年监测城市中，平均达标天数比例仅为 60.5%，平均超标天数比例为 39.5%；PM2.5、PM10、二氧化硫、二氧化氮和一氧化氮浓度则分别为 72 微克 / 立方米、118 微克 / 立方米、40 微克 / 立方米、44 微克 / 立方米和 2.5 毫克 /立方米。（2）水质方面。地表水水质方面，2019 年三类水质以上断面占比 74.9%，比 2018 年上升 3.9 个百分点，劣四类水质断面占比 3.4%，比2018 年下降 3.3 个百分点。河流水质方面，2019 年三类以上水质河流占比 79.1%，比 2018 年上升 4.8 个百分点，劣四类水质占比 3%，比 2018年下降 3.9 个百分点。湖泊水质方面，2019 年我国二类水质及以上湖泊占比 69.1%，比 2018 年上升 2.4 个百分点，劣四类水质湖泊占比 7.3%，比 2018 年下降 0.8 个百分点。海洋水质方面，我国近岸海域水质稳中向好，2019 年一类和二类水质海域面积占比 76.6%，劣四类海域面积占比11.7%。而 2013 年近岸海域中一类和二类水质海域面积占比 66.4%，劣四类海水占比则达到 18.6%。

二、我国环境保护的不足

我国环境保护工作取得巨大成就的同时，也存在一些局限和不足，主要表现为以下方面：

（一）环境立法系统性和执行性有待提升

整体来看，我国环境法律体系基本形成，但也存在一些局限和不足，主要体现为环境立法的系统性不足和执行性不强。系统性方面，我国现行环境立法采取的多为分解式立法，在立法对象上多为单项立法（如水污染防治、土壤污染防治），在空间上，多为地方立法，但资源和环境存在很强的负外部性，不论是对象还是空间上均存在溢出影响可能，分解式立法系统性不足容易导致重复、冲突及地方保护等问题，不利于环境保护实践开展。执行性问题主要来自地方层面。由于地方立法大量重复上位法条款，甚至照搬上位法或其他地方法规，对地方自身特色研究不足，故在执行时势必会出现适用性问题。

（二）环境经济政策体系亟待完善

环境保护政策从直接规制（约束命令）的形式转向市场型环境经济政策是不可避免的趋势。我国目前已经推出了环境保护税、用能权、碳排放权等一系列市场型环境规制政策，但总体来看，不同类型的环境经济政策在彼此衔接和细节设计上仍然需要进一步完善。例如，对于环境保护税而言，科学的税率设定应当是多少，对具备不同市场化程度特征、融资条件和信息透明程度的企业应当如何科学适用环境保护税等。

（三）现代环境治理体系尚未健全

现代环境治理体系建立的关键有二，一是在于明确领导、企业和公民等不同主体的责任，二是在于良好的监督管理体系，但当前这两方面都存在欠缺。在保障责任机制方面，仍然缺乏有效的管理和跟踪机制以保障责任机制的有效运行和作用发挥。在监督管理体系方面，我国政府部门监督管理存在制度障碍和实施障碍。而公开、透明、畅通、有效的舆论监督和公众监督也尚未形成，对于公众反映的环保问题，很多只停留在官方的文字回答，没有作出实质性改变。

（四）社会主体参与不够深入

企业及公民在生产和生活过程中对资源的使用和污染的排放是环境问题产生的根源，只有全民参与环境保护才能真正做到人与自然和谐发展。就目前来看，虽然绿色发展理念和环境保护理念已经得到党、各级政府和公众的认可，但是我国环境保护工作的展开仍然是以党和政府为主，社会主体在环境保护中的参与程度仍然不够。

第三节　《环境保护法》基本内容

"环境保护法"有狭义和广义之分。狭义的"环境保护法"是指现行的《环境保护法》，广义的"环境保护法"是指环境保护法体系。环境保护法体系以现行的《环境保护法》为主体，包括《宪法》中有关环境保护的法律规范，环境保护单行法律、法规，环境保护纠纷解决程序的法律、法规、规章，环境保护标准中的环境保护规范，地方性环境保护法规、规章，其他部门法中的环境保护规范以及我国参加和批准的国际法中的环境保护规范。这里要介绍的是狭义的"环境保护法"即现行的《环境保护法》。《环境保护法》是环境保护领域的基本法，是对国家环境保护方针、政策、原则、制度和措施的基本规定，具有原则性和综合性的特点。现行的《环境保护法》1989年12月26日第七届全国人民代表大会常务委员会第十一次会议通过，2014年4月24日第十二届全国人民代表大会常务委员会第八次会议修订，自2015年1月1日起施行。现行的《环境保护法》共七章七十条（这七章分别是第一章总则、第二章监督管理、第三章保护和改善环境、第四章防治污染和其他公害、第五章信息公开和公众参与、第六章法律责任、第七章附则）。

一、环境保护法的任务、目的

《环境保护法》第1条规定："为保护和改善环境，防治污染和其他公害，保障公众健康，推进生态文明建设，促进经济社会可持续发展，制定本法。"由该条规定可知，我国环境保护法具有以下两项任务：（1）保护和改善环境。《宪法》第26条中规定国家保护和改善生活环境和生态环境。《宪法》该规定改变了以往将环境与自然资源并列的做法，明确将环境区分为生活环境与生态环境，自然资源是生态环境因素，因此，《环境保护法》中所说的"环境"包含了生活环境和生态环境，具体而言，即《环境保护法》第2条之规定"本法所称环境，是指影响人类生存和发展的各种天然的和经过人工改造的自然因素的总体，包括大气、水、海洋、土地、矿藏、森林、草原、湿地、野生生物、自然遗迹、人文遗迹、自然保护区、风景名胜区、城市和乡村等"。（2）防治环境污染和其他公害。《环境保护法》第42条中规定："排放污染物的企业事业单位和其他生产经营者，应当采取措施，防治在生产建设或者其他活动中产生的废气、废水、废渣、医疗废物、粉尘、恶臭气体、放射性物质以及噪声、振动、光辐射、电磁辐射等对环境的污染和危害。"法律所确定的环境污染物就是指上文罗列的这些。防治"其他公害"则是指防治除上述环境污染和危害之外目前尚未出现而今后可能出现的，或者现在已经出现（如废热）但尚未包括在上述"公害"概念之内的环境污染和危害。

实现环境保护法两项任务的目的是"保障公众健康，推进生态文明建设，促进经济社会可持续发展"。"保障公众健康"与"推进生态文明建设，促进经济社会可持续发展"，是我国环境保护法的双重目的，也称"二元"目的论。在国外，一些经济发达国家对环境保护目的的规定与我国不同，如美国、日本的环境保护法以保护人体健康为唯一目的。我国是一个发展中国家，人口众多，人均耕地和其他自然资源大大少于世界平均水平，加上我国经济发展总体水平较低，国家不可能拿出更多的资金增加环境保护投入。这些国情决定了我国在今后相当长的时间内，只能在发展经济的同时加强环境保护工作，在经济建设的过程中解决环境问题。只有在发展中落实保护，在保护中促进发展，坚持节约发展、安全发展、清洁发展，实现可持续的科学发展，才符合我国环境保护法的目的，也是广大人民群众所迫切要求的。

二、环境保护法基本原则

环境保护法的基本原则，是环境保护法中规定或者体现的，涉及环境保护法制建设全局的，具有指导意义的根本准则。《环境保护法》第 5 条规定："环境保护坚持保护优先、预防为主、综合治理、公众参与、损害担责的原则。"这五项原则是《环境保护法》规定的原则，还有一项原则虽在《环境保护法》中没有规定，但它体现在该法中，事关全局，具有指导意义，即经济社会发展与环境保护相协调原则。

（一）经济社会发展与环境保护相协调原则

经济社会发展与环境保护相协调的原则，简称协调发展原则，是指环境保护与经济建设和社会发展统筹规划、同步实施、协调发展、实现经济效益、社会效益和环境效益的统一。这一原则正确地反映了经济社会发展与环境保护的关系，同时也指出了如何正确对待和处理它们之间的关系。贯彻该项原则：（1）建立环境与发展的综合决策机制。各级决策部门在进行经济和社会发展重大决策过程中，不仅要根据经济和社会发展的需要，同时还要考虑环境和资源的承载能力，要从源头上控制经济社会发展可能对环境的污染和破坏。（2）把环境保护切实纳入国民经济和社会发展规划。《环境保护法》第13条规定："县级以上人民政府应当将环境保护工作纳入国民经济和社会发展规划。国务院环境保护主管部门会同有关部门，根据国民经济和社会发展规划编制国家环境保护规划，报国务院批准并公布实施。县级以上地方人民政府环境保护主管部门会同有关部门，根据国家环境保护规划的要求，编制本行政区域的环境保护规划，报同级人民政府批准并公布实施。环境保护规划的内容应当包括生态保护和污染防治的目标、任务、保障措施等，并与主体功能区规划、土地利用总体规划和城乡规划等相衔接。"

（二）保护优先、预防为主、综合治理原则

保护优先、预防为主、综合治理原则，是指在环境保护工作中将保护置于优先位置，采取各种预防措施，防止环境问题的产生和恶化，并对已经造成的环境污染和生态破坏进行综合性的治理。这项原则明确了保护和发展的关系、预防和治理的关系，确定了治理环境污染和修复生态破坏的有效途径和方式。保护优先要求在经济建设活动中把环境保护放在优先位置，从根本上改变重经济增长轻环境保护，以经济指标论英雄的倾向。预防为主就是要把预防环境问题的发生放在首位，而不是在环境污染和生态破坏之后再去治理。要谋事在先，采取事前有效措施，避免、消除对环境带来的损害，做到防患于未然。综合治理就是要从环境的整体效益出发，运用系统论的方法来处理环境问题。由于造成环境问题的原因是多方面的，且周期较长，采取单打独斗的传统方式是不够的，应当运用各项技术、经济政策和措施，加强环境保护，发挥治理的综合效益。

（三）公众参与原则

公众参与原则，亦称依靠群众保护环境原则或环境民主原则，是指环

境保护和自然资源开发利用必须依靠社会公众的广泛参与，公众有权参与解决环境问题的决策过程，参与环境管理，并对环境管理部门以及单位、个人与环境有关的行为进行监督。环境质量的好坏直接影响到经济社会的持续发展和人民群众的身体健康，而公众的广泛参与是推动环境保护事业发展的重要力量。只有依靠群众，为了群众，充分发挥各行各业和每个公民的自觉性、积极性和创造性，才能有效地搞好环境保护工作。贯彻公众参与原则：（1）加强环境保护宣传教育，提高公众的认识水平和参与意识。（2）完善环境信息公开制度，扩大公民的环境知情权。（3）实行环境违法举报制度。《环境保护法》第57条规定："公民、法人和其他组织发现任何单位和个人有污染环境和破坏生态行为的，有权向环境保护主管部门或者其他负有环境保护监督管理职责的部门举报。公民、法人和其他组织发现地方各级人民政府、县级以上人民政府环境保护主管部门和其他负有环境保护监督管理职责的部门不依法履行职责的，有权向其上级机关或者监察机关举报。接受举报的机关应当对举报人的相关信息予以保密，保护举报人的合法权益。"（4）依法实施公益诉讼制度。（5）发展民间环保组织，加强社会监督。

（四）损害担责原则

损害担责原则，是指污染环境、破坏生态造成环境损害，损害者应当为其造成的环境损害依法承担责任。所谓损害，是指有污染环境和破坏生态的行为即为损害，行为人就要承担责任，而非有了损害结果才承担责任。环境损害即使未对具体的人造成人身健康损害或者财产损失，至少也对环境本身造成了损害结果，因此，就这个意义而言，环境损害行为即环境损害结果。《环境保护法》对环境损害行为课以法律责任有：（1）罚款，（2）限制生产、停产整顿，（3）责令停业、关闭，（4）拘留，（5）刑事责任。环境损害造成他人人身健康或财产损害的，应当依照《中华人民共和国民法典》的有关规定承担侵权责任。

三、环境保护法基本制度

环境保护法的基本制度，是指为实现环境保护法的目的和任务，依据环境保护法的基本原则制定的，调整某一类或者某一方面环境保护社会关系的，具有重大意义和起主要作用的法律规范的统称。并不是所有的环境保护法律制度都是基本制度，构成基本制度的是指那些具有重大意义和起主要作用的制度。据此，我国环境保护法的基本制度有：环境保护规划制度；环境影响评价制度；"三同时"制度；环境保护目标责任制度和考核评价制度；现场检查制度；总量控制制度和区域限批制度；生态保护红线制度；生态补偿制度；征收环境保护税制度；排污许可管理制度；突发事件应急预案制度；环境信息公开制度；环境公益诉讼制度等。现择其要介绍以下几种制度。

（一）环境保护规划制度

环境保护规划，简称环境规划，是指根据国家或者一定地区的环境状况和经济社会发展的需要，对一定时期和一定范围内环境的保护和改善活动所作的总体部署和安排。它是国民经济和社会发展规划的有机组成部分，是人类为使环境与经济社会协调发展而对自身活动和环境所作的在时间和空间上的合理安排。

环境规划具有以下基本特性：（1）综合性。它集经济社会和自然生态环境于一体，涉及的领域广泛，影响因素众多，对策措施综合，部门协调复杂。它也是生态学、化学、物理学、生物学、工程学、经济学、法学以及系统工程学等多种学科的综合运用。（2）整体性。环境要素和各个组成部分之间构成一个有机整体。因此，规划工作应当从整体出发，单独从某一个环节着手并进行简单的串联难以获得有价值的预期效果。（3）区域性。主要表现在区域的环境系统的结构、变化规律以及社会经济背景条件的差异。因此，环境规划应注重"因地制宜"，体现区域特色。（4）动态性。环境规划具有较强的时效性，其影响因素在不断变化。根据一定条件制定的环境规划，伴随着社会经济发展方向、速度及环境状况的变化，要求环境规划具有快速响应和调整更新的能力。（5）约束性。经济社会发展规划中有关指标的规定有两种类型：一是预期性指标，如国内生产总值增长属于预期性指标；二是约束性指标，环境指标属于约束性指标。它是政府必须履行的职责，是考核政府绩效的硬指标，如果不执行就要承担法律责任。

《环境保护法》第13条规定："县级以上人民政府应当将环境保护工作纳入国民经济和社会发展规划。国务院环境保护主管部门会同有关部门，根据国民经济和社会发展规划编制国家环境保护规划，根据国务院批准并公布实施。县级以上地方人民政府环境保护部门会同有关部门，根据国家环境保护规划的要求，编制本行政区域的环境保护规划，报同级人民政府批准并公布实施。环境保护规划的内容应当包括生态保护和污染防治的目标、任务、保障措施等，并与主体功能区规划、土地利用总体规划和城乡规划等相衔接。"

（二）环境影响评价制度

环境影响评价的概念，是1964年在加拿大召开的国际环境质量评价会议上首次提出来的。我国《环境影响评价法》第2条规定："本法所称环境影响评价，是指对规划和建设项目实施后可能造成的环境影响进行分析、预测和评估，提出预防或者减轻不良环境影响的对策和措施，进行跟踪监测的方法与制度。"它是在长期进行环境保护活动的实践中发展起来的一种科学方法和法律制度。实行环境影响评价制度的意义在于：（1）是促进环境保护与经济社会协调发展的有效途径。环境保护与经济社会发展相协调，是实现可持续发展的基础，实行环境影响评价制度，对规划和建设项目进行环境影响评价，可以从源头预防，减少规划和建设项目实施后对环境造成的不良影响，从而促进环境保护与经济和社会发展相协调。

（2）贯彻预防为主原则，预防因规划和建设项目实施后对环境造成的不良影响。实行环境影响评价制度，在规划审批之前和实施之后以及在建设项目兴建之前和建成投产后可能对环境造成的污染和破坏进行预测和评估，提出相应的对策和措施，可以达到预防或减轻该规划或者建设项目实施后对环境造成的不良影响的目的。（3）宏观调控的重要手段。宏观调控是引导和促进经济稳定、健康运行的重要保障。实行环境影响评价制度有利于抑制固定资产投资过快增长的趋势，缓解过剩行业矛盾的压力，优化产业结构，提升经济发展的质量。

（三）"三同时"制度

建设对环境有影响的一切建设项目，必须依法执行环境保护设施与主体工程同时设计、同时施工、同时投产使用的制度，简称"三同时"制度。

"三同时"制度是我国环境管理工作的一项创举，是我国环境保护法规定的一项基本法律制度。它与环境影响评价制度相辅相成、互相包含。其目的是根据"预防为主"的原则，落实建设活动对环境产生影响的防治措施，防止新污染源或者破坏源的产生。

"三同时"制度的具体内容包括：（1）建设项目的初步设计，应当按照环境保护设计规范的要求，编制环境保护篇章。其内容包括：环境保护的设计依据，主要污染源和主要污染物及排放方式，计划采用的环境保护标准，环境保护设施及简要工艺流程，对建设项目引起的生态变化所采取的防范措施，绿化设计，环境保护设施投资概算等。（2）建设项目的施工，环境保护设施必须与主体工程同时施工。在施工过程中，应当保护施工现场周围的环境，防止对自然环境的破坏，或者减少粉尘、噪声、震动等对周围生活居住区的污染和危害，并接受环境保护行政主管部门的日常监督检查。（3）建设项目的主体工程完工后，需要进行试生产的，其配套建设的环境保护设施必须与主体工程同时投入试运行。（4）建设项目竣工后，建设单位应当向审批该项目环境影响报告书（表）或登记表的环境保护行政主管部门，申请对该项目需要配套建设的环境保护设施竣工验收，并应与主体工程竣工验收同时进行。（5）建设项目需要配套建设的环境保护设施经验收合格，该建设项目方可正式投入生产或者使用。

（四）现场检查制度

现场检查，是指县级以上人民政府环境保护主管部门及其委托的环境监察机构和其他负有环境监督管理职责的部门，对其管辖范围内排放污染物的企业事业单位和其他生产经营者遵守环境保护法律法规和规章而直接进入现场进行检查的一种行政执法活动。现场检查权是行政机关进行日常监督管理活动，实现行政目的的一项具有基础性、普遍性的权力。

该制度具有以下特点：（1）执法主体只能由负有环境保护监督管理职责的行政部门或者经环境保护主管部门委托的环境监察机构执行；（2）具有强制性，不需要被检查单位的同意；（3）执法主体只能对管辖范围内的排污企业事业单位和其他生产经营者进行检查，不能检查管辖范围外的，也不能检查与污染物排放无关的单位和个人；（4）现场检查有一定的随机性，有关执法主体可以随时检查；（5）现场的范围和内容应当于法有据，不能任意检查，并应当为被检查者保守商业秘密。

（五）生态保护红线制度

生态保护红线，是指在生态保护范围内具有特殊重要生态功能必须强制性严格保护的区域，是保障和维护国家生态安全的底线和生命线，通常包括具有重要水源涵养、生物多样性维护、水土保持、防风固沙、海岸生态稳定等功能重要区域，以及水土流失、土地沙化、石漠化、盐渍化等生态环境敏感脆弱区域。

《环境保护法》第 29 条规定："国家在重点生态功能区、生态环境敏感区和脆弱区等区域划定生态保护红线，实行严格保护。"生态保护红线制度是指有关生态保护红线的总体部署、划定原则、划定对象、配套措施、强化组织保障等一系列法律规定的总称。生态保护红线原则上按禁止开发区域的要求进行管理。严禁不符合主体功能定位的各类开发活动，严禁任意改变用途。生态保护红线划定后，只能增加、不能减少，因国家重大基础设施，重大民生保障项目建设等需要调整的，由省级政府组织论证，提出调整方案，经环境保护部、国家发改委会同有关部门提出审核意见后，报国务院批准。

（六）环境信息公开制度

环境信息包括政府环境信息和企业环境信息。政府环境信息，是指环境保护部门在履行环境保护职责中制作或者获取的，以一定形式记录、保存的信息。企业环境信息，是指企业以一定形式记录、保存的，与企业经营活动产生的环境影响和企业环境行为有关的信息。

环境信息公开，是指由特定主体（政府和企业）依法发布相关环境信息的行为。环境信息公开制度，是指对有关环境信息公开的主体、范围、公开方式和程序、监督与责任等所作的法律规定的总称。

环境信息公开制度的意义在于：（1）维护公众参与环境保护的必然要求。环境信息公开，是实现公众获取环境信息、参与和监督环境保护工作的基础和前提，如果政府不公开环境信息，公众参与环境保护工作就可能流于形式、走过场。（2）保障政府实现环境监督管理权的需要。政府环境监督管理权的实现，离不开一定的环境信息的获取。市场经济要求政府统筹规划、掌握政策、信息引导、组织调查、提供服务及监督检查等都离不开信息。在环境保护领域，如果缺乏信息，政府决策的科学化、民主化很难实现。（3）保障公众环境知情权的需要。环境知情权的实现，有利于提高环境行政效率和社会的和谐稳定。企业向公众公开其环境信息，是公众为保护自身环境权益免受侵害或威胁，实现公众环境知情权的必要举措。（4）公众实现环境监督权和保护社会公共利益的需求。企业在其生产经营活动中难免对周围的生态环境产生影响。因此，企业公开其环境信息，有利于公众对其生产经营活动进行监督，防止或减少污染环境、破坏生态的情况出现，从而保护环境质量，维护公共利益。

（七）环境公益诉讼制度

公益诉讼是任何组织和个人根据法律授权，就侵犯国家利益、社会公益的行为提起诉讼，由法院依法处理违法的司法活动。公益诉讼是相对于私益诉讼的一种诉讼模式，其目的是维护社会公共利益。环境公益诉讼，即有关环境保护方面的公益性诉讼，是指由于自然人、法人或者其他组织的违法行为或不作为使环境公共利益遭受侵害或即将遭受侵害时，法律允许其他的法人、自然人或社会团体为维护公共利益而向人民法院提起的诉讼。环境公益诉讼又可以分为环境民事公益诉讼和环境行政公益诉讼。当损害环境的行为是个人、法人或社会团体做出时，针对这类主体提起的环境公益诉讼是环境民事公益诉讼；当损害环境的行为是行政机关及其工作人员做出时，针对这类主体提起的环境公益诉讼是环境行政公益诉讼。

环境民事公益诉讼被告人承担责任的方式有：停止侵害、排除妨碍、消除危险、恢复原状、赔偿损失、赔礼道歉等民事责任。

第四节　树立生态文明观念

一、生态文明观念的内涵

建设生态文明首先要树立生态文明观念。生态文明是人民群众共同参与共同建设共同享有的事业，全社会都要牢固树立生态文明观念。生态文明是以工业文明为基础，又超越工业文明的新型文明，是对工业文明的深刻变革。因此，树立生态文明观念实质上就是对在工业文明基础上形成的旧观念进行一场深刻变革。下面从生态自然观、生态伦理观、生态发展观、生态消费观四个方面简单谈一下生态文明观念的内涵。

（一）生态自然观

近代以来的工业文明给人类社会带来了巨大的物质财富，但也招致严重的环境问题，引发了全球性的生态危机。近代工业革命肇始于西方社会，以科技为利器向自然界进攻和索取成为当时人们的思想共识和普遍的致富手段。西方近代文化在科学技术的发展过程中，整个思想学术界弥漫着浓重的人类中心主义思想理念。从神学的束缚中挣脱出来的人道主义得到进一步的彰显。西方近代人类中心主义认为，人是最高的主体，自然界是一架机器；人是自然界的主人，自然界是人的奴役和征服的对象。在工业文明下，人们把自然当作可以任意摆布的机器、可以无穷索取的原料库和无限容纳工业废弃物的垃圾箱。这些做法违背了自然的规律，超出了自然界能够承受的阈限。自然界则向人类施行了严厉的报复——全球性的生态失衡和人类生存环境恶化。

要想实现人与自然的和谐共生，人们必须改变西方近代人类中心主义的机械论自然观，代之以马克思主义的生态自然观，从而科学认识人与自然的关系并对之作出正确的处理。马克思的生态自然观认为，人与自然之间是统一的。人本身就是自然存在物，是自然界中的一部分。人来源于自然界，是自然界长期演化的产物。人靠自然界生活。所以人应该像爱护自己身体一样爱护自然，人必须与自然界实现和谐统一。也就是说，人类与自然界的关系，不是征服与被征服的关系，不是纯粹的消费与被消费的关系，而是休戚相关、互利共生的有机整体。马克思的生态观，既强调了人类要合理地干预自然，使自然更好地为人类服务，又强调了人类应当限制自己的行为，尽可能地对自然生态加以保护，使人与自然的关系处于持续的和谐之中。

（二）生态伦理观

生态伦理观即人们要把非人类自然物当作自己道德关怀的对象。西方传统伦理思想认为，道德关怀的对象只限于人类自身，动物、植物、河流、山川等非人类自然物不是道德关怀的对象。在西方人看来，既然非人类自然物不是道德关怀的对象，那么残杀、破坏它们，就可以不受到道德上的谴责，也无需内疚。他们还从《圣经》中找到依据，说上帝创造万物就是供人类食用、驱使，人类可以对非人类自然物为所欲为。西方传统的这种伦理思想是西方近代人类中心主义的组成部分，是与他们运用科学技术征服自然、无度索取的行为相互呼应、相互配合的。随着人类的活动造成自然界的残破，环境不断恶化，甚至威胁到人类生存，西方人开始反思他们的文化，对近代人类中心主义进行批判。相应地，西方传统伦理思想也进行了转换，于是出现了西方生态伦理思想，西方生态伦理思想的核心就是论证非人类自然物为什么能够成为人类道德关怀的对象。

人对自然万物有道德情感并付诸行动，这是人与自然和谐的根本，在现代生态危机的背景下，人们只有重新唤起对自然万物的道德心，才能从根本上摆脱这场威胁到人类生存的危机。

（三）生态发展观

生态发展，又称绿色发展，是在生态环境容量和资源承载能力的制约下，通过保护自然环境实现可持续科学发展的新型发展模式和生态发展理念。主要是指与环境保护、生态健康密切相关的经济盈利行为，是指在经济发展过程中，可以同时产生环境效益和经济效益的所有经济实践活动。这一界定至少涵盖两个方面的内容：

一方面，经济要环保。强调的重点是，任何经济行为都必须以保护环境和生态健康为基本前提，它要求任何经济活动不仅不能以牺牲环境为代价，而且要有利于环境的保护和生态的健康。另一方面，环保要经济。即从环境保护的活动中获取经济效益，将维系生态健康作为新的经济增长点，实现"从绿掘金"。诸如，将对环境污染的治理、对新能源的开发、对绿色产品的研发等环保举措，作为获取经济利润的主要来源。从上述的两个方面看，有理由将绿色经济发展理解成为生态经济的发展，其类型包括发展低碳经济、循环经济、生物经济等多种经济样式的发展。

（四）生态消费观

生态消费即适度消费，它是相对于异化消费而言的。消费本是人类正常的生活行为和经济活动，人类为了生存和发展就必须进行消费活动。但是在资本主义制度下，资本为了无止境地攫取更大的利润，利用广告诱惑、消费信贷、攀比消费等各种手段，极大地刺激了消费者提前消费、奢侈消费、炫耀性消费，从而导致消费的异化。消费要消耗自然资源，并排放废弃物。大量消费刺激大量生产，同时排放大量废弃物。正是大量生产、大量消费、大量排放的这一人类活动，造成了资源枯竭、环境污染、生态失衡，使人类陷入了生态危机。因此，在造成环境问题的整个链条中，消费是一个关键环节，生态文明建设，必须要改变异化消费，代之以生态消费。

二、中小学生生态文明教育

中小学生生态文明教育不止于课堂上的生态知识教育，更重在对学生生态行为的引导。所以，生态文明教育要从规范学生的行为习惯做起，培养学生的生态意识和良好生活习惯。下面介绍上海市一些中小学的成功做法，以资借鉴、参考。

学校可以开展生态体验主题教育活动，教师通过调研访谈、个别谈心，聚焦班级学生成长中忽视的生态问题，有针对性地设计生态体验教育活动方案，让学生在没有预防的心态之下感受生态直接体验，醒悟自己的行为后果，从而在深刻反思中提升个人的生命价值。如在上海市中小学广泛开展的"温馨教室"活动，班主任和学生一起创作班歌、班训、班徽，制作富有特色的班级网页，建设班级文化，为学生提供"绿色家园""生态班级"，让学生在自己亲手装点的教室中学习生活，感受班集体的温暖，这种班级文化氛围必然能够融洽师生关系，呈现和谐、友好、互助的良好人际氛围，使学生享受更多原生态的温馨与愉悦。

要培养学生的良好生态文明习惯，学校可以积极开展绿色文明活动。如上海"绿色小尖兵"在新年前夕向全市中小学发出"绿色倡议"，提出两项具体要求：一是保护森林和水资源，开展"减卡救树"活动，因为每制造4000张贺年卡就要消耗一棵大树，而且造纸过程中排出的废水还会破坏水资源，污染农田。这一创造性的建议使中小学生理性地对待贺卡的使用，减少了木材资源的浪费。二是积极动员家长，坚决抵制食用蛇、青蛙等有益动物，保护生态的多样化和自然生态的平衡。由于这些建设绿色家园活动的倡议具有开创性和可行性，得到了广大青少年及其家长的积极响应。

利用节假日开展"与绿色同行"活动，能够取得良好的生态教育效果。比如清明放假，中小学生可以跟随家长一起去春游、踏青、吃农家饭、赏原野春景、植树，使他们感受到大自然的春色，享受到大自然带来的绿色乐趣。可是，如今有些中小学为了避免学生发生意外伤害，取消春游活动，使学生失去丰富的绿色人文内涵的滋养机会，不利于青少年的健康成长。生态文明行为要从小事做起，使青少年深切感受到"生态文明"就在身边，就在脚下，是每个人都能做到的，只要有一颗热爱生活的心，就能时时处处参与生态环保活动。如格致中学学生倡议自带水杯上学，这样就可以尽量少用瓶装纯净水，以节约能源消耗和缓解水资源短缺。又如上海中小学实行免费书本供应，这就要求教师引导和教育学生爱惜书本，循环利用教材，减少资源浪费。可见，生态环保教育要注重事物、事实教育，从身边做起，从我做起。只有这样，才能引导青少年在植树护林、爱鸟、垃圾分类、限制使用塑料袋等实际行动中真正培养起维护自然生态的意识，从而建设美好家园。

生态文明教育要激发学生主体的积极性、主动性和创造性，发展环保型社团是建设生态校园的重要路径。每年3月9日，全国开展"保护母亲河日"活动，倡导青少年珍爱生命之水、共建生态文明。如上海市闵行区的"节水行动"，就是组织中小学社团和志愿者在当地的吴泾公园内打捞该段黄浦江上的垃圾，参与保护母亲河的行动。中学社团还参加上海"保护母亲河绿色工程"领导小组主办的保护水环境的创意实践大赛，以诗歌、小品、情景剧等形式，通过街道、周边社区和中小学进行环境保护宣传活动。全国保护母亲河行动领导小组办公室还建立了青少年生态社团注册备案制度，设立青少年生态社团的资助基金，用来支持青少年生态环保类社团活动。

营造节能环保的绿色氛围。许多中小学依靠"环保小卫士"，检查校园水电、纸张、粮食以及学习生活用品等资源使用情况，并把资源使用中存在的问题记录在案，及时向学校报告，以便学校领导及时采取措施，制止资源浪费现象，也有学校设立班级节约监督员，其主要职责是：发现同学有浪费资源现象时，及时劝阻；发现有浪费倾向的苗子及时向班主任汇报，并组织开展节约心得交流活动。一些学校在班级黑板报和壁报上，表彰班上同学的好人好事。还有的学校把学生的节约行为记录在成长手册上，鼓励学生积极参与环保活动，这一系列做法为中小学生营造了绿色成长环境。

　　节约和保护环境要使一代一代人持之以恒，中小学的生态文明教育是基础。万丈高楼平地起，夯实了中小学生的生态文明素质基础，在全社会牢固树立生态文明观念就有了保证。

第八章　了解主要国际组织，理解总体国家安全观

第一节　总体国家安全观、国家安全法和反国家分裂法概述

一、总体安全观的内涵和外延

【案例】　1994年至1998年，美国哈佛大学在安徽安庆打着支气管哮喘遗传流行病学研究的旗号，收集了16000多份血液样本；1998年至2006年，由美国国家卫生研究院出资，美国杜克大学及欧洲一些研究机构以健康调查的名义，在全中国22个省市对一万个中国长寿老人进行了血液样本采集，企图发现中国人长寿的基因秘密。数十年间，美国所有类似项目的研究范围已经覆盖了2亿中国人，中国人基因样本的大量外流，对中国的国家生物安全造成极大的威胁。[①]

【问题】　生物安全信息为什么属于国家秘密？

国家安全是国家生存发展的基本前提，维护国家安全是全国各族人民根本利益所在。习近平强调指出："我们党要巩固执政地位，要团结带领

[①] 《总体国家安全观与保守国家秘密系列专题——生物安全篇》，https://baijiahao.baidu.com/s? id=1731051181583610241&wfr=spider&for=pc。

人民坚持和发展中国特色社会主义，保证国家安全是头等大事……建立集中统一、高效权威的国家安全体制，加强对国家安全工作的领导。"① 没有安全和稳定，一切都无从谈起。如果安全这个基础不牢，发展的大厦就会地动山摇。

总体国家安全观，是做好新形势下国家安全工作的指导思想和根本遵循。党的十八大以来，以习近平同志为核心的党中央，审时度势，清醒地分析和评估当前的国际国内安全形势，针对国家安全问题，习近平总书记早在 2014 年就指出："当前我国国家安全内涵和外延比历史上任何时候都要丰富，时空领域比历史上任何时候都要宽广，内外因素比历史上任何时候都要复杂，必须坚持总体国家安全观。"②

坚持总体国家安全观，就是坚持全面系统的安全治理，体现维护国家安全统筹协调的"总体性"。为此，《国家安全法》第 3 条对总体国家安全观的指导思想地位作了明确规定。总体国家安全观关键在"总体"，强调的是做好国家安全工作的系统思维和方法，突出的是"大安全"理念，涵盖政治、军事、国土的传统安全，又包括经济、文化、社会、科技、网络、生态、资源、核、海外利益、太空、深海、极地、生物等诸多领域，不断拓展开放的领域。国家秘密是国家安全各个领域的重要基石，生物安全作为一种传统安全与非传统安全相互交织的安全领域，更是保密工作的必争必守之地。2021 年 4 月 15 日施行的《生物安全法》明确规定，生物安全信息属于国家秘密，应当依照《中华人民共和国保守国家秘密法》和国家其他有关保密规定实施保密管理。任何境外组织、个人及其设立或者实际控制的机构不得在我国境内采集、保藏我国人类遗传资源，不得向境外提供我国人类遗传资源。

---

① 《习近平谈治国理政》（第一卷），外文出版社 2014 年版，第 200 页。
② 习近平：《在中央国家安全委员会第一次会议上的讲话》，载《人民日报》2014 年 4 月 16 日第 1 版。

二、中国特色国家安全道路

2020 年 12 月 11 日，习近平总书记主持中共中央政治局第二十六次集体学习时，阐释了中国特色国家安全道路的基本内涵："坚持中国特色国家安全道路，贯彻总体国家安全观，坚持政治安全、人民安全、国家利益至上有机统一，以人民安全为宗旨，以政治安全为根本，以经济安全为基础，捍卫国家主权和领土完整，防范化解重大安全风险，为实现中华民族伟大复兴提供坚强安全保障。"①

（一）坚持政治安全、人民安全和国家利益至上的高度统一

坚持党对国家安全工作的绝对领导。《国家安全法》第 4 条规定："坚持中国共产党对国家安全工作的领导，建立集中统一、高效权威的国家安全领导体制。"这是以法律的形式确认党的领导原则。中国共产党"始终坚持国家利益至上，以人民安全为宗旨、以政治安全为根本"，始终保持忧患意识，"居安思危"，高度重视并坚定维护国家安全。

（二）坚持走和平发展道路与坚定维护国家利益的有机结合

中国是当今世界大国中，最主动、最旗帜鲜明提出走和平发展道路的。习近平强调："国家安全要以人民安全为宗旨，以政治安全为根本，以国家利益至上为准则。"任何国家都不能借"中国走和平发展道路"侵犯中国的主权和领土完整、损害中国的国家利益，"我们坚持走和平发展道路，但决不能放弃我们的正当权益，决不能牺牲国家核心利益。任何外国不要指望我们会拿自己的核心利益做交易，不要指望我们会吞下损害我国主权、安全、发展利益的苦果"。②

---

① 《习近平谈治国理政》（第四卷），外文出版社 2022 年版，第 390 页。
② 《习近平谈治国理政》（第一卷），外文出版社 2014 年版，第 249 页。

（三）坚持统筹发展和安全

中国特色的国家安全道路强调统筹发展和安全，"安全是发展的前提，发展是安全的保障"。发展和安全犹如车之两轮、鸟之两翼，互为前提和基础。发展是提升国家安全实力的必由之路；安全是可持续发展的重要支撑和保障，缺失了安全，发展成就很可能一夜归零。①

（四）坚持独立自主和构建人类命运共同体并重

进入新时代以来，各国面临越来越多具有普遍性的安全难题，如气候变暖、金融危机、恐怖主义、核扩散、难民潮、传染病、网络攻击等。只有各国共同合作，才能实现普遍安全。

（五）坚持走好中国特色国家安全道路

最根本的是要坚持总体国家安全观，在维护国家安全的实践中真正做到"十个坚持"：坚持党对国家安全工作的绝对领导；坚持中国特色国家安全道路；坚持以人民安全为宗旨；坚持统筹发展和安全；坚持把政治安全放在首要位置；坚持统筹推进各领域安全；坚持把防范化解国家安全风险摆在突出位置；坚持推进国际共同安全；坚持推进国家安全体系和能力现代化；坚持加强国家安全干部队伍建设。②

三、国家安全法概述

【案例】 蔡英文及民进党当局为谋一己一党之政治私利，推动、配

---

① 陈文清：《总体国家安全观的生动实践和丰富发展——深入学习贯彻习近平总书记关于疫情防控的重要论述》，载《求是》2020 年第 8 期。

② 《习近平谈治国理政》（第四卷），外文出版社 2022 年版，第 390—391 页。

合佩洛西窜访中国台湾地区，挟洋自重挑衅大陆，站在中华民族的对立面，严重危害台海和平稳定，严重损害两岸同胞共同利益和中华民族根本利益。这出美台勾连的政治闹剧，凸显蔡英文及民进党当局的"台独"本质，暴露出其"媚美""谋独""卖台"的政治本性。《台湾问题与新时代中国统一事业》白皮书指出：民进党当局的谋"独"行径导致两岸关系紧张，危害台海和平稳定，破坏和平统一前景、挤压和平统一空间，是争取和平统一进程中必须清除的障碍。

【问题】 将民进党当局作为必须清除的障碍，主要的法律依据是什么？

在中国特色社会主义法律体系形成过程中，不同领域涉及国家安全的事项也逐步得到法律规范。党的十八大以来，制定修改了20多部与国家安全直接相关的法律。近年来，在总体国家安全观指导下，我国国家安全立法工作迅速向前推进，《反恐怖主义法》《境外非政府组织境内活动管理法》《网络安全法》《国家情报法》《反间谍法实施细则》《香港特区维护国家安全法》《生物安全法》等一系列国家安全类法律法规不断出台，总体性国家安全法律体系逐渐成形，法治国家安全的局面初步成为现实。总体而言，主要包括以下四个方面：

一是宪法。宪法是国家根本法，具有最高的法律效力，具体到保障国家安全，宪法规定，禁止任何组织或者个人破坏社会主义制度；国家维护社会秩序，镇压叛国和其他危害国家安全的犯罪活动，制裁危害社会治安、破坏社会主义经济和其他犯罪的活动，惩办和改造犯罪分子；公民有维护祖国的安全、荣誉和利益的义务，不得有危害祖国的安全、荣誉和利益的行为；保卫祖国、抵抗侵略是中华人民共和国每一个公民的神圣职责；等等。

二是国家安全领域的专门立法，包括：《反间谍法》主要规定国家安全机关反间谍侦查工作；《保守国家秘密法及其实施条例》规范保密工作；

维护国家统一和领土完整的立法，如《反分裂国家法》《领海及毗连区法》《国家情报法》《香港特别行政区维护国家安全法》等；维护国家政治秩序和维护社会公共安全的立法，如《戒严法》《枪支管理法》等；维护国防和军事安全的立法，如《国防法》《人民防空法》《反恐怖主义法》；等等。民进党当局的谋"独"行径直接违反国家安全领域的法律，所以民进党当局对于国家统一是必须清除的障碍。

三是其他方面立法。有些法律部分条款涉及维护国家安全，如《农业法》《食品安全法》等，还有的是为依法惩治违法、犯罪行为而制定的法律，如《刑法》《行政处罚法》等。此外，行政法规和部门规章、地方性法规和地方政府规章也有一些维护国家安全的规定。我国还缔结和加入了一些国际条约、公约，在防止核扩散，打击分裂主义、极端主义、恐怖主义，应对气候变化等方面，开展国家安全合作。

四是《国家安全法》。《国家安全法》是一部具有基础性、全局性、综合性的重要法律，是国家安全法律制度体系中起统领作用的基本法律。

四、反国家分裂法概述

【案例】　为维护两岸关系和平发展和两岸同胞切身利益、坚决打击"台独"顽固分子，决定公布萧美琴、顾立雄、蔡其昌、柯建铭、林飞帆、陈椒华、王定宇等为列入清单的"台独"顽固分子，对他们及前已公布的苏贞昌、游锡堃、吴钊燮采取以下惩戒措施：禁止其本人及家属进入大陆和香港、澳门特别行政区，限制其关联机构与大陆有关组织、个人进行合作，绝不允许其关联企业和金主在大陆谋利，以及采取其他必要的惩戒措施，依法终身追责。决定对游锡堃担任董事长的"台湾民主基金会"的执行长、吴钊燮担任董事长的"国际合作发展基金会"的秘书长实施制裁，禁止其进入大陆和香港、澳门特别行政区。

【问题】"台独"顽固分子违反了《反分裂国家法》的什么法定义务？

2005年3月14日，十届人大三次会议高票通过《反分裂国家法》。《反分裂国家法》以宪法为依据，重申宪法所规定的基本原则和重要制度，并使之明确、具体。[①] 这部重要法律是坚持"一国两制"、推进祖国和平统一制度体系的重要组成部分，是反"独"促统政治责任和使命要求的重要遵循。

"台独"分裂是祖国统一的最大障碍，是民族复兴的严重隐患。[②] 坚决遏制各种形式的"台独"是《反分裂国家法》的首要任务。《反分裂国家法》开宗明义地宣布，该法的立法目的是"为了反对和遏制'台独'分裂势力分裂国家，促进祖国和平统一，维护台湾海峡地区和平稳定，维护国家主权和领土完整，维护中华民族的根本利益"。第2条规定："世界上只有一个中国，大陆和台湾同属一个中国，中国的主权和领土完整不容分割。维护国家主权和领土完整是包括台湾同胞在内的全中国人民的共同义务。台湾是中国的一部分。国家绝不允许'台独'分裂势力以任何名义、任何方式把台湾从中国分裂出去。"这一条是《反分裂国家法》的核心和灵魂。[③] 这是迄今为止对两岸现状、对"一个中国"最权威的表述。"台独"分裂活动公然挑战中华民族根本利益，必须坚决遏制打击。维护国家主权和领土完整是包括台湾同胞在内的全中国人民的共同义务，台独分子严重违背了这一条义务。

台湾是中国领土不可分割的一部分。从中国人民数千年来开发台湾、历朝政府管辖台湾的历史文献，到《开罗宣言》《波茨坦公告》、联合国2758号决议等国际文告，再到我国宪法、《反分裂国家法》等一系列法律

---

① 周叶中：《台湾问题的宪法学思考》，载《法学》2007年第6期。

② 《习近平谈治国理政》（第四卷），外文出版社2022年版，第410页。

③ 王振民：《"一国两制"下国家统一观念的新变化》，载《环球法律评论》2007年第5期。

规定，有关台湾的历史和法理事实都充分证明，世界上只有一个中国，大陆和台湾同属一个中国。对"台独"分裂势力的挑衅，我们绝不含糊，坚决挫败。①

《反分裂国家法》鼓励和推动两岸多个领域的交流合作，为两岸和平统一奠定基础。该法规定了和平统一的基础、国家义务和方式。该法第5条规定："坚持一个中国原则，是实现祖国和平统一的基础。"第6条将中央对台的诸项政策法制化，使执行中央的对台政策有了法律依据。第7条规定："国家主张通过台湾海峡两岸平等的协商和谈判，实现和平统一；协商和谈判可以有步骤、分阶段进行，方式可以灵活多样。"据此可见，"有步骤、分阶段"的谈判和协商是和平统一的具体实施方式。此外，第7条还详细列举了协商和谈判的事项，将中央"在一个中国原则下，什么问题都可以谈"的方针法制化。2008年国民党上台后至2016年，两岸两会在"九二共识"基础上迅速重启协商并达成23项协议，两岸经济合作实现制度化。尤其在2015年，两岸领导人实现历史性会晤，确立了两岸关系政治现状新标准，树立了推进祖国和平统一进程新坐标。2016年以来，大陆仍根据《反分裂国家法》的规定，依法保护台湾同胞的权利和利益，先后两次修改《台湾同胞投资保护法》，集中出台深化两岸经济文化交流合作的"31条措施""26条措施""11条措施"，逐步为台湾同胞在大陆学习、创业、就业、生活提供与大陆同胞同等待遇，进一步帮助广大台商台企应对疫情和复工复产。

《反分裂国家法》规定在三种情形下，国家得采取非和平方式及其他必要措施，维护国家主权和领土完整。第8条第1款规定了"采取非和平方式及其他必要措施"的三个条件，即"'台独'分裂势力以任何名义、任何方式造成台湾从中国分裂出去的事实，或者发生将会导致台湾从中国分裂出去的重大事变，或者和平统一的可能性完全丧失"。第8条第2款

---

① 栗战书：《坚决反对"台独"分裂，坚定推进祖国和平统一——在〈反分裂国家法〉实施15周年座谈会上的讲话》，载《中国人大》2020年第12期。

则规定了运用非和平方式统一台湾的实施机关和程序。即"采取非和平方式及其他必要措施，由国务院、中央军事委员会决定和组织实施，并及时向全国人民代表大会常务委员会报告"。党的十九大报告中的"六个任何"对"任何名义、任何方式"战略底线进行了解读。即"绝不允许任何人、任何组织、任何政党、在任何时候、以任何形式、把任何一块中国领土从中国分裂出去"。我们不承诺放弃使用武力，保留采取非和平方式及其他必要措施的选项，针对的是"台独"分裂活动和外部势力干涉，而不是广大台湾同胞。

第二节 《国家安全法》的主要内容（一）

一、国家安全法的立法宗旨和基本原则

【案例】 香港非法"初选"活动涉嫌违反香港国安法一案，2022年8月18日在西九龙裁判法院再次开庭聆讯。反中乱港分子戴耀廷、黄之锋、杨岳桥等29名被告承认串谋颠覆国家政权罪。29名被告将交付香港高等法院原讼庭判刑。（新华社香港）

【问题】 29名被告涉嫌颠覆国家政权罪，他们的行为对国家安全的危害是什么？

国家安全工作是中国特色社会主义事业的重要组成部分，事关我们党执政兴国，事关人民幸福安康，事关党和国家长治久安。《国家安全法》第一条开宗明义、旗帜鲜明地提出，国家安全法的目的就是："保卫人民民主专政的政权和中国特色社会主义制度，保护人民的根本利益，保障改革开放和社会主义现代化建设的顺利进行，实现中华民族伟大复兴。"案例中被告在2020年7月1日至2021年1月7日期间，一同串谋，旨在颠

覆国家政权，组织、策划、实施或参与实施，以威胁使用武力或其他非法手段，严重干扰、阻挠、破坏香港特区政府履行职能。

国家安全是什么？是这部法律首先要解决的问题。《国家安全法》第2条规定："国家安全是指国家政权、主权、统一和领土完整、人民福祉、经济社会可持续发展和国家其他重大利益相对处于没有危险和不受内外威胁的状态，以及保障持续安全状态的能力。"

关于维护国家安全工作的基本原则。按照总体国家安全观的要求，根据宪法和有关法律的规定，国家安全法明确了维护国家安全工作的原则。（1）坚持法治和保障人权原则。（2）坚持维护国家安全与经济社会发展相协调和统筹各领域安全原则。（3）安全是发展的前提，人类是不可分割的安全共同体。[1] 坚持促进共同安全。（4）坚持预防为主、标本兼治，专门工作与群众路线相结合原则。

二、关于国家安全领导体制和安全战略

【案例】　中央国家安全委员会，全称为"中国共产党中央国家安全委员会"，是中国共产党中央委员会下属机构。经由中国共产党第十八届中央委员会第三次全体会议后，于2013年11月12日成立。中央国家安全委员会作为中共中央关于国家安全工作的决策和议事协调机构，向中央政治局、中央政治局常务委员会负责，统筹协调涉及国家安全的重大事项和重要工作。

【问题】　中央国家安全委员会设立的意义是什么？

国家安全工作攸关党的执政地位和国家存亡，习近平强调"坚持

---

[1]　《习近平谈治国理政》（第四卷），外文出版社2022年版，第451页。

党对国家安全工作的绝对领导，坚持党中央对国家安全工作的集中统一领导，加强统筹协调，把党的领导贯穿到国家安全工作各方面全过程"。①

党对国家安全工作的领导，需要一个抓手，一个平台。成立国家安全委员会，目的就是更好适应我国国家安全面临的新形势新任务，建立集中统一、高效权威的国家安全体制，加强对国家安全工作的领导。《国家安全法》第4条、第5条规定，"坚持中国共产党对国家安全工作的领导，建立集中统一、高效权威的国家安全领导体制"，"中央国家安全领导机构负责国家安全工作的决策和议事协调，研究制定、指导实施国家安全战略和有关重大方针政策，统筹协调国家安全重大事项和重要工作，推动国家安全法治建设"。中央国家安全委员会的设立有利于提高国家在面临各种安全危机和挑战时的应变能力，也代表着我国在捍卫国家安全和国家利益方面的决心和意志。

国家安全战略，是党和国家一个时期维护国家安全的方针政策和目标任务，是关于国家安全的综合性的指导方略。2015年1月，中央政治局召开会议，审议通过《国家安全战略纲要》。为突出国家安全战略在维护国家安全工作中的顶层设计和管全局的地位，《国家安全法》第6条对国家安全战略的制定及其主要内容作了规定："国家制定并不断完善国家安全战略，全面评估国际、国内安全形势，明确国家安全战略的指导方针、中长期目标、重点领域的国家安全政策、工作任务和措施。"

三、关于维护国家安全的任务（上）

【案例】 2016年至2019年，李亨利以现金或支票方式资助境外反华

---

① 《习近平谈治国理政》（第四卷），外文出版社2022年版，第390页。

势力和反中乱港分子从事危害国家安全犯罪活动，共计 133 万余元。广州中院一审以资助危害国家安全犯罪活动罪判处李亨利有期徒刑十一年，并处没收个人财产 200 万元。广东高院二审维持原判。

【问题】 李亨利从事犯罪活动对国家安全有什么重大危害？

出于维护国家安全的重要性，《国家安全法》专章对维护国家安全的任务作了规定。在此，着重介绍八个领域安全任务。

（一）维护政治安全

政治安全是国家安全最根本的象征，是国家利益的最高目标。"政治安全的核心是政权安全和制度安全，最根本的就是维护中国共产党的领导和执政地位，维护中国特色社会主义制度。"[1] 当前影响我国政权安全的因素，有敌我矛盾，也有人民内部矛盾。历史经验昭示，堡垒最容易从内部攻破。随着中国大国崛起，敌视我政权的势力开始变换手法，以"和平演变"为策略，以"颜色革命"为手段，企图破坏和颠覆我政权。维护我国人民民主专政政权的安全，首要的是加强执政能力建设，巩固中国共产党的执政地位，这是实现政治安全的根本保障。坚持中国共产党的领导，维护中国特色社会主义制度，这是我国政权安全的核心与根本。同时，也要强化对敌人实行专政的职能，时刻防范、制止和依法惩治任何叛国、分裂国家、煽动叛乱、颠覆或者煽动颠覆人民民主专政政权的行为，窃取、泄露国家秘密等危害国家安全的行为，以及境外势力的渗透、破坏、颠覆、分裂活动。案例中，李亨利资助境外反华势力和反中乱港分子从事危害国家安全犯罪活动，对我国政治安全造成极大危害，影响恶劣。依法惩治危害国家安全犯罪，体现了人民法院维护国家政治安全、制度安全、政权安全的坚定决心和有力作为。

---

[1] 中共中央宣传部：《习近平新时代中国特色社会主义思想学习纲要》，学习出版社 2019 年版，第 181 页。

（二）维护人民安全

人民是国家的基本构成要素。习近平讲，"以人民安全为宗旨"，这就是强调维护国家安全要"坚持以民为本、以人为本，坚持国家安全一切为了人民、一切依靠人民"，维护和发展最广大人民的根本利益，保卫人民安全，创造良好生存发展条件和安定工作生活环境，保障公民的生命财产安全和其他合法权益。毛泽东同志指出，"为什么人的问题，是一个根本的问题，原则的问题"。习近平指出，"各级国家机关及其工作人员，不论做何种工作，说到底都是为人民服务。这一基本定位，什么时候都不能含糊、不能淡化"。"以人民安全为宗旨"，强调维护国家安全的中心是为人民，这是核心性、终极性目的；强调人民在维护国家安全中的主体性，体现了全心全意为人民服务的党的根本宗旨。为此，《国家安全法》在第1条关于立法宗旨中就强调了"保护人民的根本利益"；在基本原则中强调了"尊重和保障人权，依法保护公民的权利和自由"；在维护国家安全的任务中规定了"国家维护和发展最广大人民的根本利益，保卫人民安全，创造良好生存发展条件和安定工作生活环境，保障公民的生命财产安全和其他合法权益"；在国家安全危机管控处置中规定了有多种措施可供选择的，"应当选择有利于最大程度保护公民、组织权益的措施"；此外，在《国家安全法》第六章中还规定了公民和组织在维护国家安全中的各项权利。

（三）维护经济安全

经济安全是维护国家安全的基础。《国家安全法》规定，维护国家经济安全，就是要维护国家基本经济制度和社会主义市场经济秩序，保障关系国民经济命脉的重要行业和关键领域、重点产业、重大基础设施和重大建设项目以及其他重大经济利益安全。同时，金融、资源能源、粮食等方面的安全在确保经济安全方面具有重要地位。①《国家安全法》分别作了

---

① 中共中央宣传部：《习近平新时代中国特色社会主义思想学习纲要》，学习出版社2019年版，第182页。

具体规定；国家采取相关措施，防范和化解系统性、区域性金融风险，防范和抵御外部金融风险的冲击。

（四）维护文化安全

文化安全是确保民族、国家独立和尊严的重要精神支撑。清代著名学者龚自珍曾讲过："欲要亡其国，必先灭其史。欲灭其族，必先灭其文化。"当前，西方敌对势力把我国作为文化渗透、西化、分化的主要目标，把价值观输出作为核心内容，把炒作敏感问题作为基本手法，把渗透基层、争夺群众作为重要方式，把内外勾连、相互借重作为行动策略，把互联网作为主渠道，对我国文化安全构成严重威胁。为此，《国家安全法》第 23 条对维护文化的任务作出了规定，即国家坚持社会主义先进文化前进方向，继承和弘扬中华民族优秀传统文化，培育和践行社会主义核心价值观，防范和抵制不良文化的影响，掌握意识形态领域主导权，增强文化整体实力和竞争力。

四、关于维护国家安全的任务（下）

【案例】 2022 年 7 月 21 日，国家互联网信息办公室依据《网络安全法》《数据安全法》《个人信息保护法》《行政处罚法》等法律法规，对滴滴全球股份有限公司处人民币 80.26 亿元罚款，对滴滴全球股份有限公司董事长兼 CEO 程维、总裁柳青各处人民币 100 万元罚款。①

【问题】 滴滴公司的行为对国家安全的危害是什么？

（一）维护科技安全

强化科技自立自强作为国家安全和发展的战略支撑作用。国家安全体

---

① 《国家互联网信息办公室对滴滴全球股份有限公司依法作出网络安全审查相关行政处罚的决定》，中国网信网 2022 年 7 月 21 日，http://www.cac.gov.cn/2022-07/21/c_1660021534306352.htm。

系及其任何部分都可能存在科技安全问题，科技与科技安全的丧失，对国家安全是毁灭性打击。[1] 一般认为，科技安全既包括国家利益免受国外科技优势威胁和敌对势力、破坏势力以技术手段相威胁，国家利益免受科技发展自身的负面影响，也包括国家以科技手段维护国家安全的能力，以及国家在所面临的国际国内环境中保障科学技术健康发展以及依靠科学技术提高综合国力的能力。[2] 为此，《国家安全法》第 24 条对维护科技安全的任务作了规定，即国家加强自主创新能力建设，加快发展自主可控的战略高新技术和重要领域核心关键技术，加强知识产权的运用、保护和科技保密能力建设，保障重大技术和工程的安全。

（二）维护网络信息安全

2014 年 2 月 27 日，习近平总书记在中央网络安全和信息化领导小组第一次会议上进一步提出，"没有网络安全就没有国家安全"，"网络安全和信息化是事关国家安全和国家发展、事关广大人民群众工作生活的重大战略问题"。中国已成为世界上最大的网络用户国家，也是黑客攻击的受害国。面对这种形势，习近平指出，"确保网络信息传播秩序和国家安全、社会稳定，已经成为摆在我们面前的现实突出问题"。[3] 为此，《国家安全法》鲜明地规定 "维护国家网络空间主权、安全和发展利益"。网络空间主权是国家主权在网络空间的体现和延伸，网络主权原则是我国维护国家安全和利益、参与网络国际治理与合作所坚持的重要原则。本案例经查明，滴滴公司共存在 16 项违法事实，归纳起来主要是 8 个方面。一是违法收集用户手机相册中的截图信息 1196.39 万条；二是过度收集用户剪切板信息、应用列表信息 83.23 亿条；三是过度收集乘客人脸识别信息

---

[1] 全国人大常委会法制工作委员会编：《中华人民共和国国家安全法释义》，法律出版社 2016 年版，第 125 页。

[2] 郑淑娜主编：《中华人民共和国国家安全法解读》，中国法制出版社 2016 年版，第 128 页。

[3] 中共中央党史和文献研究院编：《习近平关于总体国家安全观论述摘编》，中央文献出版社 2018 年版，第 158 页。

1.07 亿条等；四是过度收集乘客评价代驾服务时等信息 1.67 亿条；五是过度收集司机学历信息 14.29 万条等；六是在未明确告知乘客情况下分析乘客出行意图信息 539.76 亿条等；七是在乘客使用顺风车服务时频繁索取无关的"电话权限"；八是未准确、清晰说明用户设备信息等 19 项个人信息处理目的。滴滴公司未按照相关法律法规规定和监管部门要求，履行网络安全、数据安全、个人信息保护义务，置国家网络安全、数据安全于不顾，给国家网络安全、数据安全带来严重的风险隐患，行为性质极为恶劣。①

（三）维护新型领域安全

我国在太空、深海和极地这些"战略新疆域"有着现实和潜在的重大国家利益，目前我国已成为世界上在国际海底区域及其资源拥有实际利益的少数几个国家之一；在太空、极地领域，我国同样有利益关切。但在上述领域，我国人员安全进出、科学考察、开发利用以及相关活动和资产，在竞争日趋激烈的情况下，同样面临着安全威胁和挑战。因此我国有必要以法律的形式，把条约公约赋予我国的权利以及我国现实和潜在的利益明确下来，为依法保障自身相关活动、资产和人员的安全提供法律保障。

（四）维护海外利益安全

中国经济逐步融入世界经济体系，海外利益已经成为中国国家利益的重要组成部分。这些年，为适应对外开放和经济全球化新形势需要，中国企业在海外的投资不断扩大，在海外经商、旅游、留学的中国公民数量与日俱增，随着"一带一路"建设不断推进，中国在海外的利益会进一步扩大。但是国际安全形势不确定、不稳定因素增多，加强海外利益保护，是

---

① 《国家互联网信息办公室有关负责人就对滴滴全球股份有限公司依法作出网络安全审查相关行政处罚的决定答记者问》，中国网信网 2022 年 7 月 21 日，http://www.cac.gov.cn/2022-07/21/c_1660021534364976.htm。

维护国家利益安全的必然要求。"要切实维护我国海外利益，不断提高保障能力和水平，加强保护力度。"①《国家安全法》第33条对保护国家的海外利益作了原则规定，即国家依法采取必要措施，保护海外中国公民、组织和机构的安全和合法权益，保护国家的海外利益不受威胁和侵害。例如派遣海军舰艇编队赴亚丁湾、索马里海域执行护航任务，有效维护了我国海上重要战略通道和人员、船舶安全。

此外，《国家安全法》还规定了国土、军事、社会、生态、核等安全领域的任务。

第三节　《国家安全法》的主要内容（二）

一、关于国家机构的职责

《国家安全法》第三章规定了全国人大及其常委会、国务院、中央军委、中央各部门和地方（包括香港、澳门两个特别行政区）维护国家安全的责任。

一是关于全国人大及其常委会、国务院、中央军委的职权。通常情况下，上述国家机构按照宪法法律规定，通过制定和实施法律、行政法规以及其他措施，维护国家安全。需要强调的是，维护国家安全，在必要时可以采取非常措施。国家安全法规定，全国人大常委会依照宪法规定，决定战争状态的宣布，决定全国总动员或者局部动员，决定全国或者个别省、自治区、直辖市进入紧急状态，行使宪法规定的和全国人大授予的涉及国家安全的其他职权。中华人民共和国主席根据全国人大的决定和全国人大常委会的决定，宣布进入紧急状态，宣布战争状态，发布动员令，行

---

① 中共中央党史和文献研究院编：《习近平关于总体国家安全观论述摘编》，中央文献出版社2018年版，第205页。

使宪法规定的涉及国家安全的其他职权。国务院依照法律规定决定省、自治区、直辖市的范围内部分地区进入紧急状态。中央军委统一领导武装力量，依照法律规定和党中央的决策部署，采取军事行动应对军事威胁，采取武装力量的和平运用，应对各种非传统安全，单独或与国务院共同依法组织实施紧急状态、战争状态、发布动员令后的各项特别措施。

二是国家机关及其工作人员要依法履行维护国家安全的职责。国家机关及其工作人员在维护国家安全工作中，无论是平常管理，还是在非常状态下，都要依法行使职权，采取各项应对危机的措施，既要能达到防范、制止和消除危机的目的，又要保障人权不受非法侵害。

二、特别行政区维护国家安全的宪制责任

维护国家安全是保证国家长治久安、保持香港长期繁荣稳定的必然要求，是包括香港同胞在内的全中国人民的共同义务，是国家和香港特别行政区的共同责任。香港回归以来，"一国两制"在实践中也遇到了一些新情况新问题，特别是香港特别行政区国家安全风险曾较为凸显，一度成为制度短板。

2020 年 5 月 28 日，全国人大通过《关于建立健全香港特别行政区维护国家安全的法律制度和执行机制的决定》，授权全国人大常委会就建立健全香港特区维护国家安全的法律制度和执行机制制定相关法律。2020年 6 月 30 日，全国人大常委会通过《中华人民共和国香港特别行政区维护国家安全法》(以下简称《香港国安法》)，通过防范、制止和惩治与香港特区有关的危害国家安全犯罪，有力地保持了香港的繁荣和稳定，保障了香港居民的合法权益。《香港国安法》堵住了香港维护国家安全的法律和制度漏洞，它的实施是对"一国两制"制度体系的重大完善，使"一国两制"在香港的实践进入了新里程。

《香港国安法》的立法目的是防范、制止和惩治分裂国家、颠覆国家政权、组织实施恐怖活动和勾结外国或境外势力危害国家安全等犯罪行为，保持香港特别行政区的繁荣和稳定，以及保障香港特别行政区居民的合法权益。《香港国安法》规定，中央人民政府对香港特别行政区有关的国家安全事务负有根本责任；香港特别行政区负有维护国家安全的宪制责任，应当履行维护国家安全的职责。

《香港国安法》规定了防范、制止和惩治危害国家安全犯罪应当坚持的法治原则，包括依照法律定罪处刑、无罪推定、一事不二审和保障犯罪嫌疑人诉讼权利、香港特别行政区维护国家安全应当尊重和保障人权等。

《香港国安法》规定，香港特别行政区设立由行政长官担任主席的香港特别行政区维护国家安全委员会，负责维护国家安全事务，承担维护国家安全的主要责任，并接受中央人民政府的监督和问责。委员会设国家安全事务顾问，由中央人民政府指派。香港特别行政区政府警务处和律政司作为主要执行部门，设立专门处理维护国家安全事务的部门。警务处维护国家安全部门办理国家安全犯罪案件时，可采取特别行政区现行法律准予警方调查严重犯罪案件的各种措施以及其他《香港国安法》规定的措施。

《香港国安法》规定，中央人民政府在香港特别行政区设立维护国家安全公署。公署人员由中央人民政府维护国家安全的有关机关联合派出，须遵守全国性法律和香港特别行政区法律，依法接受国家监察机关的监督。

三、关于国家安全的保障措施

【案例】 2022 年 8 月 3 日，浙江省温州市国家安全局依法对长期从事"台独"分裂活动，涉嫌危害国家安全的犯罪嫌疑人杨智渊实施刑事拘传审查。杨智渊长期鼓吹"台独"理念，伙同他人成立"台独"非法组织

"台湾民族党"，以"推动台湾成为主权独立国家并加入联合国"为目标，大肆鼓噪"公投建国"，高调推行"急独"路线，策划实施"台独"分裂活动，涉嫌分裂国家犯罪和煽动分裂国家犯罪。（央视新闻，2022 年 8 月 3 日）

【问题】 为维护国家统一、政治安全，对于"台独"顽固分子采用的措施是什么？

为更好地开展国家安全工作，适应新形势新时代的使命要求，国家需要加强国家安全总体保障，建立健全国家安全保障体系，在法制、经费、物资、科技、人才、专门工作手段、宣传教育等方面给国家安全工作提供全面的支持，提高维护国家安全的工作能力。

2018 年 4 月 17 日，在十九届中央国家安全委员会第一次会议上，习近平将"加强法治保障"作为国家安全工作适应新时代新要求的重要方面。建立和完善国家安全法律体系，依法维护国家安全，是一项管长远、管根本的基础性工作。目前，我国涉及国家安全的法律法规近 200 部，内容广泛，覆盖政治安全、国土安全、军事安全、经济安全、文化安全、社会安全等领域，已经逐步构建起国家安全法律制度体系。案例中，针对极少数"台独"顽固分子勾连外部势力，妄图分裂国家，极力煽动两岸对立，公然挑衅国家主权和领土完整，公然挑衅国家法律尊严，严重危害台海和平稳定，严重损害两岸同胞共同利益和中华民族根本利益的行为。国家安全机关将坚决运用反分裂国家法、国家安全法等法律武器，对"台独"分裂势力谋"独"拒统、破坏和平的种种逆行，依法严惩不贷。

开展国家安全宣传教育工作，有利于增强各级机关领导干部对国家安全工作的重视，提高领导干部防范和应对国家安全风险的认识，有利于增强全民维护国家安全的意识，在全社会形成学习国家安全法律法规的良好氛围，从而形成维护国家安全的整体合力。

四、关于公民、组织的义务和权利

【案例】 在 2019 年，在中国香港曾爆发了一场"修例风波"，这场风波原本以游行示威的方式开始，随后慢慢演变为一场暴力事件，一些示威者开始使用石块、铁棍攻击香港警察。后来一系列调查显示，这场"修例风波"是一场有预谋的颠覆行动，而其背后的指使者便是黄之锋、戴耀廷这些人物。2022 年 8 月，29 名乱港分子束手就擒，黄之锋等人终于认罪，受到了应有的惩罚。（中国新闻网，2022 年 8 月 18 日）

【问题】 违反国家安全法律，黄之锋等人需要面临什么法律制裁？

我国《宪法》第五十四条、第五十五条规定，中华人民共和国公民有维护祖国的安全、荣誉和利益的义务，不得有危害祖国的安全、荣誉和利益的行为。保卫祖国、抵抗侵略是中华人民共和国每一个公民的神圣职责。《国家安全法》第十一条进一步规定，"中华人民共和国公民、一切国家机关和武装力量、各政党和各人民团体、企业事业组织和其他社会组织，都有维护国家安全的责任和义务"；"中国的主权和领土完整不容侵犯和分割。维护国家主权、统一和领土完整是包括港澳同胞和台湾同胞在内的全中国人民的共同义务"。案例中，黄之锋等乱港头目认罪，是《香港特别行政区维护国家安全法》实施以来取得的最大胜利，根据该法第 20 条规定，"对首要分子或者罪行重大的，处无期徒刑或者十年以上有期徒刑；对积极参加的，处三年以上十年以下有期徒刑；对其他参加的，处三年以下有期徒刑、拘役或者管制"。

公民和组织应当履行维护国家安全的义务：（1）遵守宪法、法律法规关于国家安全的有关规定，及时报告危害国家安全活动的线索，如实提供所知悉的涉及危害国家安全活动的证据，为国家安全工作提供便利条件或者其他协助，向国家安全机关、公安机关和有关军事机关提供必要的支持和协助，保守所知悉的国家秘密等。任何个人和组织不得有危害国家安全的行为，不得向危害国家安全的个人或者组织提供任何资助或者协助。（2）机关、人民团体、企业事业组织和其他社会组织应当对本单位的人员进行维护国家安全的教育，动员、组织本单位的人员防范、制止危害国家安全的行为。（3）企业事业组织根据国家安全工作的要求，应当配合有关部门采取相关安全措施。在强调维护国家安全义务的同时，法律也注重保护公民、组织在维护国家安全中的权利。

第四节　联合国及其法律制度

一、国际法的概念与基本原则

【案例】8月2日，美国国会众议长佩洛西不顾中方坚决反对，窜访中国台湾地区。此举严重违反一个中国原则和中美三个联合公报规定，严重违反国际关系基本准则，严重破坏中美关系政治基础，严重损害中美关系，是对中方的重大政治挑衅。任何逆历史潮流而动、企图拿台湾问题做文章、危害中国主权和领土完整的错误行径注定不会得逞，必将自食其果。（新华社，2022年8月2日）

【问题】如何理解佩洛西窜访中国台湾地区是对国际法基本原则的践踏？

国际法，也称国际公法，是调整国际法主体之间关系的法律原则、规则和制度的总称。国际法按其适用范围，有一般国际法和特殊国际法之分。前者是指对所有国家具有拘束力的国际法，如《联合国宪章》等各国普遍接受的国际公约；后者是指只对两个或少数国家具有拘束力的国际法，如双边条约和区域性组织的规约。国际法的渊源主要是国际条约和国际习惯。国际条约是国家间的明示协议，是国际法的首要渊源。"条约必须遵守"是国际法最基本的原则之一，所以条约是构成国际法的最重要的渊源。国际习惯是国际法的另一个主要渊源。国际习惯产生于国际条约之前，是最古老的国际法渊源。在现有的国际法原则、规则和制度的形成中，国际习惯发挥了重要的作用。①

国际法与国内法的关系。一般说来，凡我国缔结或加入的国际条约，一经对我国生效，可以在我国直接适用，对我国有效的条约与我国法律有不同规定的，适用该条约的规定，但是，我国在签订、批准或加入时，声明保留的条款除外。

国际法的基本原则是指各国公认具有普遍意义且构成国际法基础的法律原则。现代国际法的基本原则包括国家主权平等、禁止以武力相威胁或使用武力、和平解决国际争端、不干涉内政、善意履行国际义务、民族自决、国际合作和保护基本人权等八项原则。②

国家主权平等是国际法基本原则体系的核心，是其他各项原则的基础与前提。每个国家不论大小、强弱和政治经济制度如何，都应互相尊重主权，平等交往。主权平等尤其包括下列要素：（1）各国法律地位平等；（2）每一国均享有充分主权之固有权利；（3）每一国均有义务尊重其他国家之人格；（4）国家之领土完整及政治独立不得侵犯；（5）每一国均有权利自由选择并发展其政治、社会、经济及文化制度；（6）每一国均有责任充分并秉诚意履行其国际义务，并与其他国家和平相处。案例中，佩洛西窜访中国台湾地区，侵犯中国主权和领土完整、粗暴干涉中国内政，严重违背了国际法上尊重主权和领土完整、不干涉内政的原则。

禁止以武力相威胁或使用武力原则，即各会员国在其国际关系上不得使用武力威胁或武力，或以与联合国宗旨不符之任何其他方法，侵害任何会员国或国家之领土完整或政治独立。和平解决国际争端原则，即国际争端必须且只能以和平方法解决；任何国际争端当事方不得因为争端的存

---

① 《国际公法学》编写组：《国际公法学》，高等教育出版社2018年版，第24页。
② 《国际公法学》编写组：《国际公法学》，高等教育出版社2018年版，第89—101页。

在,或者某一种和平解决争端程序的失败,而使用武力或以武力相威胁。

不干涉内政原则,是指任何国家或国家集团在国际关系中不得以任何理由或任何方式,直接或间接地干涉其他国家主权范围内的一切内外事务,同时也指国际组织不得干涉成员国国内管辖的事项。

善意履行国际义务包含四项基本内容:第一,各国均有责任善意履行其依《联合国宪章》所负之义务;第二,各国均有责任善意履行其依公认国际法原则与规则所负之义务;第三,各国均有责任善意履行其根据公认国际法原则与规则生效之国际协定所负之义务;第四,如依其他国际协定所负之义务与《联合国宪章》所负之义务发生抵触时,宪章义务优先。

国际合作原则指各国均有义务在国际关系的各个方面彼此合作,同时也指各国和国际组织之间以及各国际组织之间需相互合作,以解决国际间属于经济、社会、文化及人类福利性质之国际问题,共同维护国际和平与安全。

人权和基本自由是全人类与生俱来的权利,但是保护和促进人权和基本自由是各国政府的首要责任。国家依照《联合国宪章》、九大核心人权条约及其他一百多项国际性和区域性人权公约、宣言、整套规则和原则,履行其促进普遍尊重、遵守和保护所有人的一切人权和基本自由的义务。

二、联合国和国际组织

(一)联合国的宗旨和原则

联合国是当今世界最具普遍性、代表性和权威性的政府间国际组织,是实践多边主义的重要平台,正式成立于1945年10月24日,其根据是同日生效的《联合国宪章》,总部设在纽约,截至2022年年底有会员国193个。

联合国的宗旨为"维持国际和平及安全","发展国际间以尊重人民平等权利及自决原则为根据之友好关系"，"促成国际合作"，"构成协调各国行动的中心"。

为了实现上述宗旨，《联合国宪章》规定了联合国及其会员国应遵循的七项原则：（1）联合国以各会员国主权平等之原则为基础；（2）会员国应一秉善意履行宪章义务；（3）会员国应以和平方法解决其国际争端；（4）会员国在其国际关系中不得以武力相威胁或使用武力，或以与联合国宗旨不符的任何方法，侵害任何会员国或国家的领土完整或政治独立；（5）会员国对于联合国依宪章规定而采取的行动，应尽力予以协助；（6）联合国在维持国际和平及安全之必要范围内，应保证非会员国遵行上述原则；（7）《联合国宪章》不得认为授权联合国干涉在本质上属于任何国家国内管辖之事件，并且不要求会员国将该事件依宪章提请解决。

（二）联合国的会员国

根据取得会员资格程序的不同，联合国会员国分为两大类：第一类为创始会员国，共 51 个。凡参加旧金山会议或者在此以前签署《联合国宪章》的国家，签署了宪章并依法予以批准的，都属于这一类。第二类为后来按宪章规定接纳的会员国。宪章规定，一切爱好和平的国家，接受宪章所载义务，经联合国组织确认为能够并愿意履行这些义务的，均得成为联合国会员国。接纳新会员国须经安理会推荐，并经大会以三分之二多数表决通过。

（三）联合国的主要机关

联合国为实现宪章所规定的宗旨，设有六个主要机关：大会、安全理事会、经济及社会理事会、托管理事会、国际法院和秘书处。此外，联合国还设有执行其职能所必需的各种辅助机关。

1. 大会

大会是联合国的主要审议机关，由全体会员国组成。每一会员国在大会中享有一个投票权。大会每年举行一届例会，一般为期 3 个月。在一定条件下，还可以召开大会的特别会议或紧急特别会议。大会具有广泛的职权，它可以讨论宪章范围内的任何问题或事项，或有关联合国任何机关的职权的任何问题或事项，除安理会正在处理者外，可向会员国或安理会提出关于这些问题或事项的建议。大会关于重要问题的决议，以出席并参加投票的会员国的三分之二多数决定，一般问题以过半数决定。

2. 安全理事会（安理会）

安理会是联合国在维持国际和平与安全方面负主要责任的机关。由 5 个常任理事国（中、法、英、俄、美）和 10 个非常任理事国组成。非常任理事国由联合国大会选举，任期 2 年，每年改选 5 个，不得连选连任。安理会是联合国唯一有权采取强制行动来维持国际和平与安全的机构。安理会的行动以"常任理事国一致"原则为基础。安理会的决议对各会员国有约束力。各会员国同意接受并履行安理会的决议。

3. 经济及社会理事会（经社理事会）

经社理事会是在联合国大会下负责协调联合国以及专门机构的经济及社会工作的机关，由联合国大会选出的 54 个理事国组成，任期 3 年，得连选连任。

4. 托管理事会

托管理事会是联合国负责监督托管领土行政管理的机关，由中、美、英、俄、法 5 个理事国和大会选举的若干其他成员国组成。随着联合国剩下的最后一个托管领土帕劳于 1994 年 10 月 1 日取得独立，托管理事会于 1994 年 11 月 1 日起停止运作。

5. 国际法院

国际法院是联合国的主要司法机关，总部设在荷兰海牙，由联合国大会和安理会分别投票选出的 15 名不同国籍的独立法官组成。国际法院的职权主要是行使诉讼管辖权和咨询管辖权。其诉讼当事者只限于国家。法院的判决由出庭法官的过半数作出。判决除对于当事国和本案外，无拘束力。国际法院对于提交给它的争端，依照国际法加以裁判。自 1982 年以来，一直有中国政府提名的候选人当选国际法院法官。

6. 秘书处

秘书处是联合国的常设行政机构，其任务是为联合国其他机关服务，并执行这些机关制定的计划和政策。秘书长是联合国组织的行政首长，由大会根据安理会的推荐委任，任期 5 年，任满后可连选连任。

联合国专门机构，指根据协定而同联合国建立关系的或根据联合国决定而成立的那种对某一特定业务范围负有国际责任的专业性国际组织。各专门机构以政府间协定作为法律基础。一般来说，只有主权国家才能加入专门机构。联合国现有的 17 个专门机构是：国际电信联盟、国际劳工组织、世界卫生组织、世界气象组织、世界知识产权组织、国际货币基金组织、世界银行、联合国教科文组织、世界旅游组织等。此外，国际原子能机构、禁止核试验条约组织预备委员会、禁止化学武器组织和世界贸易组织也分别与联合国安理会或大会建立了比较稳定的工作关系。这些专门机构和组织在经济、社会、文化、教育、卫生和有关领域负有广泛的国际责任。①

（四）专门性国际组织和区域性国际组织

专门性国际组织本身可以分出不同的种类。如果按其成员的性质来分，专门性国际组织有民间的和政府间的两大类。如果按其地域范围来分，有的是全球性组织，有的是地区性组织。若从这些组织的专业领域来考察，则又可以分为通信运输组织、文化科教卫生组织、金融贸易组织、工农业方面的组织等。专门性国际组织即具有某种特定功能的组织，有世界贸易组织、国际劳动组织、世界卫生组织、国际图书馆协会联合会和国际红十字会等。

---

① 《国际公法学》编写组：《国际公法学》，高等教育出版社 2018 年版，第 168 页。

区域性国际组织是指在特定区域内的国家为了共同利益和共同政策而结成的国际组织。区域性国际组织有非洲国家联盟、阿拉伯国家联盟、东南亚国家联盟、上海合作组织、亚洲投资银行、亚洲开发银行、金砖五国、北大西洋公约组织、美洲国家组织、欧洲共同体、北约、泛太平洋公约组织、东盟、非洲联盟、欧盟、亚太经济合作组织等。

三、中国与联合国

第二次世界大战后，中国于 1945 年参加创建联合国，并成为第一个在《联合国宪章》上签字的创始会员国和安理会的 5 个常任理事国之一。1971 年 10 月联合国大会第 2758 号决议。该决议"承认中华人民共和国政府的代表是在联合国组织的唯一合法代表"。

恢复在联合国的合法席位后，中国以"最大的发展中国家"全面参与联合国事务，尊重联合国的权威地位，维护宪章的宗旨和原则，在联合国的作用和地位不断得到加强。

第一，中国作为安理会常任理事国，在维持国际和平与安全方面作出了积极的贡献。30 多年来，中国军队先后参加 25 项联合国维和行动，派出官兵近 5 万人次，有 16 名官兵献出宝贵生命。2022 年 5 月，国防部举行例行记者会介绍，目前，我军共有 2240 名官兵在 7 个维和任务区和联合国总部执行任务。

第二，中国为联合国的发展事业承担了更大的责任。中国在实现自身发展的同时，也加强对发展中国家发展的援助。

第三，为了适应形势变化的需求，中国积极支持联合国改革。中国一贯强调联合国在国际事务中的主导作用，坚持在联合国框架内通过和平谈判和合作方式解决重大国际问题，反对任何绕开联合国的单边主义军事行动，不鼓励对成员国轻易采取经济制裁和禁运等措施。2005 年，中国政府公布《中国关于联合国改革问题的立场文件》，阐述对联合国改革的立场。文件指出，通过改革加强联合国的作用，符合全人类的共同利益。文件强调联合国的改革应有利于推动多边主义、提高联合国的权威和效率以及应对新威胁和挑战的能力。改革是全方位、多领域的，在安全和发展两方面均应有所建树，扭转联合国工作"重安全、轻发展"的趋势，最大限度地满足所有会员国尤其是广大发展中国家的要求和关切。中国也完全赞同 2005 年《世界首脑会议成果文件》中将法治作为一项价值观和基本原则的观点和主张，认为法治是人类文明和进步的重要标志，并支持联合国大会第六委员会（法律委员会）将"国内和国际两极法治"问题列入其议题进行审议。

2015 年 9 月，中国发布关于联合国成立 70 周年的立场文件。该立场文件全面介绍了中国对联合国成立 70 周年有关重大问题的看法，就联合国安理会作用、联合国维和行动、公共卫生安全、儿童、教育、残疾人权益、气候变化、恐怖主义、网络安全、人权、加强联合国工作效率等问题阐述中方立场和主张。中国国家主席习近平在第 70 届联合国大会一般性辩论时发表题为"携手构建合作共赢新伙伴，同心打造人类命运共同体"的讲话。他指出，和平、发展、公平、正义、民主、自由，是全人类的共同价值，也是联合国的崇高目标。在新的历史起点上，联合国需要深入思考如何在 21 世纪更好回答世界和平与发展这一重大课题。中国认为，当今世界，各国相互依存、休戚与共。我们要继承和弘扬《联合国宪章》的宗旨和原则，构建以合作共赢为核心的新型国际关系，打造人类命运共同体。中国也在努力为联合国的进一步发展与改革贡献智慧和方案。①

---

① 《国际公法学》编写组：《国际公法学》，高等教育出版社 2018 年版，第 171—173 页。

四、联合国与人类命运共同体 [①]

【案例】 2017 年，联合国的多个决议体现出人类命运共同体的理念。命运共同体这一中国理念和中国方案已多次通过联合国大会、联合国安理会和联合国人权理事会的决议而成为国际共识。中国已提出并推动建设多种形式和内容的命运共同体，联合国在其中可以发挥十分重要的作用。中国积极推动周边命运共同体和亚洲命运共同体建设，与阿拉伯国家、拉美国家、非洲国家、东盟国家结成命运共同体。在落实可持续发展议程方面，中国除了在国别方案落实方面发挥率先和示范作用，还将通过与联合国合作共建"一带一路"，支持联合国与二十国集团、金砖国家、亚太经合组织、东盟等跨地区和次区域机构的合作，推动地区发展共同体的建设。

【问题】 如何理解中国在人类命运共同体建设方面取得的成就？

2017 年 1 月，习近平主席在联合国日内瓦总部发表《共同构建人类命运共同体》的重要演讲，首次向国际社会阐释了共建人类命运共同体的理念。2017 年 10 月，党的十九大报告六次提到"人类命运共同体"，从中国构想的蓝图看，人类命运共同体的理念是："提出各国人民同心协力；构建人类命运共同体，建设持久和平、普遍安全、共同繁荣、开放包容、清洁美丽的世界。要相互尊重、平等协商，坚决摒弃冷战思维和强权政治，走对话而不对抗、结伴而不结盟的国与国交往新路。要坚持以对话解决争端、以协商化解分歧，统筹应对传统和非传统安全威胁，反对一切形式的恐怖主义。要同舟共济，促进贸易和投资自由化便利化，推动经济全球化朝着更加开放、包容、普惠、平衡、共赢的方向发展。要尊重世界文明多样性，以文明交流超越文明隔阂、文明互鉴超越文明冲突、文明共

---

① 张贵洪：《联合国与人类命运共同体》，载《当代世界与社会主义》2018 年第 1 期。

存超越文明优越。要坚持环境友好，合作应对气候变化，保护好人类赖以生存的地球家园。""中国人民愿同各国人民一道，推动人类命运共同体建设，共同创造人类的美好未来。"①

第一，人类命运共同体理念是对《宪章》宗旨和原则的传承。为了打造人类命运共同体，中国倡导共商、共建、共享的全球治理理念，相互尊重、公平正义、合作共赢的新型国际关系理念，亲、诚、惠、容的周边外交理念等，这些理念是对《宪章》宗旨和原则的传承。合作共赢是新型国际关系的核心，不仅适用于经济领域，也广泛适用于政治、安全、文化、人权等领域。通过合作实现双赢、多赢、共赢，反对"我赢你输、赢者通吃"的旧思维，以对话解决争端、以协商化解分歧，这是《宪章》原则在当代国际关系中新的表现形式。

人类命运共同体理念又是对《宪章》宗旨和原则的创新。当今世界，各国相互依存、休戚与共。我们要继承和弘扬联合国宪章的宗旨和原则，秉持和平、发展、公平、正义、民主、自由的人类共同价值，构建以合作共赢为核心的新型国际关系，打造人类命运共同体。当今国际社会面对的是金融、环境、难民等新危机，恐怖主义、气候变化、重大传染性疾病、网络安全等新威胁，以及民粹主义、社会分裂、宗教对立和文明冲突等新挑战。因此，《宪章》规定的宗旨和原则在新形势下需要进一步丰富和发展。人类命运共同体体现了中国文化中追求和而不同、相互包容、求同存异、共生共长等中国智慧，人类命运共同体倡导对话协商、共建共享、合作共赢、交流互鉴、绿色低碳，是对《宪章》宗旨和原则的创新发展，也为国际社会应对上述新危机、新威胁和新挑战提供了新的理念和路径。

第二，打造人类命运共同体的路径与联合国工作重点高度契合。《宪章》赋予联合国机构的主要职责是维护国际和平安全与推动经济社会发展。习近平主席提出："各国应该树立共同、综合、合作、可持续的全球

---

① 习近平：《决胜全面建成小康社会，夺取新时代中国特色社会主义伟大胜利——在中国共产党第十九次全国代表大会上的报告》，人民出版社 2017 年版，第 58—59 页。

安全观，树立合作应对安全挑战的意识。"①合作、创新、法治、共赢，共同构建普遍安全的人类命运共同体，这是全球安全治理的中国方案，也是实现可持续和平的有效途径。习近平主席在联合国发展峰会的讲话中提出："共同走出一条公平、开放、全面、创新的发展之路，努力实现各国共同发展。"②公平、开放、全面、创新，构建共同发展的人类命运共同体，这是全球发展治理的中国方案，也是实现可持续发展的有效途径。中国与联合国合作建设命运共同体取得了重大成就。近年来，中国开展二十国集团峰会、金砖国家峰会、亚太经合组织领导人非正式会议等主场外交时，一直倡导共同发展的理念。在推进"一带一路"建设、成立亚洲基础设施投资银行、开展周边合作、进行对外援助时，把共同发展作为行动指南，取得了丰硕的成果。

第三，联合国系统是构建人类命运共同体的基本力量。联合国是一个系统，包括机构、方案和基金等。它们积极践行多边主义、应对全球挑战、解决全球问题，是全球治理的主力军，也是构建人类命运共同体的基本力量。除了六个主要机关，联合国还有大量的专门机构。联合国系统内的17个专门机构在经济科技、文化教育、体育卫生、电信邮政、劳工产权、难民移民等专门领域开展工作。这些工作与国家的发展和人类的命运密切相关。它们通过在专门领域开展合作，寻求全球解决方案，应对人类面临的共同问题和挑战。

---

① 习近平:《坚持合作创新法治共赢　携手开展全球安全治理——在国际刑警组织第八十六届全体大会开幕式上的主旨演讲》，载《人民日报》2017年9月27日第1版。

② 习近平:《谋共同永续发展，做合作共赢伙伴——在联合国发展峰会上的讲话》，载《人民日报》2015年9月27日第1版。

附件1："夯实法治基础"议题式教学设计

议题：如何夯实法治基础

01 思路框架

1. **教学思路**：以大单元整体教学理论为指导，结合素养目标和教学内容，在界定单元核心概念和单元重要概念之后，以习近平法治思想为指引，确定本课议题"如何夯实法治基础"，并将这个问题转化为"法治意味着什么？为何建设法治中国？如何建设法治中国？"。

2. **教学路线**：本课以议题教学为主要方式，议题、任务活动、情境问题形成如下线索。

议题线：由主议题"如何夯实法治基础"和"法治意味着什么—为何建设法治中国—如何建设法治中国"三个环节构成。每个环节又设不同的子议题引领，使议题贯穿于教学过程始终。

情境问题线：由《民法典》与未成年人保护、高空抛物入刑、李启铭驾车肇事视频案例—扫黑除恶斗争—《法治中国》纪录片"构成，为议学活动提供载体。

任务活动线：学习《民法典》并分组讨论，理解民法典如何保护我们的权益？理解什么是良法善治。从扫黑除恶斗争的案例中，理解法治中国的意义；从大型纪录片《法治中国》观看中，学习和理解法治中国的总目标和要求。

02 基础设计

（一）教材分析

"夯实法治基础"是人民教育出版社部编统编教材9年级上册《道德与法治》第二单元第四课建设法治国家第一节的内容，包括第一目"选择法治道路"和第二目"描绘法治蓝图"。

第一目"选择法治道路"从学生熟悉的生活场景引出法治的主题，阐述什么是良法、善治和法治，理解法治中国的重大意义，讲述了社会主义法治建设道路的探索实践，论证走法治道路是实现中华民族伟大复兴的必然选择。第二目"描绘法治蓝图"展现我国改革开放以来的法治进程及中国法治新蓝图，引导学生了解党的十一届三中全会以来我国法治建设的进程和取得的历史性成就，让学生明白全面依法治国是中国特色社会主义的本质要求和重要保障，知道法治中国的要求，引导学生坚定不移地走中国特色社会主义法治道路。

（二）学情分析

九年级学生经过八年级的学习，已经初步了解个人成长和参与社会生活必备的基本法律常识，初步具备运用法律知识依法维护自身合法权益的能力，参与社会生活的能力，但对法治作为社会主义核心价值观的重要内容缺乏系统认识。

该年龄段学生思维开始由经验型向理论型转化，对公民身份认同的心理需要日益凸显，而且认知和参与公共生活的范围不断扩展。因此，本课在展现中国腾飞的历史进程、取得的伟大成就、面临的时代挑战和作出积极应对的过程中，引导学生认识建设法治中国的必要性及现实性。

（三）教学目标

1. 知识目标：通过联系生活，紧扣时政，结合具体案件探究认识良法，理解法治的重要意义；知道如何坚定不移地走中国特色社会主义法治道路。

2. 能力目标：正确看待法治中国建设中出现的问题；能够正确分析日常生活中的法治现象；明辨社会生活中的法治行为。

3. 情感、态度和价值观目标：体会法治在社会生活中的作用，认同法治价值观，感受法治中国的进步，坚定走中国特色社会主义法治道路的信念；感受建设法治中国是全体社会成员的共同责任，树立法治意识，自觉尊法学法守法用法，践行法治精神。

（四）教学重难点

教学重点：理解法治的重要意义；知道如何坚定不移地走中国特色社会主义法治道路。

教学难点：理解如何坚定不移地走中国特色社会主义法治道路。

（五）教学方法

议题式教学法，案例探究法。

03 主体设计

（一）课前活动

课前布置探究活动，让学生收集《民法典》中关于未成年人权益保护的法律条文。教师也可事先收集，做好准备。

（二）课堂活动

【导入】一组生活中的法治图片（PPT展示）

交通井然有序　　　　　　　行政服务中心一站式服务

食品安全监督　　　　　　　　法庭审判

【议题】社会生活安全、有序、自由的背后有什么力量？

【学生活动】学生思考并讨论：

（1）这些生活场景背后有哪些默默付出的公职人员？

（2）在这些公职人员辛勤付出的背后，究竟是什么保证社会生活安全、有序、自由？

【设计意图】选择与学生生活相关的不同场景，引导学生发掘图片共同反映的主题"法治"，感悟法治的存在，使学生认识到法治保证了社会生活安全、有序、自由，必须走法治道路。

【答案分析】学生讨论发言，教师点评总结：有交通警察、行政机关公职人员、食品药品监督管理人员、法官、检察官等。

法治保证社会生活安全、有序、自由。

今天这节课，我们将一起来探讨《夯实法治基础》。

环节一　议题：什么是良法善治？什么是法治？

【知识关联】法治保障和维护人们的合法权利，法治保障社会生活的有序进行。

【子议题1】什么是良法？

【议题情境】视频材料《民法典的诞生》2020年5月28日下午，北京，人民大会堂。

十三届全国人大三次会议以2879票赞成、2票反对、5票弃权，高票表决通过《中华人民共和国民法典》，热烈的掌声，在万人大礼堂久久回荡。5年磨一剑，宣告中国迈入"民法典时代"，这是新中国历史上首个以"法典"命名的法律，承载着几代立法者、法律工作者乃至亿万人民的梦想。《中华人民共和国民法典》共7编1260条，各编依次为总则、物权、合同、人格权、婚姻家庭、继承、侵权责任，以及附则。

在以下场景中，如何利用《民法典》保护自己的合法权益？

（1）场景一：10岁的小明拿父母的手机给主播大额打赏怎么办？

（2）场景二：父母确诊新冠肺炎被隔离，孩子独自在家谁来管？

（3）场景三：父母离婚孩子归谁？满8周岁子女有话语权吗？

【学生活动】1.为什么《民法典》用了五年时间来编撰？《民法典》中关于未成年人权益保护的法律规定有哪些？ 2.你认为新修订的《民法典》符合你心目中的良法吗，为什么？

【设计意图】民法典在中国特色社会主义法律体系中具有重要地位，是一部固根本、稳预期、利长远的基础性法律，对推进全面依法治国、加快建设社会主义法治国家，对发展社会主义市场经济、巩固社会主义基本经济制度，对坚持以人民为中心的发展思想、依法维护人民权益、推动我国人权事业发展，对推进国家治理体系和治理能力现代化，都具有重大意义。

【答案分析】在学生回答的基础上总结：涉及的法律比较多、社会发展的影响、保护人民的利益等。教师小结：在这些法律的应用中，充分展示了公平正义，在《民法典》中，未成年人的权益受到更多的关注。我们也应该了解法律规定，自觉按照法律规定的要求去做。

（1）场景一 《民法典》明确不满 8 周岁的未成年人为无民事行为能力人，8 周岁以上的未成年人属于限制民事行为能力人。给主播大额打赏，在法律上相当于与主播签订了赠与合同，这需要完全民事行为能力或者监护人追认。因此，未成年人大额打赏是无效的或可撤销的。

（2）场景二 因发生突发事件等紧急情况，监护人暂时无法履行监护职责，被监护人的生活处于无人照料状态的，被监护人住所地的居民委员会、村民委员会或者民政部门应当为被监护人安排必要的临时生活照料措施。

结合此次疫情防控工作，《民法典》对监护制度作了进一步完善，体现了我国在处理公共危机事件时对弱势群体的关怀，明确了居委会、村委会、民政部门的职责，也是“最有利于未成年人”这一理念的彰显。

（3）场景三 《民法典》婚姻家庭编中规定了离婚后未成年子女抚养权的归属，最新修改通过的版本增加了规定：“子女已满 8 周岁的，应当尊重其真实意愿。”

教师小结：良法反映最广大人民群众的意志和利益，反映社会发展的规律，维护公民的基本权利，符合公平正义要求，促进人与社会的共同发展。民法典的颁布标志着我国法治的巨大发展。

【子议题 2】什么是善治？

【议题情境】2019 年，济南赵某在某小区租住期间，只因不愿下楼倒垃圾，先后将房内前租客遗留的花生油桶、洗发水瓶、料酒桶、空酒瓶等物品，从 10 楼高空扔下，幸好未损伤人员及财物。法院认为，赵某的行为虽未造成严重后果，但其行为构成以危险方法危害公共安全罪，被判处有期徒刑三年，缓刑三年。

【学生活动】学生思考分组讨论。问题 1：《民法典》对于高空抛物的法律责任如何规定的？问题 2：法院的判决说明了什么？

【设计意图】2019 年 11 月 14 日，最高人民法院发布《关于依法妥善审理高空抛物、坠物案件的意见》，明确规定故意高空抛物根据具体情形，最高以故意杀人罪论处。2021 年 3 月 1 日生效的《中华人民共和国刑法修正案（十一）》将"高空抛物"正式入刑。

【答案分析】在学生回答的基础上总结。本案例的引用与新课导入相互呼应，通过分析案例使学生认识到我国有关保护公民生命安全的良法，法院的判决有力证明不仅要有良法，还要求实行善治。法治建立在民主政治基础上，通过赋予公民更多的参与公共活动的机会和权利，实现公共利益的最大化。

《民法典》第 1254 条明确规定：禁止从建筑物中抛掷物品。从建筑物中抛掷物品或者从建筑物上坠落的物品造成他人损害的，由侵权人依法承担侵权责任；经调查难以确定具体侵权人的，除能够证明自己不是侵权人的外，由可能加害的建筑物使用人给予补偿。可能加害的建筑物使用人补偿后，有权向侵权人追偿。

物业服务企业等建筑物管理人应当采取必要的安全保障措施防止前款规定情形的发生；未采取必要的安全保障措施的，应当依法承担未履行安全保障义务的侵权责任。

发生本条第一款规定的情形的，公安等机关应当依法及时调查，查清责任人。

【子议题 3】什么是法治？

【议题情境】视频案例：2010 年 10 月 16 日，22 岁的河北小伙李启铭，在河北大学工商学院的校园里酒后驾车，因速度过快，将两名大一女生撞倒在地。车祸现场，李启铭不仅没有下车，反而一脸嚣张，口出狂言："我爸是李刚，有本事就告我呀！"事后，两名女生一死一伤，李启铭被判处 6 年有期徒刑，同时赔偿死者 46 万元，赔偿伤者 9.1 万元。

本案当事人的父亲李刚，是当地公安局北市区分局的副局长。

引导学生阅读教材"相关链接"。

【学生活动】 李启铭有逃脱与法律制裁的理由吗？如何理解普遍的服从？法律之下有没有人可以例外？

【参考答案】 讨论中，教师要引导学生明白，好的法律是受到人民普遍认同和服从的。法治，意味着依法治理。法治强调依法治国、法律至上，要求任何组织和个人都要服从法律，遵守法律，依法办事。

环节二　议题：为什么选择法治道路？

【知识关联】 历史上法令行则国治，法令弛则国乱。现实中法治兴则国家兴，法治衰则国家乱。法治能为人们提供良好的生活秩序，保障人们的权利和自由，让人们有安全有尊严地生活。法治是民心所向。

【子议题 4】 为什么选择法治道路？

【议题情境】 2019 年 12 月 15 日，19 名涉孙小果案公职人员和重要关系人职务犯罪案公开宣判。12 月 23 日，云南省高院对孙小果再审案作出判决，决定执行死刑。12 月 17 日至 18 日，杜少平等人故意杀人案及其恶势力犯罪集团案件公开审理并当庭宣判。12 月 30 日，新晃涉"操场埋尸案"相关公职人员渎职犯罪案一审宣判。这些大案要案的水落石出正是缘于中央持续推出系列举措，不断深入推进扫黑除恶专项斗争开展。截至

2019 年 11 月，全国打掉涉黑组织 2421 个、涉恶犯罪团伙 29773 个，敦促 35474 名涉黑涉恶违法犯罪人员投案自首，全国扫黑除恶专项斗争取得阶段性胜利。

【学生活动】古今中外，人们都追求美好的生活，那么美好的生活与法治之间有什么关系？开展扫黑除恶专项斗争有什么意义？

【设计意图】通过法治新闻，引导学生关注社会生活中的重要立法、法治的重大改革以及法治进程中的重大事项，感受法治中国的脉搏，感受法治对社会生活的影响与意义，认同中国法治建设取得的进步，增强制度自信。

【参考答案】根据学生的交流情况，教师进行归纳和总结。走法治道路是实现中华民族伟大复兴的必然选择。社会因法治而进步。全面依法治国是中国特色社会主义的本质要求和重要保障。扫黑除恶专项斗争，有利于全面推进依法治国基本方略，建设法治中国。有利于维护社会公平正义，保护人民生命财产安全。有利于维护社会安定团结政治局面，构建社会主义和谐社会。

环节三　议题：如何建设法治中国？

【知识关联】党的十五大把依法治国确定为党领导人民治理国家的基本方略，积极推进社会主义法治建设。党的十八届四中全会对中国法治建设作出新的战略部署，绘就了中国法治新蓝图。

【子议题 5】中国走依法治国之路经历了哪些阶段？全面推进依法治国总目标是什么？如何实现这一总目标？

【议题情境】1. 材料分析，学习新知。学生阅读课本 P48 "相关链接" 栏。

2. 播放纪录片《法治中国》1—6 集（精彩剪辑版 8 分钟），感受法治中国的脉搏。

【学生活动】1. 思考并讨论：中国走依法治国之路经历了哪些阶段？2. 观看纪录片，小组讨论分享中国法治建设取得了哪些进步？全面推进依法治国总目标是什么？如何实现这一总目标？建设法治中国的要求是什么？

【设计意图】通过文本材料和纪录片鲜活的素材，激发学生对中国法治道路的自信。

【参考答案】

1. 学生讨论发言，教师点评总结：

① 两千多年的封建社会→封建专制制度（人治）

② 近代 100 多年→变法改制

③ 新中国成立后→在中国共产党领导下，中国人民才走上了一条探索社会主义法治建设的道路，党和政府努力推进依法治国的进程。阶段一：社会主义民主法制初步建设阶段（1949—1996 年）；阶段二：依法治国方略确立和社会主义法治国家建设初步发展阶段（1997—2011 年）；阶段三：全面推进依法治国、加快建设法治中国新阶段（2012 年至今）。

2. 全面推进依法治国总目标：建设中国特色社会主义法治体系，建设社会主义法治国家。

建设法治中国的要求：①要努力使每一项立法都得到人民群众的普遍拥护（科学立法），使每一部法律法规都得到严格执行（严格执法），使每一个司法案件都体现公平正义（公正司法），使每一位公民都成为法治的忠实崇尚者、自觉遵守者和坚定捍卫者（全民守法）。②坚定不移地走中国特色社会主义法治道路，必须坚持党的领导、人民当家作主、依法治国有机统一。（党的领导是人民当家作主和依法治国的根本保证，人民当家作主是社会主义民主政治的本质特征，依法治国是党领导人民治理国家的基本方略）

04 板书设计

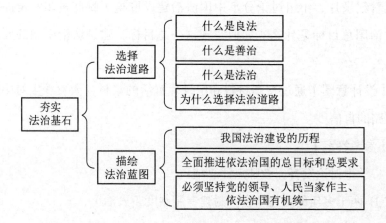

05 延伸设计

课外作业：搜集近 10 年中国法治建设的成就，以小组（5 人 1 组）制作一份《厉害了，我的法治中国》手抄报，并进行年级评比。

附件 2：法治教育活动方案

第八届 "法治阳光，伴我成长" 法治文化宣传周（活动方案）

一、活动目标

学习宪法法律，是青少年成长的必修课。为深入学习习近平法治思想，特别是习近平总书记关于宪法学习宣传教育的系列重要指示精神，贯彻落实党的十九大、二十大精神，在青少年学生中普及宪法法律知识、弘扬宪法法治精神、树立宪法法律权威，引导青少年学生自觉成为法律的忠实崇尚者、自觉遵守者、坚定捍卫者，学校定于第十二周举办第八届"法治阳光，伴我成长"法治文化宣传周。

二、活动内容

本届文化宣传周以宪法知识为主要内容，结合"四史"知识、诚实守信、规则意识、劳动教育、公共卫生、疫情防控、环境保护、未成年人保护、交通消防安全、食品安全、应急管理、防范校园欺凌、禁毒和预防网络沉迷等，包括民法典、新修订的未成年人保护法和预防未成年人犯罪法、教育法、中小学教育惩戒规则（试行），以及国家安全、网络安全、生命健康安全等相关法治教育内容，将法治教育与青春期教育、心理健康教育、安全自护教育、防欺凌教育等相融合。

三、活动形式

	时间安排	活动内容	组织单位
1	周一晨会	国旗下讲话《法治阳光，伴我成长》	德育处
2	周二下午队日团日活动	法治讲座《法治护航，青春无忧》	法治副校长
3	班会课	"法治在我心中"主题班会	班主任
4	周三下午	法治小故事或法治演讲比赛	团委、学生会
5	周四中午	法治手抄报、法治黑板报评比	道德与法治教研组
6	周五中午	法治知识竞赛（班赛和校赛，分两周进行）	德育处和团委
7	周五下午	法治名言书法展和法治漫画赛	美术教研组、工会

四、表彰和宣传

根据活动相关评比结果，评出单项奖一、二、三等奖若干名，以班级为单位团体奖项一、二、三等奖若干名，最佳组织奖若干名。

相关比赛的作品、活动报道通过网络、微信公众号、校园广播站等形式进行宣传。

×× 学校法治教育活动项目组

2023 年 × 月 × 日

参考文献

［1］《马克思恩格斯选集》（第 2 卷），人民出版社 1995 年版。

［2］《列宁全集》（第 12 卷），人民出版社 1987 年版。

［3］《毛泽东著作选读》（下册），人民出版社 1986 年版。

［4］中共中央文献研究室编：《邓小平年谱（1975—1997）》（下），中央文献出版社 2004 年版。

［5］习近平：《习近平关于全面依法治国论述摘编》，中央文献出版社 2015 年版。

［6］习近平：《论坚持全面深化改革》，中央文献出版社 2018 年版。

［7］习近平：《论坚持全面依法治国》，中央文献出版社 2020 年版。

［8］《习近平谈治国理政》（第一卷），外文出版社 2014 年版。

［9］《习近平谈治国理政》（第二卷），外文出版社 2017 年版。

［10］《习近平谈治国理政》（第四卷），外文出版社 2022 年版。

［11］《习近平法治思想概论》，高等教育出版社 2021 年版。

［12］全国干部培训教材编审指导委员会编：《建设社会主义法治国家》，人民出版社、党建读物出版社 2019 年版。

［13］《习近平关于协调推进"四个全面"战略布局论述摘编》，中央文献出版社 2015 年版。

［14］《思想道德与法治》编写组：《思想道德与法治》，高等教育出版

社 2021 年版。

［15］《宪法学》编写组：《宪法学》，高等教育出版社 2020 年版。

［16］周叶中主编：《宪法》，高等教育出版社 2020 年版。

［17］许崇德主编：《宪法》，中国人民大学出版社 2021 年版。

［18］《法理学》编写组：《法理学》，人民出版社、高等教育出版社 2020 年版。

［19］王泽鉴：《人格权法》，北京大学出版社 2013 年版。

［20］杨立新：《中国民法总则研究》，中国人民大学出版社 2017 年版。

［21］王利明：《民法总则研究》，中国人民大学出版社 2018 年版。

［22］梁慧星：《民法总论》，法律出版社 2017 年版。

［23］王利明：《中华人民共和国民法总则详解》，中国法制出版社 2017 年版。

［24］最高人民法院民法典贯彻实施工作领导小组主编：《中华人民共和国民法典总则编理解与适用》，人民法院出版社 2020 年版。

［25］最高人民法院民法典贯彻实施工作领导小组主编：《中华人民共和国民法典婚姻家庭继承编理解与适用》，人民法院出版社 2020 年版。

［26］魏振瀛主编：《民法》，北京大学出版社 2021 年版。

［27］王利明主编：《民法》（下册），中国人民大学出版社 2020 年版。

［28］马忆南：《婚姻家庭继承法学》，北京大学出版社 2011 年版。

［29］最高人民法院民法典贯彻实施工作领导小组主编：《中华人民共和国民法典侵权责任编理解与适用》，人民法院出版社 2020 年版。

［30］宋纪连：《民法典人生导图》，上海人民出版社 2022 年版。

［31］《刑法学》编写组：《刑法学》（上册），高等教育出版社 2019 年版。

［32］《国际公法学》编写组：《国际公法学》，高等教育出版社 2018 年版。

［33］中共中央宣传部：《习近平新时代中国特色社会主义思想学习纲要》，学习出版社 2019 年版。

［34］全国人大常委会法制工作委员会主编：《中华人民共和国国家安全法释义》，法律出版社 2016 年版。

［35］郑淑娜主编：《中华人民共和国国家安全法解读》，中国法制出版社 2016 年版。

［36］高铭暄、马克昌主编：《刑法学》，北京大学出版社、高等教育出版社 2022 年版。

［37］韩德培主编：《环境保护法教程》，法律出版社 2018 年版。

［38］宋英辉、范宁宁编：《中华人民共和国未成年人保护法释义》，中国法制出版社 2020 年版。

［39］李红勃主编：《未成年人法学》，中国政法大学出版社 2022 年版。

［40］教育部教育考试院：《法律硕士（非法学）考试分析（2023 年版）》，高等教育出版社 2022 年版。

图书在版编目(CIP)数据

法治阳光,伴我成长:初中阶段的法治教育锦囊/
宋纪连,金富平,吴翠玲著.—上海:上海人民出版社,
2023
ISBN 978 - 7 - 208 - 18118 - 2

Ⅰ.①法⋯　Ⅱ.①宋⋯　②金⋯　③吴⋯　Ⅲ.①社会主
义法制-法制教育-初中-教学参考资料　Ⅳ.
①G634.263

中国国家版本馆 CIP 数据核字(2023)第 000520 号

责任编辑　史尚华
封面设计　一本好书

法治阳光,伴我成长
——初中阶段的法治教育锦囊
宋纪连　金富平　吴翠玲 著

出　　版　上海人民出版社
　　　　　(201101　上海市闵行区号景路 159 弄 C 座)
发　　行　上海人民出版社发行中心
印　　刷　上海商务联西印刷有限公司
开　　本　720×1000　1/16
印　　张　17.75
插　　页　2
字　　数　237,000
版　　次　2023 年 2 月第 1 版
印　　次　2023 年 2 月第 1 次印刷
ISBN 978 - 7 - 208 - 18118 - 2/D・4072
定　　价　72.00 元